Ein Kärntner
Heimatbuch

Janko Messner

Ein Kärntner Heimatbuch

Herausgegeben
von Ulf Birbaumer

Europaverlag
Wien · München · Zürich

Umschlag von Haimo O. Lauth

Medieninhaber Europa Verlag GesmbH Wien

Hersteller Elbemühl Graphische Industrie GesmbH Wien
Verlags- und Herstellungsort Wien
Printed in Austria
ISBN 3-203-50945-8

Inhalt

Peter Turrini zu Janko Messner

Ich liebe ihn wie einen Bruder

Der Schriftsteller Janko Messner ist mein Kollege, aber mein Verhältnis zu ihm wäre mit dem Wort »kollegial« nur unzureichend beschrieben. Es ist mehr, viel mehr, was mich mit ihm verbindet. Ich glaube, ich liebe ihn wie einen Bruder.

Bevor ich mit Janko selbst Geschichten erlebt habe, von denen ich erzählen werde, kannte ich seine Literatur, seine Geschichten. Sein leidenschaftliches Eintreten für die slowenische Volksgruppe in Kärnten, sein Kampf um die Erhaltung der slowenischen Sprache, seine Trauer über die langsame Ausrottung der Wörter und Sätze, in denen er dachte und fühlte, überzeugten mich. Es bestand eine Art Geistesverwandtschaft zu ihm, ich respektierte und unterstützte sein Anliegen, wie ich das der unterdrückten Schwarzen in Südafrika respektiere und unterstütze. Mein Engagement und meine Solidarität liefen über den Kopf, ich war schon zu lange von Kärnten weg, um wirklich zu spüren, wie es Janko und den slowenisch sprechenden Kärntnern ging.

Als die slowenische Sprache auf die Ortstafeln kam, und viele deutschsprechenden Kärntner glaubten, zwei Ortsbezeichnungen auf einer Tafel nicht ertragen zu können, und zur Barbarei übergingen, kam mir Kärnten auf eine bedrohliche Art näher. Hier geschah etwas vor meiner Haustüre und nicht in Afrika, ich verlor die Distanz des intellektuell engagierten Schriftstellers, ich stellte fest, daß unter den Wütern gegen die slowenische Volksgruppe Bekannte, Nachbarn, ehemalige Schulkameraden waren. Ich nahm mir vor, in Kärnten nur noch gemeinsam mit slowenisch sprechenden Autoren aufzutreten. Ich wollte demonstrieren, daß es in diesem Lande zwei Sprachen gibt und folglich auch zwei Literaturen . . .

Das Kulturamt der Stadt Villach lud mich ein, im Kongreßhaus eine Lesung zu halten. Ich wollte die Einladung unter der Bedingung annehmen, daß Janko, ein weiterer slowenisch schreibender Kollege und ich gemeinsam auftreten. Das wurde abgelehnt. Ich nahm die Einladung trotzdem an und griff zu einem Trick. Ich las vier Geschichten vor, die ersten zwei wurden vom zahlreich anwesenden Publikum besonders akklamiert. Ich bedankte mich beim Publikum und sagte, daß der Applaus zu einem großen Teil nicht mir gebühre, sondern den zwei im Saale anwesenden Kollegen, deren slowenisch geschriebene, ins Deutsche übersetzte Geschichten ich soeben vorgelesen hatte.

Nach einer Schrecksekunde geschah viel Schlimmes: Janko und sein Kollege wurden beschimpft, niedergebrüllt, beleidigt. Ihre Geschichten, die man noch kurz zuvor mehr beklatscht hatte als die meinen, waren plötzlich schlecht, hinterfotzig, reine politische Agitation. Das Wertvolle war plötzlich wertlos geworden, das Schöne häßlich, das Literarische platt, die Zustimmung des Publikums ein Irrtum und dies alles aufgrund einer einzigen Tatsache: die Autoren bekannten sich zur slowenisch sprechenden Minderheit. An diesem Abend veränderte sich mein intellektuelles Engagement. Ich habe plötzlich gespürt, was es heißt, ein slowenisch schreibender Autor in Kärnten zu sein. Aus einer geistigen Solidarität wurde Zuneigung, Freundschaft, Bruderschaft.

Dieses Spiel wiederholte sich noch des öfteren. Unsere Bruderschaft bekam eine Praxis. In Ferlach mußte ich mit meiner Abreise drohen, damit man Janko auf das Podium ließ. Die Literaturkritiker in den Zeitungen verschwiegen oder verhöhnten ihn. Sie beleidigten seine Literatur, aber es war sein unbeugsames Eintreten für die natürlichen Rechte des eigenen Volkes, das sie, die angepaßten Feiglinge in den Redaktionen, beleidigte. Er, der seine Muttersprache und damit seine Identität nicht verriet, wurde für die Verräter zum kaum erträglichen Ärgernis. Wie oft habe ich erlebt, daß gerade jene, deren Eltern noch slowenisch sprachen, ihn am meisten haßten. Aber auch das Gegenteil habe ich erlebt: daß er Menschen, die ihre sprachliche Herkunft verschwiegen, Mut gab.

Die Sprache ist der Ausdruck menschlicher Identität. In ihr wird geträumt und erinnert, phantasiert und gestritten, in ihr speichern sich die Erinnerungen der Jugend und die Hoffnungen der Menschen. Keine Sprache, keine Hautfarbe, keine Rasse ist besser, edler, wertvoller als die andere. Aber wenn man einer Menschengruppe die Sprache nimmt, sie von Amts wegen verbietet, sie überpinselt, sie »schiach« nennt, dann gewinnt sie für diese Menschen an Wert. Wer Jankos verzweifelten Kampf um die Erhaltung der slowenischen Sprache verstehen will, muß wissen, was für ihn damit verbunden ist: die Existenz von Geschichte und Gegenwart, von Würde und Selbstachtung der slowenisch sprechenden Kärntner.

In diesem Kampf spielt sich für mich auch etwas Grundsätzliches, weit über die Kärntner Verhältnisse Hinausgehendes ab. Wenn heute die nationalfaschistischen Heimatdienstler in Kärnten alles Slowenische ausrotten wollen, so sind sie damit nur Werkzeuge eines viel umfassenderen, modernen Faschismus, der keine nationalen und ideologischen Haltungen mehr brauchen kann, dem auf dem Wege zum total angepaßten Konsummenschen Ideologien und Grenzen nur hinderlich sind, der den völlig gleichgeschalteten, seiner Geschichte und Widersprüchlichkeit beraubten Menschen braucht, um die Herrschaft der totalen Manipulation errichten zu können. Die Kärntner Hitlerbartträger, diese provinziellen Gleichmacher und Ordnungsfanatiker werden die Gleichgemachten und Geordneten von morgen sein. Sie werden einer internationalen Tourismusindustrie als hirnlose Schuhplattler und Landschaftsgärtner dienen.

Der Kampf um die Erhaltung der slowenischen Sprache ist gleichzeitig der Kampf um die Erhaltung der menschlichen Differenziertheit. Alles Verschiedene, Unterschiedliche, alles Sperrige, Unordentliche, Menschliche geht in immer absurderen und globaleren Ordnungssystemen auf, die alles gleichmachende Coca-Cola-Kultur reicht heute bis in jeden Winkel der Erde. Dieser neue Faschismus befehligt keine Panzer und Generale, sondern Marketingmanager und Supermärkte.

Ich habe oft erlebt, wie sie den Janko in irgendeine Ordnung pressen wollten. In die Schulordnung, in die Diskussionsordnung, in die Parteienordnung, in die deutsche Sprachordnung, in die kapitalistische Ordnung. Er saß oder stand unter ihnen, wirkte scheu und verlegen und wich kein Jota von sich ab. Er blieb bei seiner Angst, seiner Verletztheit, seiner Überzeugung, seiner Trauer. Er spielte ihnen nichts vor und gab ihnen nicht nach. Ich liebe ihn wie einen Bruder.

(1980)

Streiflichter

Die Taufe

Wie das tatsächlich war mit dem Licht dieser Welt, das ich laut Geburtsschein am 13.(!) Dezember 1921 erblickt habe, kann ich heute beim besten Willen nicht beurteilen. Viel wahrscheinlicher als das Licht war wohl eine Dämmerung dieser Welt, denn in unsere Rauchküche drangen ja wohl kaum Lichtstrahlen.

Eines aber kann ich mit Sicherheit sagen: im Juli desselben Jahres wurde Adolf Hitler Parteivorsitzender der NSDAP, und nicht nur Deutschland versank in einen langwierigen Dämmerzustand, auch ich wurde bereits ein paar Tage nach meiner Geburt *hinters* Licht geführt.

Meine selige Mutter Ivana Možina, gebürtig aus Rakitnik bei Postojna, eine waschechte Slowenin also, infolge eines Kindbettfiebers ans Haus gebunden, hatte meiner Patin aufgetragen, mich auf den schönen Namen *Janez* oder dessen Verkleinerungsform *Janko* taufen zu lassen.

Daraus wurde nichts.

Der Pfarrer von Pliberk/Bleiburg hat anders entschieden:

»Er wird in Deutsch-Österreich leben, also soll er *Johann* Evangelist heißen, und damit basta.«

Der Pfarrer wollte mir damit einen guten Dienst erweisen.

Es war ein schlechter.

Gott wird ihn dafür nicht zur Verantwortung ziehen, denn der Oberbefehlshaber des Himmelreiches – das ist meine Überzeugung – ist ganz sicher ein Deutscher.

Die Juden

Dem Zeitgeist zum Trotz habe ich von klein auf die Juden immer leiden mögen.

Das kam von jener Wirtschaftskrise der dreißiger Jahre, die der alles besser wissende Herr von Braunau – Adolf Hitler – den Juden der Welt in die Schuhe geschoben hat.

Mein Vater Štefan Messner, vulgo Peter in Dob/Aich bei Pliberk/Bleiburg, konnte nach der Volksabstimmung des Jahres 1920 die Erträge unserer Äcker und unseres Stalles nicht mehr loswerden. Mein Heimatdorf liegt im ausgesprochen agrarischen Jauntal, das in der Österreichisch-Ungarischen Monarchie das industrielle Meža-Tal zum idealen Wirtschaftspartner hatte. Am 10. Oktober des Jahres 1920 aber wurde die Grenze zwischen der Ersten Republik Österreich und dem Königreich der Serben, Kroaten und Slowenen, genannt Jugoslawien, nur etwa drei Kilometer oberhalb meines Dorfes über den Berg Strojna gezogen. Nun war alles aus. Klagenfurt hatte sein eigenes agrarisches Hinterland nach allen vier Windrichtungen.

Und mein Vater stöhnte:

»Wenn der Jud von Wien nicht kommt, verhungern zuerst die Schweine, dann wir . . . Woher nehme ich Heu für die Ochsen? Der Arsch ist ihnen schon ganz eingefallen . . . Wenn ich sie im Frühling in den Pflug einspanne, werden sie mir etwas scheißen . . .«

Und wir Kinder beteten zu Gott für die Juden. Für ihre Gesundheit und für ihren guten Willen.

Die Grenze

Das mit der natürlichen Grenze im Süden des Landes Kärnten war auch ein ganz großer Schmarren, zumindest am südöstlichen Zipfel, das heißt in der Bleiburger Gegend.

Hier hielten unsere slowenischen Burschen an der Tradition eines viel weiteren Wirtschaftsraumes fest und entwickelten infolge der unnatürlichen Grenze auf dem Strojna-Berg einen artigen Schmuggel, der seinesgleichen sucht: Während einige von ihnen in ausgeklügeltem gemeinsamem Unternehmen irgendeine alte Kuh, eine sogenannte Würstlerin, mit großem Tamtam über die Grenze peitschten und damit alle Grenzer auf sie konzentrierten, ritt eine zweite Gruppe an einer anderen Stelle bei günstigem Wind auf leisen Hufen Prachtpferde zollfrei nach Österreich hinein.

Sie alle genossen meine ungeteilte Bewunderung.

Mein älterer Bruder Jože, gefallen wegen Hitler bei Leningrad, war damals bereits als gelehriger Kandidat in ihrer Runde. Weder Vater noch Mutter wußten etwas davon.

Nur die Sterne am nächtlichen Himmel.

Und ich.

Er konnte meiner Verschwiegenheit sicher sein.

Wer es nicht glaubt, braucht nur in den Akten des Bezirksgerichtes von Pliberk/Bleiburg zu blättern.

Er wird aus dem Staunen nicht mehr herauskommen.

Der Herr Privat

Mehr als drei Jahre hindurch habe ich als Volksschüler tagaus, tagein, im Sommer wie im Winter in aller Herrgottsfrühe Milch nach Bleiburg getragen.

Das waren insgesamt etwa sieben Kilometer vor dem Unterricht in der Volksschule Humec/Heiligengrab.

Der Bezirksrichter bekam zwei Liter. Ich hatte die Milch aus der eisernen Patentkanne mit einem Gummiverschluß in einen weißen Topf zu schütten. Der stand im Stiegenhaus des Bezirksgerichtes auf der letzten hölzernen Stufe vor einer hohen Tür. An jedem Ersten des Monats lag im Topf das Geld für die Milch, daneben lagen ein Schilling und fünfzig Groschen Traggeld für mich.

Manchmal sank das Außenthermometer auf zwanzig Grad unter Null. Da hatte ich Schwierigkeiten, den eingefrorenen Deckel der Milchkanne zu öffnen. Einmal verschüttete ich die Milch im Stiegenhaus, weil meine Finger vor Kälte ganz steif waren.

Den Richter habe ich in diesen drei Jahren niemals gesehen. Auch nicht seine Frau oder seine Kinder. Ich weiß heute noch nicht seinen Namen.

An der Tür gab es keinen. Dort war nur ein großes weißes Schild angebracht. Darauf standen dicke schwarze Buchstaben:

PRIVAT

Die Tür hatte Glasscheiben mit Blumenornamenten. Von innen waren sie mit weißen Spitzen verhangen.

Zuerst hatte ich vor diesem Herrn PRIVAT eine Art Hochachtung, die ihre Ursache im Unbekannten, Geheimnisumwobenen hatte.

Allmählich verwandelte sich meine Einstellung zu ihm: er wurde mir in seiner Anonymität unheimlich. Ein Gefühl der Angst überkam mich jedesmal, wenn ich die Holztreppe hinaufstieg, die kein Tageslicht hatte.

Später steigerte sich in mir dieses Gefühl der Angst zu Abscheu.

Und dabei ist es geblieben.

Ich habe heute noch Abscheu vor Begriffen wie Privatbesitz, Privatbank, Privatgrund, Privatweg, Privatstrand, Privatparkplatz, Privatinteresse, Privatklinik, Privatschule und dergleichen mehr.

Micka

Mein ältester Bruder Stefan besuchte in der Landeshauptstadt das Gymnasium, um Geistlicher zu werden. Das war mitten in der berüchtigten Wirtschaftskrise Ende der zwanziger und in den dreißiger Jahren. Um ihm das Studium zu ermöglichen, trugen wir – seine Geschwister – Tag für Tag noch vor dem Unterricht in der Volksschule Milch aus unserem Heimatdorf in das ferngelegene Städtchen – den Schulranzen auf dem Rücken und in jeder Hand eine Zweiliterkanne. Immer im Gespann: bis zu seiner Schulentlassung Jozej mit Micka, darauf bis zu ihrer Schulentlassung Micka mit mir, und schließlich ich mit Francelj, bis Stefan nach der Matura in die offenbar billigere Theologie eingetreten war und nun seinerseits dafür Sorge trug, daß auch ich in der Landeshauptstadt studieren durfte. Nachdem ich mich von zu Hause verabschiedet hatte, besorgte dieses Geschäft allerdings ein eigens dazu bestellter Milchfuhrmann fürs ganze Dorf.

Im Winter von 1929 auf 1930 war das Thermometer auf nahezu 30° Celsius unter Null gesunken. Es fror Stein und Bein mehrere Wochen hindurch. Da hatte sich Jozej trotz seiner dicken Wollkappe die Ohren erfroren und mußte bis zu seinem frühen traurigen Tod als Soldat für Hitlers Wahnsinn, sobald es etwas kälter wurde, ständig sogenannte Ohrenschützer tragen, zwei durch einen schmalen biegsamen Metallstreifen verbundene ovale Stoffstücke, die über die Ohren gelegt wurden.

Im Jahr darauf begleitete dann ich meine Schwester Micka auf dieser abenteuerlichen Milchstraße. Sie trug zur Winterszeit ein langes dickes Kleid, um den schwierigen Trott leichter zu bewältigen.

Eines Morgens fielen auf uns erbarmungslos große nasse Schneefetzen. Wir wateten bis zu den Knien im Schneebrei. Auf dem Rückweg aus der Stadt zur Volksschule pfiff uns ein eiskalter Wind um die vor Kälte schmerzenden Ohren, und der nasse Kittel meiner Schwester war im Nu zu einer schweren Glocke gefroren. Sie bewegte sich darin recht steif und schaffte nur mit allergrößter Mühe den Hügel Humec hinauf bis zum Schulgebäude.

Beim Eintritt in die große warme Klasse lachten die Schüler über ihre seltsame Erscheinung aus ganzem Herzen. Auch der Lehrer lachte mit, ein geschniegelter Grobian in Stoffgamaschen und Knickerbocker. Meine Schwester versuchte vorerst gute Miene zum bösen Spiel zu machen, schließlich aber machte sie dieser unerwartete Empfang vor Verlegenheit und Scham erröten. Der Lehrer, verheiratet und ohne Kinder, mit einer Schulwohnung, die mehr als die Hälfte des Gebäudes beanspruchte, stellte meine Schwester zum Kachelofen in die Mitte der Klasse und sagte:

»Hier taust du bald auf.«

Sie stand dort mit gesenktem Blick.

Der Unterricht begann, aber die Schüler konnten sich nicht beruhigen und schauten immer wieder hin zum merkwürdigen Denkmal aus Eis. Nach einer Weile tuschelten einige von ihnen und lachten leise vor sich hin.

Ich wagte weder sie noch meine rot angelaufene Schwester anzublicken, sondern starrte auf den hölzernen Fußboden unter der Bank.

Plötzlich sah ich dort ein Rinnsal sich den Weg, an meinen Füßen vorbei, bahnen. Ich wußte sofort, woher es kam.

Da lachte aber auch schon ein Lausbub hinter mir laut auf und rief: »Die Messner Micka läßt Wasser!«

Wieder lachte die ganze Klasse außer mir und ein paar ihrer Freundinnen aus national bewußten slowenischen Familien unseres Dorfes. Ich hätte vor Scham und Wut im Boden versinken mögen.

»Ruhe!« schrie der Pädagoge des Schulvereins Südmark.

Ich hob die Hand zum Austreten.

»Was möchtest du?«

»Auf den Abort.«

Im Vorbeigehen schaute ich dann doch noch der Schwester ins Gesicht. Da bemerkte ich auch darauf ein dünnes Rinnsal, das sich langsam den Weg zu ihrem Kinn bahnte.

Auf dem Abort heulte ich dann Rotz und Wasser. Mehr konnte ich – machtlos – für meine kraftlose Schwester nicht tun.

Francelj

Im Winter, wenn die Bienen ruhten, flocht der alte Mežnar schöne große Körbe, um mit dem Erlös aus ihrem Verkauf das nötige Geld für Salz, Zucker, Pfeifentabak aufzutreiben.

Eines schönen Frühlingstages durfte mein jüngerer Bruder Francelj, damals ein schmächtiges Büberl, einen solchen Korb dem Herrn Oberlehrer in die Schule tragen. Dieser setzte ihn zum Dank für seinen Schleppdienst in eben diesen Korb, trug ihn samt Inhalt schnurstracks in seine Klasse zu den »Großen« und stellte ihn auf die Bank meiner älteren Schwester Micka – vor ihre Nase hin.

Während die Klasse vor Freude über den »Spaß« Tränen lachte, Francelj bleich vor Schreck verdattert dreinschaute, weinte Micka, der Verhöhnung preisgegeben, bittere Tränen in den Korb hinein.

Die Situation war überaus peinlich, denn der Lehrer war obendrauf zurück in seine Wohnung gegangen, und keiner wagte es, Francelj aus dem Korb zu heben und ihn in seine Klasse laufen zu lassen. Erst knapp bevor zum Unterricht gebetet wurde, der Heilige Geist möge uns Kindern beistehen, hob ihn der Oberlehrer heraus und schaffte den Korb weg.

Mein Bruder ist nun schon selbst Volksschuldirektor in Ruhe. Er erzählt mir diese Begebenheit immer wieder. Und immer auf dieselbe Weise. Von der Erinnerung, die angeblich das Vergangene verkläre, keine Spur.

Das erste Auto

Am Anfang war es ein geschotterter schmaler Weg für Ochsenkarren, der entlang des Feistritzbaches, unserer wohltätigen Bistrica, mitten durch mein Heimatdorf führte.

Die Fensterbank in unserer Küche war ein fabelhafter Beobachtungsplatz für das Geschehen in der weiten Welt, wenn dieser auch nur den winzigen Sektor zwischen Pliberk/Bleiburg und Labot/Lavamünd umfaßte. Fuhrleuten und Reisenden, die von nah und fern an unserem Küchenfenster zum Greifen nahe vorbeiströmten, konnte man »dober dan« (»Guten Tag«) wünschen, »Woher des Weges« oder »Wohin des Weges« von ihnen erfahren, kurzum, mit ihnen von Mensch zu Mensch sprechen, ihnen Wasser oder Brot reichen, über ihre Erlebnisberichte lachen, ihr hartes Schicksal nachfühlen.

Einmal im Jahr pilgerten wir Kinder mit der Mutter nach Sveto mesto/Heiligenstatt, um dort von der Muttergottes Gesundheit für unsere Kühe und Schweine zu erbeten. Die Straße war kurvenreich, bald ansteigend, bald abschüssig, führte bald links, bald rechts vom Fluß über zahlreiche Holzbrücken.

Das war immer eine abenteuerliche Reise. Wurden wir unterwegs durstig, labten wir uns einfach am Bach und bewunderten darin die aufgescheuchten Forellen, wie sie davonflitzten, sobald wir unser Gesicht über das Wasser neigten. An den Ufern blühte zu der Zeit schon der Rittersporn in allen Farben, und wir sogen den Duft des Bachholunders und der Bachminze in die Nasen, bis die Mutter unseren Augen hinter einer Windung entschwand, und wir dann große Mühe hatten, ihr wieder nachzukommen, denn sie holte aus wie ein Mann und wollte keineswegs auch nur um eine Minute zu spät zur Messe kommen.

Um 1930 herum wurde diese kurvenreiche holprige Verkehrsader verbreitert, ihre Haarnadelkurven wurden entfernt und über den Bach Betonbrücken gebaut, damit sie auch von Fuhrwerken mit längeren und schwereren Ladungen benutzt werden konnten.

Der Ingenieur und Leiter des Bautrupps für den Bauabschnitt auf der Talsohle unterhalb unseres Dorfes war ein respektabler dicker Herr mit einem kurzen Atem. Er hatte sich im Haus meines kinderlosen Onkels einquartiert. Zur Jause kaufte er von ihm Brot und Most, setzte sich in den Schatten seines Obstgartens, zog eine Sardinenkonserve aus dem Rucksack und öffnete sie bedächtig. Wir Dorfkinder hatten bis dahin eine solche Speise weder gesehen, noch gerochen, noch davon jemals gehört; also standen wir in angemessener Entfernung von ihm, zogen den starken Duft des Olivenöls in unsere neugierigen Nasenlöcher und beobachteten abwartend das interessante Verspeisungsritual. War er damit fertig, gab er uns ein Zeichen, worauf wir uns über die leere Dose hermachten und sie mit flinken Fingern innen rein polierten. Schnitt sich einmal einer dabei in den Finger, wurde auch das Blut abgeschleckt, und die Wunde heilte von selbst.

Nun, auf dieser verbreiterten Straße hörten wir dann eines heißen Julitages, schon lange bevor wir es sehen konnten, das erste Automobil auf seiner Spazierfahrt, von Schwabegg kommend und in Richtung Bleiburg rasend – mit etwa zwanzig Stundenkilometern. Hinter diesem ungeheuerlichen Gefährt breitete sich eine lange weiße Staubwolke aus, die schon von weitem Ungeahntes zu verheißen schien.

Alle Fenster in unserer Nachbarschaft wurden aufgerissen, die älteren Dorfbewohner eilten auf die Böschung, die Frauen bekreuzten sich und murmelten entsetzt Stoßgebete, die Männer schüttelten ungläubig den Kopf. Sie hatten als Soldaten des ersten großen Krieges so manches in der weiten Welt gesehen, aber daß nun ein Automobil über *ihre* Landstraße so mir nichts dir nichts fahren würde, wollte ihnen doch nicht recht einleuchten. Wir Kinder hingegen sprangen jubelnd den steilen Abhang hinunter zum Straßenrand und erwarteten mit pochenden Herzen und aufnahmebereiten Sinnen den sagenhaft polternden pferdelosen Kasten.

Er gehörte dem Bleiburger Sprengelarzt Dr. Herbst, einem großen hageren Mann mit einem goldenen Zwikker auf der strengen Nase. Er hupte einen schrillen blechernen Ton in uns hinein, indem er auf der Außenseite der offenen Karosserie schnell nacheinander die Gummitrompete in der Faust drückte. Ob er es aus Vorsicht tat, einer von uns könnte ihm vor die Räder springen, oder mit Absicht, sein bäuerlich untertänigstes Dorf darauf hinzuweisen, wie schnell er es verstanden hatte, die neueste Errungenschaft der Forschung und Technik als einziger, das heißt als erster unter seinesgleichen in der kleinen Provinzstadt für sich praktisch nutzbar zu machen, war schwer festzustellen. Bis zu diesem bemerkenswerten Tag war er zu Krankenvisiten aufs Land in einer Kalesche gefahren, einem noblen schwarzen Zweispänner mit Klappverdeck.

Nun, auch die »neue« verbreiterte Straße war bald nach der Vollendung voller Schlaglöcher, also riß und beutelte es darauf das wunderliche Ding, daß es nur so ächzte und krächzte, aber der Doktor saß aufrecht hinter dem Lenkrad, als hätte er einen Pflock im Rücken. Als er an uns vorbeigefahren war, schrien wir vor Begeisterung, sprangen tollkühn in den aufgewirbelten undurchsichtigen Straßenstaub und liefen hinter dem Auto her, denn ein angenehm süßlicher Duft aus dem Auspuffrohr war uns in die neugierigen Nasen gestiegen. Ob das davon kam, daß der Doktor das Benzin in der Stadtapotheke bei seinem Bruder besorgte – Tankstellen gab es damals selbstverständlich noch keine –, kann ich kaum beurteilen.

Die Erinnerung an dieses Ereignis ist deshalb in mir so klar, da sie in Verbindung mit einem anderen großartigen Erlebnis am selben Tag steht: es war ein gutes Jahr für Bienen, und meine Geschwister und ich bekamen eine große Schüssel voll Wabenhonig vom alten, frommen Großvater Mežnar in der Keusche beim Dorfkirchlein. Er war ein kleiner Mann mit einem vor Plackerei auf der kleinen Landwirtschaft gekrümmten Rücken. Ich habe ihn nie anders gesehen, als bei seinem Bienenhaus sitzend, ein slowenisches Hermagoras-Buch in der Hand, auf dem Kopf einen schwarzen Hut mit breiter Krempe und niederem Kopf sowie die hängende gebogene Tabakspfeife im Mund. Die war allerdings gewöhnlich kalt, weil Tabak teuer war, außer bei der Honigentnahme, wenn er damit die emsigen Bienen umqualmte und vorübergehend betäubte, um sie berauben zu können.

Ich fragte den gutherzigen Alten: »Großvater, haben Sie auch das Automobil gesehen?«

»Hab ich, hab ich, Gott bewahr uns davor! Der Doktor Herbst ist mit dem Leibhaftigen im Bunde. Das bringt nichts Gutes.«

»Warum denn, Großvater?« wunderten wir uns alle.

»Habt ihr nicht gehört, wie der Teufel darin knallt und Feuer speit?«

»Das glauben wir aber nicht«, sagten wir wie aus einem Mund.

»Ihr werdet schon noch sehen. Ihr seid noch alle jung. Wenn ihr einmal in die Jahre kommt, werdet ihr an meine Worte zurückdenken.«

Schon um 1960 herum verbreiterte man ein zweites Mal diese Straße, indem man zu diesem Zweck die Talsohle unter dem Dorf verließ und die Fahrbahn höher oben ohne Gefälle im weiten Bogen über mächtige Betonbrücken leitete und asphaltierte – und man dadurch auch diese Verkehrsader zu einem gefährlichen Schlachtfeld für Mensch und Tier umbaute. Weiße Holzkreuze am Straßenrand zeugen davon. Und schon morgen werden auch absterbende Fichten und Tannen den »Fortschritt« bezeugen.

Ich weiß jetzt, wovor damals der fromme alte Mann so große Angst empfunden hatte: vor der drohenden Versündigung wider die Natur. Ob er auch schon die gegenwärtige Verhängung des damals noch blaustrahlenden Kärntner Himmels durch pausenlose Kerosinverbrennung in tausend Luftstrahltriebwerken pro Tag vorausgeahnt hat, weiß ich nicht.

Die Mutter

Unsere Hühner durften ihre Eier nicht in beliebigen Nestern legen. Das wäre mit einem zu großen Risiko verbunden gewesen: wir Kinder hätten das eine oder andere zu spät gefunden oder überhaupt nicht, wenn es in der Scheune eines der Nachbarn gelegt worden wäre.

Unsere Mutter hat daher an den Leghühnern jeden Morgen eine Visitation durchgeführt: sie kniete vor dem Türchen des Hühnerkäfigs, schnappte nach dem Flügel jeder einzelnen Henne, zog sie von der Sitzstange zu sich und steckte ihr hurtig den Mittelfinger ins Hinterteil, um festzustellen, ob dort vielleicht ein fertiges Ei vor dem Ausgang wartete. War das der Fall, mußte die Henne zu ihrem Leidwesen im Käfig bleiben, sonst durfte sie ins Freie flattern. Das geschah dann mit wahrhaft hysterischem Gegacker, aus dem deutlich ihr Unwille über diesen Eingriff von außen herauszuhören war.

Die Eier wurden alle verkauft. Wir Kinder bekamen vielleicht einmal im Quartal eine sogenannte Eierspeise: ein einziges Ei ins heiße Schweinefett – für vier Kinder. Einem jeden von uns den gleichen Teil auf eine große Schnitte Roggenbrot!

Die Mutter nahm sich ihren Teil nicht.

Ich kann sie heute noch nicht verstehen, wie sie das zuwege gebracht hat.

Unlängst sah ich in Radiše/Radsberg im Hof einer Landwirtschaft nach Jahrzehnten wieder einmal eine Gluckhenne, die sorgsam eine Schar von piependen weißen Kücken anführte. Alle zwei, drei Schritte gluckste sie los vor freudiger Erregung, um kundzutun, daß sie zu ihrem Nutzen fündig geworden war. Die Kleinen flogen ihr von allen Seiten zu, aber da lag gewöhnlich nur ein einziger winziger Wurm vor ihren Schnäbeln. Nur eines schnappte danach, das schnellste halt. Die Gluckhenne blickte niemals auf und pickte niemals für sich. Sie kratzte ohne Unterlaß weiter im Boden, daß es nur so staubte.

Da war mir plötzlich alles klar.

Ignaz Muri

Pfarrer Ignaz Muri unterstützte zeit seines Lebens aus seinem kargen Einkommen in der kleinen Pfarre Gorenče/St. Nikolai mittellose Gymnasiasten – slowenische Bauernsöhne südlich und nördlich der Drau.

Dieser Herr brachte mir in seinem Pfarrhof die deutsche Satz- und Wortanalyse bei. Ich benötigte sie für die Aufnahmsprüfung im Gymnasium.

Seine Instruktionsstunde verlief folgendermaßen:

»Wie heißt das Prädikat auf Deutsch, mein Bub?«

»Es heißt Satzaussage.«

»Richtig. Und wie fragt man nach der Satzaussage?«

»Was wird im Satze ausgesagt?«

»Richtig. Die Satzaussage ist beim Sprechen das wichtigste. Merk dir das. Und hör genau hin, was unsere deutschen Feinde in Kärnten über uns Slowenen aussagen! – Sie sagen viele unverschämte Lügen über uns aus, zum Beispiel die, daß *sie* die Sieger im Abwehrkampf waren, oder die, daß sie die Volksabstimmung *demokratisch* vollzogen haben, und die, daß das ungeteilte Kärnten *Gottes* Wille sei . . . Solche Lügen sind ihre Satzaussagen. Und jetzt sag mir schnell, wie heißt das Subjekt auf Deutsch!«

»Es heißt Satzgegenstand.«

»Richtig. Und siehst du, diese deutschen Feinde sind jene Subjekte, die in Kärnten das Sagen haben. Und wir Slowenen sind nur ihre Objekte, die sie mißbrauchen und verachten . . . Aber du mußt wissen, daß wir Kärntner Slowenen zum großen Stamm der Slawen gehören. Und nun sag mir, was für eine Wortart sind die Slawen.«

»Die Slawen sind ein Hauptwort.«

»Brav, ein Hauptwort . . . Ein Hauptwort in der Mehrzahl, merk dir das . . . Da sind die Russen, Ukrainer, Polen, Tschechen, Slowaken, Lausitzer Sorben, Kroaten, Serben, Mazedonier, Montenegriner, Bulgaren und wir Slowenen . . . Wir alle sind Slawen. Die Slawen sind Hauptwörter. Wir Slowenen sind ihre Brüder. Wir sind Kinder derselben Mutter. Und nun nenne mir ein Zeitwort, wenn du eines kennst!«

»Essen, trinken, spielen . . .«

»Richtig, mein Bub, und lieben. Ja, lieben ist auch ein Zeitwort. Das wichtigste Zeitwort im Leben eines Menschen. Christus hat das gesagt. Jeder Mensch sollte seine

Muttersprache lieben, wie er seine Mutter lieben sollte, mag diese nobel sein oder einfach.

Und verraten ist auch ein Zeitwort, das verächtlichste Zeitwort im Leben eines Menschen, denn wer seine Muttersprache verrät, ist wie Judas Ischariot ... Der hat Christus verraten um dreißig Silberlinge.

Und ein Judaskuß, was meinst du wohl, was für ein Wort ist das?«

»Ich weiß es nicht, Herr Pfarrer.«

»Das ist ein zusammengesetztes Hauptwort. Zusammengesetzt aus Verrat und Freundlichkeit. Das verwerflichste zusammengesetzte Hauptwort überhaupt.

Und die Muttersprache, nun, was meinst du?«

»Ist auch ein zusammengesetztes Hauptwort, Herr Pfarrer.«

»Richtig, es ist das herrlichste, das heiligste zusammengesetzte Hauptwort im Leben eines Menschen, zusammengesetzt aus Liebe und Selbstachtung. Wer es in den Dreck wirft, ist wie ein Gotteslästerer ... Ist ein ruchloser Mensch.«

»Und was bedeutet ruchlos, Herr Pfarrer?«

»Ruchlos ist ein Eigenschaftswort. Es bedeutet gewissenlos, niederträchtig, gemein, ehrfurchtslos.

Und weißt du noch, wie man ein Eigenschaftswort erkennt?«

»Indem man fragt, *wie* jemand ist.«

»Brav. Siehst du, nun frage ich dich, wie die nemčurji sind. Sie sind ruchlos, diese Deutschtümler, weil sie sich ihrer slowenischen Muttersprache schämen und sie zu leugnen versuchen. Weil sie etwas zu sein behaupten, was sie nicht sein können – Deutsche. Weil sie versuchen, das Blaue vom Himmel herunterzulügen. Das aber ist eine schwere Sünde, mein Lieber, eine Sünde wider den Heiligen Geist, denn wenn es schon verwerflich ist, daß hochmütige Deutsche uns Slowenen in Kärnten verachten, so ist es ruchlos, wenn ein Slowene sich gegen das eigene Volk stellt, in seine eigene Schüssel spuckt.«

Diese Instruktionen des Herrn Iganz Muri gingen mir unter die Haut.

Ich bestand die Aufnahmeprüfung fürs Gymnasium, obwohl ich auf die schriftliche Arbeit »Meine erste Fahrt mit der Eisenbahn« ein Nicht genügend bekommen hatte.

Ob ich ihm jetzt, da er schon lange unter der Erde liegt, für jene Satzanalyse dankbar bin?

Ich weiß es manchmal nicht genau.

Aber wenn ich mir die Beschaffenheit des Bewußtseins einiger meiner ehemaligen slowenischen Mitschüler, die keinen Ignaz Muri als Instruktor hatten, *hinter* ihrem Kärntner Heimatlook ansehe, so glaube ich schon.

Ohne jeden Hochmut.

Auch wenn Herr Muri mir damals in bezug auf die nemčurji die Erforschung der Ursachen für die Wirkungen schuldig geblieben ist.

Ich bin ihm einfach dankbar im Sinne von Schopenhauers Unterscheidung von dem, was einer *ist, hat* oder *vorstellt,* denn es gibt so vieles in diesem Land, was ich nicht nötig habe: Bauparzellen, Motorboote, Traumvillen, Aktien, Pfandbriefe, Teiche für Forellenzucht, Golddukaten, Machtpositionen und Ehrentitel. Ja, Ehrentitel . . .

Wenn man einmal warm sitzt und ausreichend zu essen hat, scheint mir, sind die höchsten und anhaltendsten Genüsse die geistigen.

Und die Muttersprache eines Menschen ist wohl unbestrittenes Fundament und Nährboden dieser Genüsse.

Der Kommunismus

Herr Ignaz Muri hatte vor dem Abendessen immer auch ein Vaterunser für die armen Kinder im bolschewistischen Rußland gebetet.

Für die Bekehrung der Kommunisten.

Das war im Jahre 1935.

Zehn Jahre später, im Juli 1945, fragte ich ihn, nachdem ich aus dem amerikanischen Kriegslazarett in Hannover nach Hause gekommen war, wie er denn *nun* den Kommunismus vor Österreichs Toren einschätze.

Da sagte er:

»Was es im Kommunismus der slawischen Völker Schlechtes gibt, wird früher oder später der Teufel holen.

Was ihnen aber der Kommunismus Gutes gebracht hat und noch bringen wird, das segne Gott!«

Was würde Ignaz Muri wohl heute darüber sagen?

Hm.

Ich weiß es nicht genau.

Aber ich glaube dasselbe.

Und ich glaube, er hätte damit immer noch recht.

Trotz des stinkfaulen Teufels, der sich's in meinem Mutterland Slowenien leider recht behaglich eingerichtet hat.

Ehrenwort

Ich war drei Jahre im Marianum von Celovec/Klagenfurt einer von den etwa zweihundert Priesterzöglingen.

Ich war vom Land und hatte niemals ein Taschengeld. Meine bürgerlichen Mitschüler hatten welches. Vor allem jene aus Klagenfurt.

Da schlugen sie mir ein Geschäft vor: wenn ich mir vom Friseur, der alle vierzehn Tage ins Haus kam, eine echte Glatze schneiden lasse, würden sie mir zwei Schilling auszahlen.

Mit Handschlag und Ehrenwort.

(Das war in den dreißiger Jahren für einen Schüler viel Geld.)

Ich biß die Zähne zusammen und lieferte dem Friseur meinen Kopf aus.

Sie hatten eine Mordsgaudi mit mir.

Sie hielten mir einen Spiegel vor die Nase. Ich schämte mich unbeschreiblich. Mein Kopf lief rot an.

Dann tropfte einer von hinten Tinte auf meine Glatze.

Sie sammelten kein Geld ein für mich.

Sie sprachen fließend Deutsch, ich stotterte Deutsch.

Sie waren Bürgersöhne, ich war ein Bauernsohn.

Ich verlasse mich auch heute noch nicht auf die Bürger.

Und schon gar nicht auf jene Menschen, die welche werden möchten.

Jägerlatein

Unser Latein- und Deutschprofessor Dr. E. M. hat uns gerne von seinen Jagderlebnissen erzählt, sogenanntes Jägerlatein.

Das war in den dreißiger Jahren im humanistischen Gymnasium von Celovec/Klagenfurt.

Eines Tages tischte er uns folgendes auf:

Die Kärntner waren im Abwehrkampf der Nachkriegsjahre 1918–1920 recht bedauernswert. Die Serben seien vom wilden Balkan herauf in unser Kärntner Heimatland eingefallen und hätten alle Deutsch-Kärntner unbarmherzig geschlachtet, wenn sie sich nicht rechtzeitig versteckt hatten.

Aber auch die Versteckten stöberten sie auf – vor allem in ihren Schweineställen unter der Streu . . .

Diese serbischen Rohlinge trugen alle blitzblanke scharfe Messer im Mund – so zwischen den Zähnen.

Wir Schüler waren von seinem Jägerlatein sehr beeindruckt. So sehr, daß ich mich nach mehr als vierzig Jahren bisweilen dabei ertappe, wie ich die Begriffe »Balkan« und »Serben« mit unheilvollen Messerklingen assoziiere, wobei mich eine Mischung von Scham und Minderwertigkeitsgefühl überkommt.

Das erkläre ich mir damit, daß ich bereits damals in der ersten Klasse des Gymnasiums um die Stammverwandtschaft der Serben und Slowenen wußte. Und damit, daß Karl May hierin auch keine psychohygienische Abhilfe in mir schaffen konnte.

Ich wundere mich nicht, daß sich infolge dieses Jägerlateins viele meiner damaligen slowenischen Mitschüler von ihrem Volke abgewendet haben.

Silentium

In die Kapelle des Marianums hatte man direkt vom breiten Stiegenhaus her Zutritt. In diesem Stiegenhaus durfte wegen des Allerheiligsten im Tabernakel der Kapelle weder laut noch leise gesprochen werden.

Dieses Verbot wurde Silentium genannt.

Es wollte mir zwar keineswegs einleuchten, aber als demütiger Bub vom Lande beachtete ich es peinlich genau.

Außer an jenem Nachmittag im Oktober.

Mein Bruder Francelj war damals in der ersten, ich in der dritten Klasse des »humanistischen« Gymnasiums am Völkermarkter Ring. Wie ich hatte auch er als Anfänger mit der deutschen Sprache einige Schwierigkeiten. Ich half ihm darüber hinweg, so gut ich konnte. Dazu nutzten wir die freie Stunde am Nachmittag, in der unsere Mitschüler auf dem großen Spielplatz der Anstalt Schlagball oder Völkerball spielten. Wir verdrückten uns vom Spielplatz, hockten uns hinter eine Mauer, und schon legte mein kleiner Bruder mit seinen Problemen los.

An jenem Oktobertag galt es, die starke und schwache Biegung der deutschen Hauptwörter ins reine zu bringen. Wir wurden damit nicht recht fertig und besprachen es, unterwegs in den Studiersaal, auch noch im Stiegenhaus.

Plötzlich hatte ich eine Ohrfeige sitzen, daß ich alle Sterne tanzen sah.

Gleich darauf wurde auch mein schmächtiger Bruder auf dieselbe Weise bedacht.

»Hinknien!« brüllte uns eine Männerstimme an. Sie kam aus einem knöchellangen Talar.

Wir zitterten und sanken an Ort und Stelle in die Knie: mein Bruder an der Außenwand, ich an der Innenwand des Stiegenhauses.

Der knöchellange Talar verschwand sodann in der Kapelle.

Ins Stiegenhaus zog wieder Silentium ein . . .

Mein Bruder ließ vor ausgestandener Angst einen deutlichen Furz streichen.

Er schaute mich mit bleichem Gesicht an.

Ich lachte über seinen Furz nicht.

Ebenfalls aus Angst, der knöchellange Talar könnte uns neuerlich überraschen und uns neuerlich die unendliche Barmherzigkeit des Himmels auf den Wangen spüren lassen.

Denn allmächtig ist der Herr, allgegenwärtig und allwissend. Dann ist er ja wohl auch allriechend . . .

Gleich darauf stürmten alle Marianisten – von der ersten bis zur achten Klasse – vom Spielplatz in die Studiersäle, stolperten über uns zwei im Stiegenhaus, fluchten leise vor sich hin und belächelten uns.

Mein Bruder war kreideweiß und rollte hilflos seine schwarzen Augen.

Schließlich standen sie voller Tränen.

Ich wünschte mir den Tod.

Wenn ich heute scharf nachdenke, so gehe ich wohl nicht fehl in der Annahme, daß jenes Silentium und seine Folgen in mir nicht nur das kindliche Vertrauen in die Theologen erschüttert haben, sondern auch meinen Glauben an die Gerechtigkeit Gottes und schließlich an dessen Existenz in der Kapelle einstürzen ließen.

Aufklärungsstunde

Am Tag nach dem Anschluß Österreichs an das »tausendjährige« Dritte Reich brach eine Schar von Hitlerjungen mit weißen Kniestrümpfen und Hakenkreuzbinden ins Klagenfurter katholische Priesterseminar Marianum ein. Sie stürmten in alle Studier- und Schlafsäle, rissen die Kruzifixe von den Wänden und befestigten an ihrer Stelle das schwarz-weiße Bild Adolf Hitlers, in Goldrahmen gefaßt.

Dann trieben diese jungen Nazis alle Schüler von der ersten bis zur achten Klasse in den Festsaal der Anstalt, um uns in einer »Aufklärungsstunde« glauben zu machen, die germanische Götterwelt stehe der israelitisch-christlichen himmlischen Dreifaltigkeit, von deren Wert wir fest überzeugt waren, in nichts nach, im Gegenteil: Wodan verachte wankelmütige Schlappschwänze, die ihre Wangen hinhalten, nur um darauf Schläge zu sammeln, er sei vielmehr der stets überlegene Herr in der Schlacht, und nach seiner treusorgenden Gattin Frija, der Göttermutter des Nordens, sei sogar der fünfte Wochentag »Freitag« benannt worden und so fort.

Unsere Präfekten, katholische Priester, waren nicht mit uns in den Festsaal gegangen, sie hatten sich aus Furcht vor diesen Wilden in ihren Zimmern versteckt und die Türen von innen versperrt.

Sie haben sich nicht vor ihre Kruzifixe gestellt, haben keinen Widerstand geleistet.

Etwa zehn Jahre nach diesem Erlebnis besuchte ich im jugoslawischen Bezirksspital von Slovenj Gradec (Windischgraz) den bekannten Kärntner Schriftsteller Lovro Kuhar-Prežihov Voranc, der im Jahre 1945 aus dem Konzentrationslager Mauthausen gezeichnet in seine Heimat zurückgekehrt war.

Einige ideologische Hitzköpfe wollten auch dort die Kruzifixe von den Wänden der Krankenzimmer entfernen – mit der Begründung, ein beträchtlicher Teil des slowenischen Klerus hätte während des nationalen Befreiungskampfes mit Adolf Hitlers Schergen zusammengearbeitet.

Zahlreiche unheilbar bettlägrige Patienten lehnten sich dagegen auf.

Das kam Prežihov Voranc zu Ohren. Er eilte im Pyjama über den Flur zur Verwaltung der Anstalt und verlangte von dieser, die Kruzifixe dort hängen zu lassen, wo sie bis dahin hingen, wenn das der Wunsch der Patienten sei.

Und die Kruzifixe blieben an den Wänden.

Prežihov Voranc war Kommunist. Vor dem Zweiten Weltkrieg hoher Funktionär der Komintern.

Dankschreiben

Das Klagenfurter fürstbischöfliche Knabenseminar Marianum hatte für den Priesternachwuchs im Lande zu sorgen. Je zwei Klassen bildeten darin eine eigene Abteilung und waren im eigenen abgesonderten Stockwerk untergebracht, das seinen eigenen Präfekten zur pädagogischen und seelischen Betreuung zur Verfügung hatte. Gegenseitige Besuche jüngerer und älterer Jahrgänge waren untersagt. Zucht und Ordnung wurden groß geschrieben. Und Schweigen und Beten. Und sorgfältige Verdrängung des erwachenden Geschlechtes. Über dieses durfte um alles in der Welt nicht gesprochen werden, außer im Beichtstuhl der Anstaltskapelle, schuldbewußt und zerknirscht darüber, daß man es nicht verhindern konnte, es unglücklicherweise doch entdeckt zu haben.

Jedes Stockwerk hatte einen großen Studiersaal mit einer hohen Kanzel, von der aus der Präfekt das Lernen der Zöglinge überwachte. Fiel einem von ihnen aus Unvorsichtigkeit ein Bleistift auf den Boden, mußte er kniend weiterlernen, und lachte gar einer seiner Nachbarn über solches Pech, mußte er ebenfalls neben seinem Pult auf die Knie.

Außer in der Jausenzeit herrschte im Haus Silentium, auf deutsch Sprechverbot, sogar im Waschraum und schon gar im Schlafsaal. Hier wurde dann mit der Taschenlampe unter der Decke Verbotenes gelesen oder gewichst.

Ich weiß nicht, wie es anderen Menschen ergeht, mein Gedächtnis jedenfalls ist nicht nur trügerisch, sondern auch betrügerisch: Namen, deren Trägerinnen und Träger mir in früheren Jahren Reizvolles oder Erbauendes, Gerechtes oder Trostreiches widerfahren ließen, verdämmern darin gar zu gern, werden leicht verwechselt und gehen mir schließlich verloren. Anderseits aber haften darin Namen, die ich nicht nur einmal zum Kuckuck oder zum Teufel gewünscht habe.

Eine der wenigen ehrenwerten Ausnahmen bestätigt mir diese Regel: der damals blutjunge katholische Priester Gerhard Weiß, mein letzter Präfekt in der erwähnten katholischen Anstalt nach dem Anschluß Österreichs an das tausendmäulige »dritte« Reich.

Wie ein frischer Windzug riß er eines schönen Tages Tor und Türen dieses Kafkaschen Dunkelmänner-

Schlosses auf und brachte volle Hände Sonnenlicht in das Reich theologischer Finsternis. Ein großer rechteckiger Tisch wurde im öden Gang unserer Abteilung aufgestellt, kleine grüne Holzschläger und Zelluloidbälle wurden von irgendwoher in einem Karton herbeigeschafft, und schon pingpongten wir drauf los. Von da an durften wir vieles, was früher verboten war: Halbschuhe und Sandalen tragen, Hosenrohre bis knapp über dem Knie und ärmellose Hemden.

Meine innigste Erinnerung an diesen Herrn, der auch selbst den harten weißen Kragen mit dem schwarzen Tuch abgelegt hatte und ein blaues aufgeknöpftes Hemd trug, aber steht im Zusammenhang auch mit seiner sonstigen Aufgeknöpftheit. Unsere Spaziergänge entlang der stinkigen Lederfabrik Neuner auf die einsame, heiße, baumlose »Heide« in Annabichl hörten mit seiner Ankunft sofort auf, denn er liebte die Wanderwege des Kreuzbergls. Um aber diese zu erreichen, mußte man durch die ganze Stadt, in der auf Priesterzöglinge, die in mystischer Versunkenheit und in Bußübungen Enthaltsamkeit zu lernen hatten, ach so viele Gefahren lauerten. Gerhard Weiß verschloß nicht seine Augen und Ohren vor ihnen, sondern führte seine neugierige Zweite Abteilung, das heißt die dritte und vierte Klasse, mit lachendem Gesicht an den schönsten Auslagen der Innenstadt vorbei, durch den protzenden und glitzernden Sündenpfuhl der Burggasse, in der wir von einem Trottoir aufs andere sprangen, so daß die Tramway ihre liebe Not mit uns hatte trotz ihrer aufgeregten Klingelei, musterte unterwegs die Szenenbilder der Premieren des Stadttheaters auf der schwarzen Programmtafel vor dessen Eingang und pfiff irgend etwas Lyrisches aus der Vagantendichtung vor sich hin, die Radetzkystraße hinauf zur bewaldeten Anhöhe.

Und eben dort geschah für mich das Unvergeßliche: er blieb alle paar Schritte stehen, lauschte dem Gezwitscher irgendeines Vogels und sagte sogleich: Der ist es. Und nach einer Weile erspähte er ihn auch schon, wies uns mit dem Finger auf den Ast, auf welchem der Sänger saß, erklärte uns in aller Stille seine besonderen Merkmale, und wir schritten weiter hügelaufwärts, angestrengt lauschend, wie da gesungen und gerufen, gelockt und geschnalzt, gegurrt und getrommelt, gepfiffen und gejodelt, geflötet und geblasen wurde. Was mein bäuerlicher Vater nicht verstanden hatte, weil er immerfort nur hinter den Ochsen her in die aufgeworfene Furche starrte, bewunderte ich nun an diesem städtischen Geistlichen. Und ich kam aus dem Staunen gar nicht mehr heraus: Da kamen uns doch eines Nachmittags ein paar lachende Mädchen den Hügel herunter entgegen, mit flatterndem Haar und luftigen bunten Kitteln. Wir drehten uns wie auf Befehl nach ihnen um und mußten wohl richtige Stielaugen gemacht haben, denn unser geistlicher Betreuer sagte plötzlich: »Da staunt ihr, Buben, was? Sieht man aber auch nicht alle Tage so fesche Mädchen!«

Ich wollte vorerst meinen Ohren nicht glauben, aber gleich darauf hätte ich den Herrn umarmen können. Als Tertianer mit vollendeten 16 Jahren ein reichlich spät Berufener, dazu schmächtig, stabil x-beinig, mit zu langen Armen und einem zu dicken Kopf, stand ich beim Turnen bei den Kleinen der Klasse, an drittletzter Stelle, bei den Dreizehnjährigen am lächerlich gemachten Schwanz der 50köpfigen Reihe, kurzum, ein Minderwertigkeitskomplexverdränger besonders krasser Art, den die unergründliche Vorsehung obendrauf auch noch mit einer gespreizten Adlernase ausgestattet hatte, die einem unserer großen kräftigen Kerle viel eher zu Gesicht gestanden wäre, nichtsdestoweniger aber mit einem schnell heranreifenden Geschlecht, das in mir höllische Schuldgefühle wachsen ließ, vor allem vor dem Einschlafen, wenn ich mir in der Phantasie Mädchen ausmalte, bei denen die kecken Zwillinge gerade erst von zu Hause weggingen, um Priesterzöglinge zu verwirren und sodann zu verführen. Ich hatte damals ständig das Schauerbild des im Disziplinarverfahren ausgeschlossenen Quartaners Gerhard K. vor den Augen, dessen Liebesbrief an eine weibliche Ferienbekanntschaft vom Rektor der Anstalt im Zensurwege abgefangen und als anstößiges, religiöse und sittliche Gefühle verletzendes Corpus delicti folgenschwer an den Pranger gestellt worden war.

Nun aber wußte ich, es konnte keine Sünde sein, Mädchen anzusehen, anzulachen oder an sie wann immer und wo immer schon zu denken, wenn sogar unser Präfekt keine Abscheu vor ihnen hatte.

Herrn Gerhard Weiß bin ich zu Dank verpflichtet dafür, daß ich nicht – wie so manche meiner damaligen Mitschüler, die er nicht betreut hatte – zu einem Sexualneurotiker geworden bin. Ich bin heute überzeugt davon, daß er selbst der Heilige Geist in Person war.

Aber nicht in der dritten, sondern in der ersten.

Jožica Flander

Jožica Možina, meine jüngste und liebste Tante mütterlicherseits, war vor dem Zweiten Weltkrieg Dienstmädchen in Maribor. Dort heiratete sie Franjo Flander, einen Feldwebel der jugoslawischen königlichen Armee. Nach dem Einmarsch der Hitler-Wehrmacht in Jugoslawien wurde er gefangengenommen, sie aber organisierte in »Marburg an der Drau« (Maribor) am Südufer des Flusses[1] ein ganzes Netz von antifaschistischen Freunden für den Widerstand gegen die Barbarei der *Gestapo.* Obwohl sie wegen Tuberkulose einen Pneumothorax hatte, vervielfältigte sie ganz allein Flugblätter und Broschüren des Widerstandes und verbreitete diese unter der Bevölkerung, bis sie im Juni 1944 durch den Verrat eines Kollaborateurs direkt in die Klauen der Gestapo geriet.

Drei Wochen war sie in Einzelhaft des Polizeigefängnisses in der Slovenska ulica. Dort wurde sie von der Gestapo bis zur Bewußtlosigkeit geschlagen. Ihr vorgesetzter Folterknecht war der Kärntner Gestapomann Franz Wiegele, ein Bulle. Der hatte in der Cankarjeva ulica eine moderne Wohnung im Haus des damaligen kroatischen Konsuls.

Nach den drei Wochen töteten sie Jožica Flander bei Brezno an der Drau, weil sie ihnen keinen der Partisanenbunker zeigen wollte.

Sie hatte sich den besonderen Haß der Gestapo zugezogen, weil sie trotz ihres zarten Körperbaus und ihrer Kränklichkeit die Folterungen mit zusammengebissenen Zähnen ertragen hatte und dadurch für ihre zahlreichen Mithäftlinge ein Vorbild geworden war.

Das alles und anderes mehr habe ich über meine Tante erst aus dem Buch *Kljub vsemu odpor* (»Widerstand trotz allem«) von Milica Ostrovška erfahren.

Im Juni 1943, kurz vor der amerikanischen Invasion in Sizilien, durfte ich von dort für vierzehn Tage auf meinen ersten Urlaub nach Hause. Ich trug die protzige Afrikauniform eines »Fliegers«. Ohne Schießprügel,

1 Dieser südliche Stadtteil trägt nun die Bezeichnung »*Teren Jožice Flander*«. In der Parmova ulica 4 ist am Haus, in dem sie wohnte, ihre Gedenktafel angebracht. Die Kindergärten dieses Stadtteils tragen ebenfalls ihren Namen.

aber mit Pistole.

Ich schämte mich allein beim Gedanken, wie ich denn so angezogen in mein slowenisches Dorf treten sollte.

Meine Tante Jožica hatte zu der Zeit bereits mit der Organisation des Widerstandes in Maribor zu tun.

Ich benachrichtigte sie so schnell wie möglich von meinem Urlaub in Dob bei Bleiburg.

Sie kam bereits am nächsten Tag – es war ein Sonntag – mit dem Zug von Marburg an der Drau zu mir, kaufte im Dorf alle erreichbaren Eier für die Partisanen auf und bestellte mich für den Dienstag zu sich in die Stadt. Ich sollte in meiner Uniform mit dem Zug dorthin fahren und für alle Fälle eine Zivilhose und eine Weste in der Aktentasche mitnehmen. Und natürlich die Pistole nicht vergessen.

Zwischen den Bahnstationen Bleiburg und Prevalje ist in einer unwegsamen hügeligen Gegend ein Tunnel. Dieser, so flüsterte sie mir zu, würde eines schönen Tages den Partisanen als Kleider- und Waffenkammer dienen.

Das war so zu verstehen: Die Partisanen würden mit Maschinenpistolen im Anschlag mitten im Tunnel plötzlich den Zug Klagenfurt–Marburg an der Drau stoppen, die Waggons stürmen und sich die Waffen und Uniformen der deutschen Landser, Grenzer und Eisenbahner holen, mit oder ohne Inhalt, das würde von jedem einzelnen der Uniformträger abhängen: war er ein aufrichtiger Gegner des Nazismus, wäre der Überfall die passendste Gelegenheit für ihn, gleich in Uniform mit den Partisanen abzuhauen, war er ein Mitläufer der Nazis, müßte er halt in der Unterhose weiterfahren bis Marburg an der Drau.

Leider leider stoppten sie an jenem Dienstag den Zug nicht.

Ich fuhr in der braunen kitschigen Uniform weiter bis Marburg an der Drau.

Dort ging ich schnurstracks in die Parmova ulica zu meiner Tante. Sie kochte mir einen Zichorienkaffee und strich mir Leberpastete auf ein paar Schnitten Brot. Dann gab sie mir einen Kuß auf die Wange und schickte mich ohne eine nähere Erklärung ins Buffet Mencinger in der Ljubljanska cesta 29. Dort, sagte sie, würde mich jemand abholen und zu Freunden in Sicherheit bringen. Alles andere würde sich dann schon finden. Hauptsache, ich trete die Rückfahrt an die deutsche Südfront nicht mehr an.

»Wie soll ich den Verbindungsmann im Buffet erkennen?« fragte ich sie noch.

»Er wird dir meinen Namen nennen.«

Das waren ihre letzten Worte.

Der Mann hätte am Nachmittag zwischen zwei und drei Uhr kommen sollen. Ich wartete in der Schankstube, las ein Buch und trank zwei oder drei Tees. Es war schon fünf Uhr. Vorstadtleute waren gekommen und wieder gegangen. Ein Mann im hellen Sakko aber saß allein am Fenstertisch wie angenagelt. Er war bereits im Lokal gewesen, als ich eintrat. Er tat die ganze Zeit hindurch so, als beachte er mich nicht.

Um etwa halb sechs stand ich auf, nahm die Aktentasche und ging auf Umwegen wieder in die Parmova ulica, um meine Tante aufzusuchen. Noch bevor ich ihr Haus erreichte, sprach mich auf dem Gehsteig eine unbekannte Frau aus der Nachbarschaft an. Sie flüsterte mir »Jožica« zu und zog mich in ihren Hauseingang hinter eine Hecke.

»Deine Tante Jožica hat mir aufgetragen, du sollst so unauffällig wie nur möglich noch mit dem Abendzug nach Bleiburg zurückfahren. Heute geht es nicht. Sie kommen nicht durch . . . Sie wird dir Nachricht schicken, wann und wo . . .«

Ich bin nach Bleiburg zurückgefahren. Mit keinem guten Gefühl im Magen. Dann habe ich noch vier Tage und vier Nächte gewartet. Das war der Rest meines Urlaubs.

Jožica hat mir keine Nachricht mehr geschickt.

Sie wurde bereits zu sehr von der Gestapo beschattet.

Ich habe sie nie mehr gesehen.

Den größten Schmerz meines Lebens bereitet mir der Umstand, daß ich mich an jenem Dienstag von ihr nicht mehr verabschieden konnte.

Dieser Schmerz steigert sich und bohrt in mir besonders zu Allerseelen, da ich nicht weiß, wohin ich fahren soll, um an ihrem Grab eine Kerze anzuzünden.

Am Grab, das es nicht gibt.

Unteroffizier Heinzi

Es war in Sizilien bei Vizzini. Irgendwo zwischen Gela und Catania. Im Juli 1943.

Amerikanische Invasion.

Der Morgen erwacht dunkelgrün aus dem Orangenhain. Einige Orangenbäume wurden bei Nacht von den deutschen Zugmaschinen niedergerissen und entwurzelt.

Nun strecken sie ihre abgeschürften nackten Wurzeln aus der schwarzen Magmaerde wie anklagende weiße Krallen. Einzelne Orangenfrüchte liegen herum wie von Kindern vergessene Spielbälle.

Alarmstufe eins.

Während der Nacht sollen tausend und mehr amerikanische Fallschirmjäger abgesprungen sein.

Wir haben sie nun hinter jeder Hecke zu fürchten.

Plötzlich schreit Unteroffizier Heinzi:

»Alles in Deckung! Schießen! Ins allein stehende Haus auf dem Feld! In die Fenster des ersten Stockwerkes!«

Eine Kugel pfeift an meinem Ohr vorbei. Für mich die erste des Krieges. Ich weiß nicht, aus welcher Richtung sie gekommen ist.

Ich bekomme große Angst, lasse den Schießprügel fallen und werfe mich am Waldrand auf die Erde. Ich krümme mich, um mich kleiner zu machen. Ich schlage die Hände über dem Kopf zusammen, um ihn vor Kugeln zu schützen.

Vorsichtig gucke ich durch die Hände aufs Feld – und was sehe ich da? – Heinzi stürmt mit einer Gruppe tatsächlich aufs offene Feld hinaus. Die Amerikaner feuern aus den Fenstern Tod und Teufel. Das Haus hüllt sich allmählich in Explosionsrauch.

Zwei oder drei Soldaten bleiben getroffen auf dem Feld liegen. Plötzlich hechtet Heinzi, als wolle er einer Kugel ausweichen.

Er fällt auf den Kopf und rührt sich nicht mehr.

Die anderen Stürmer verkriechen sich irgendwo.

Ich hätte niemals geglaubt, daß Heinzi im Ernstfall auf Soldaten losgehen würde, die ihm kein Leid und keinen Schaden angetan hatten. Ich konnte auch das nicht begreifen, daß er nicht soviel Phantasie hatte, um sich beim Stürmen des Hauses auf dem Felde eine amerikanische Todeskugel vorzustellen.

Er war der beste Sportler in unserer Batterie. Ein Meister des Hechtsprungs über das Pferd.

Ich hätte ihn verstanden und hätte seinem Schießbefehl Folge geleistet, wäre es auf jenem Felde um einen *Befreiungskampf* gegangen, in dem wir Soldaten unsere bedrängten, eingesperrten oder gefolterten Mitmenschen vom eingedrungenen Feinde zu befreien hätten. So wie es die Partisanen getan haben in Frankreich, Rußland, Jugoslawien und anderswo.

Beim Schlagballspiel rettet sich der verfolgte Läufer vor dem Schuß mit dem kleinen Lederball am ehesten mit einem Hechtsprung in die Luft an Ort und Stelle . . .

Beim »Kriegsspiel« rettet sich der Soldat vor dem Schuß nicht mit einem Hechtsprung in die Luft, sondern am ehesten mit dem Hinlegen auf den Boden und mit dem Liegenbleiben, die Hände über dem Kopf zusammengeschlagen, bis die Schießerei aufgehört hat . . .

Oder noch besser, indem er überhaupt nicht in den Krieg geht.

Das Sterben

Im letzten Winter vor Kriegsende 1945 wurde ich aus der Nervenheilanstalt in Regensburg zu einem Strafbataillon der Deutschen Wehrmacht hinter Königsberg abkommandiert, weil ich im Tertianafieber meiner Malaria tropica Hitler, Göring und Konsorten als Verbrecher zum Teufel geschickt hatte. – Die Ostfront verlief zu der Zeit in jenem Abschnitt in unübersehbaren stolzen Wäldern.

Wir Sträflinge bekamen unsere Schießprügel mit Munition aus verständlichen Gründen erst direkt vor dem »Feinde« von blutjungen SS-Fähnrichen, die uns zu überwachen hatten.

Es war bereits finster. Ich warf meinen Schießprügel sofort in einen Busch und versuchte mich zu den Russen durchzuschlagen. Ich weiß nicht mehr genau, aber ich glaube, es war ein degradierter Offizier, der mir dabei half: einer, der ebenfalls von diesem Soldatenspiel die Fresse voll hatte, vom Kriegshandwerk jedoch mehr verstand als ich. Wir tappten durch das Dunkel des Waldes in jene Richtung, aus der am Abend aus Lautsprechern folgende steirisch gesprochene Aufmunterung zu hören war:

»Werft eure Gewehre weg und lauft über zu uns! Die Rote Armee tut keinem etwas zuleide . . . Wir wissen, daß ihr Nazigegner seid! Wir wissen, daß ihr im Strafbataillon seid . . .! Werft eure Gewehre weg!«

Wir zwei tappten schweigend oder ganz leise flüsternd. Dabei versuchten wir, so gut wir in der Dunkelheit konnten, auf keinen Ast zu treten. Plötzlich krachte es in unserer Nähe auf einer Kreuzung.

SS-Panzergrenadiere verabreichten uns eine Maschinenpistolengarbe. Zwei Kugeln trafen mich: Nervenstrangriß am linken Oberarm und Lungendurchschuß.

Ich fiel auf die Nase.

Es war sofort alles dunkel in mir.

Ich muß lange bewußtlos gelegen haben. Als erster der fünf Sinne erwachte in mir das Gefühl: ich fror in den Fingern und Zehen. Dann regte sich der Geschmack: mein Gaumen war vor Blut süß und klebrig. Dann erwachte das Gehör: Etwas knickte und knisterte irgendwo hinter mir. Schließlich stellten sich auch der Geruch und das Augenlicht wieder ein: die Erde roch nach Tannennadeln, und an meiner Seite sah ich im dünnen Neuschnee die Spur eines Raupenfahrzeuges.

Ich spürte große Schmerzen am linken Oberarm. Ich versuchte, mich im Liegen zu drehen und zu erheben.

Es ging nicht.

Ich fiel gleich wieder zurück in die kleine Blutlache vor meiner Nase. Dabei hatte ich ein Gefühl, als würde ich in eine süße Dunkelheit hinübergleiten. Diese war orange gefärbt und rauschte leise – etwa wie eine Symphonie in hellen Tonlagen. Eine wohlige Wärme ging durch jede Faser meines Körpers.

Als ich neuerlich die Sinne beisammen hatte, versuchte ich robbend ins Trockene unter eine junge Fichte zu gelangen, um dort zu sterben. Mein Blutverlust ließ das nicht zu. Ich fiel wieder in Ohnmacht.

Als ich zum dritten Mal das Bewußtsein erlangt hatte, ärgerte ich mich schwarz darüber, wie ich nur so ungeschickt sein konnte, mich in diesem blöden Walde zusammenschießen zu lassen. Was würde meine arme Mutter von mir denken! – Mein Stolz war zutiefst verletzt. Diese Verletzung schmerzte mehr als beide Wunden zusammen.

Ich dachte an meinen fleißigen Bruder Jože, dessen Knochen bereits den dritten Winter Gott weiß wo in russischer Erde herumlagen.

Und ärgerte mich entsetzlich über sein trauriges Los.

Meine arme Mutter! Jetzt würde sie auch noch über meinen Tod einen Brief erhalten! Ich hätte mir vor Ärger über meine Ungeschicklichkeit die Haare raufen können . . .

Ich gottverlassener Idiot – in diesem gottverlassenen ostpreußischen Wald!

Nicht sosehr meinetwegen. Mir war bereits alles gleich. Ich war seelisch und körperlich am Ende: Gefallen für Hitlers Vaterland! Gefallen für den Todfeind meines slowenischen Volkes! Gefallen für den Mörder meiner Tante Jožica Flander!

Ich stammelte entkräftet vor mich hin:

»O Bog, pomagaj mi!«[1]

Er schenkte mir kein Gehör. Meine trostlose Lage war ihm scheißegal.

Er hatte ja auch für meinen Bruder Jože keinen Finger gerührt.

Er hatte ja auch für meine Tante Jožica keinen Finger gerührt.

1 O Gott, hilf mir!

Ich verfluchte ihn und die Welt dafür.
Urplötzlich spürte ich, daß es ihn gar nicht gab.
In dem verdammten Wald ganz sicher nicht.
Er mochte in seinen Kathedralen nicken.
Wenn schon *ich* ihn nicht erbarmte, warum trieb er diesen grausamen Scherz mit meiner Mutter? – Mit *seiner* treuen Heiligen? Sechs Kinder hatte sie in Ehrfurcht vor *ihm* aufgezogen.
Ich sah sie deutlich vor mir.
Ich sah, wie sie ihre Lippen bewegte.
Ihre warmen Augen blickten mich hilflos an.
Ihre großen Hände ruhten gekreuzt in ihrem Schoß.
Hände voller Schwielen.
Mir war unheimlich zumute.
Ich schämte mich vor ihr, weil ich mich nicht erheben konnte.
Das waren meine Gedanken und Empfindungen.
Mehr gab es nicht.
Ich kenne den Tod.
Ich habe keine Angst vor ihm.
Ich weiß, daß das Sterben nicht weh tut.
Es ist Musik, orange und leise rauschend.
Es ist einem wohlig warm ums Herz, das nicht mehr will.
Das Sterben tut nicht weh.
Wenn einer sich dabei nicht über sich selbst zu ärgern braucht.

Die Engländer

Kaum aus dem amerikanischen Lazarett in Hannover entlassen und nach einer abenteuerlichen Reise durch das besetzte Deutschland in Dob angekommen, wurde ich hier bereits im Juli 1945 aufgrund von Verleumdungen ehemaliger Mitarbeiter der Gestapo von der englischen Militärbehörde FSS in Pliberk/Bleiburg in einen Panzerspähwagen gesteckt, ins Bezirksgericht Velikovec/Völkermarkt verfrachtet und dort von einem englichen Major zu acht (!) Monaten Arrest verurteilt. Die Anklage lautete auf Verbreiten von slowenischen Flugblättern und Druckwerken unter der Bevölkerung. Gleich nach dem Urteilsspruch wurde ich ins Gefangenenhaus nach Klagenfurt überstellt.

Bekannte Nazis und Gestapospitzel durften indessen unter freier Sonne wandeln und lustwandeln. Natürlich lachten sie sich eins ins Fäustchen.

Die Engländer benahmen sich in Kärnten den Slowenen gegenüber wie in ihrer Kolonialgeschichte gegenüber den Schwarzen. Mit dem deutschen Herrentypus hingegen fanden sie sogleich eine gemeinsame Sprache.

In jenen Nachkriegstagen kamen mir echte Zweifel, ob mein Antifaschismus von 1938 an richtig war und ob ich im Leben doch nicht besser gefahren wäre, hätte ich mich geduckt und in den Willen des katholischen Gottes gefügt.

Von meiner Zelle aus – sie hatte die Nummer 52 oder 56, ich weiß es nicht mehr genau – konnte ich durch das schmale vergitterte Fenster knapp unter der Decke nur eine Reihe ebenfalls vergitterter Fenster im gegenüberliegenden Trakt des Gefangenenhauses sehen.

Keinen blauen Himmel, keinen verhangenen.

Keine Sterne.

Keinen Baum.

Keinen Ast.

Kein Blatt.

Kein Kastanienblatt, wie Ciril Kosmač in Regina coeli von Rom vor seinem Fenstergitter.

Keinen Vogel.

Ich war über das ungerechte Urteil maßlos erbittert.

Kein Witz meiner Mithäftlinge konnte mich über die Schurkerei und erstaunliche Dummheit der militärischen

Engländer hinwegtrösten. (Da haben sie doch – o sancta simplicitas! – tatsächlich auch den Pfarrer Pavel Zablatnik, den begeisterten Altphilologen und Ethnologen der Kärntner Slowenen, in Völkermarkt eingekerkert: er habe eine geheime Sendestation in seinem Pfarrhof in Šmarjeta bei Völkermarkt aufgestellt und betrieben!)

Eines Vormittags war endlich die Reihe an mir, im Küchendienst zu helfen und auf diese Weise – sei es auch unter strenger Aufsicht – die frische Luft der Klagenfurter Gassen einatmen zu dürfen.

Es war ein sonniger, aber kühler Septembertag. Die Laubbäume im Park des Stadttheaters hatten ihre gelben und roten Blätter auf den Gehsteig und in die Straßenrinnen abgeworfen.

Zu viert bildeten wir das Brotkommando – mit zwei Kerkerpolizisten als Bewachung hinter uns. Unsere Sträflingsanzüge waren aus grobem weißen Leinenzeug. Zwei von uns zogen an der Deichsel des polternden vierrädrigen Wägelchens, zwei schoben es. Unser Weg führte vom Gefangenenhaus am Stadttheater vorbei zum Heiligen-Geist-Platz. Dann ging es zum Hauptpostamt und über das holperige Steinkopfpflaster der heutigen 8.-Mai-Straße hinab zum Bäcker der Gefangenenanstalt.

An ein Durchbrennen war nicht zu denken. Die Bewachung hätte Alarm geschlagen und geschossen. Und welcher Bürger hätte schon einem Unbekannten im Häftlingsanzug Unterschlupf gewährt?

Ich hielt mich am Wägelchen hinten an und fror in den zu weiten schlenkernden Hosenrohren und Rockärmeln. Ich beobachtete neugierig die mir von Spaziergängen aus der Marianumszeit her bekannten Häuser mit ihren leeren Auslagen. Viele waren von Bomben zerstört. Die Straßenbahn klapperte und quietschte an uns vorbei.

Ein Jeep der verdammten englischen Militärstreife schoß vom Hotel Sandwirt herunter, in dem der Herr von Braunau – damals waren es gerade sieben Jahre her – zum Leidwesen der heimattreuen Nazis keine Kärntner Kasnudel hatte essen wollen.

Ich empfand eine schmerzliche Sehnsucht nach der Freiheit. Ich starrte auf das hüpfende Rad vor mir und träumte im Gehen vor mich hin. Voller Wehmut sah ich unsere sonnige Bachwiese am Bistrica-Bach, darin glitzernde Forellen, spürte den Duft des eingebrachten Heues in der Nase und blickte in die Augen meiner traurigen Liebsten, die mir Mitgefühl und Mut zulächelten.

Ich hätte vor Kummer schreien können.

In dem Augenblick schoben wir unseren Karren gerade am Hauptpostamt vorbei. Auf dem Gehsteig ging eingehängt mit einer jungen Frau ein geschniegelter und gebügelter Herr in Schwarz.

Es war mein ehemaliger Religionslehrer Monseigneur Dr. R. Ich wollte meinen Augen nicht trauen und sah ihm, nachdem wir die beiden überholt hatten, direkt ins Gesicht.

Kein Zweifel! Er war es ... Fromm, frisch, frei und fröhlich ...

Mit seinem roten vollen Gesicht.

Und dem schönen Glück an seiner Seite.

Ich sah es ihm sofort an, wie gut er den siebenjährigen Krieg unseres Führers überstanden hatte. Er strotzte von körperlichem und seelischem Heil. Natürlich konnte er mich in meiner schäbigen Sträflingsmontur nicht erkennen. Er schaute auch gar nicht zu mir. Seine blauen Augen waren auf das geschminkte Antlitz seiner Begleiterin gerichtet.

Eine böse Lust überkam mich, auf den Gehsteig vor ihn hinzuspringen und ihm eine herunterzuhauen. Also an ihm einen kurzen und bündigen Gottesdienst zu verrichten.

Ich verwarf sofort diesen sinnlosen aggressiven Gedanken, denn urplötzlich kam ich zu der Erkenntnis, daß mein Lebensweg ganz gewiß schon am Anfang falsch gewesen sein mußte und daß meine religionsbeflissenen Erzieher vor dem Kriege durchwegs recht hatten mit ihrer Lehre, wonach der Herrgott im Himmel diejenigen, die ihm in Liebe dienen, vor allem Bösen bewahrt und sie himmlische Glückseligkeiten erfahren läßt.

Manche von ihnen schon auf Erden.

Der Arrest

Die sanitäre Betreuung der Abgeurteilten im Gefangenenhaus des Landesgerichtes war nach der militärischen Niederlage der Nazis im Herbst des Jahres 1945, als ich mich dortselbst in Untermiete befand, noch keineswegs gewährleistet, wohl aber die *religiöse.*

Während wir zu acht in einer Zelle zum Wasserlassen und Darmentleeren hinter einer Spanischen Wand nur einen Kübel mit Deckel zur Verfügung hatten, von dem aus sich unbeschreibliche Düfte über die ganze Zelle ausbreiteten, wurden wir, wenn wir dazu Lust hatten, allwöchentlich am Sonntag in der Früh einer besonderen Gnade der katholischen Kirche teilhaftig: In der Kapelle des Gefangenenhauses hockten wir während der Messe dicht gedrängt in den Bänken nebeneinander, auf Tuchfühlung sozusagen, flüsterten einander trotz strenger Aufsicht der zur Messe abkommandierten Wärter nützliche Nachrichten zu, verschickten aufmunternde Zettelpost an Neulinge unter uns, kolportierten saftige Witze zur seelischen Aufrüstung, erbettelten voneinander Zigarettenpapier, Tabak, Streichhölzer, kauten an gespendeten Brot- und Käserinden und flehten jene Glücklichen unter uns an, die bereits vor der Entlassung standen, sie mögen draußen im Freien zusehen, daß sie uns auf dem kürzesten Wege Papier, Bleistifte, Tabak, Feuerzeuge, Feilen, Seile, Taschenfunkgeräte, Pistolen und andere unentbehrliche, obgleich unerschwingliche Gebrauchsartikel ins Gefangenenhaus schmuggeln.

Soviel ist gewiß: Die katholische sonntägliche religiöse Betreuung der gläubigen und ungläubigen Menschen haut nirgends so hin wie im Knast.

Die Flucht

Als ich aus dem fensterlosen Arrestantenwagen des Klagenfurter Gefangenenhauses gestiegen war, erkannte ich sofort, wohin sie mich verlegt hatten: in das Mädcheninstitut der Marienanstalt von Maria Saal. Diese Anstalt der Barmherzigen Schwestern aus Tirol hatten die Nazis zu einem provisorischen Lazarett eingerichtet.

Ich hatte die ganze letzte Nacht im Arrest geschrien wie am Spieß, daß ich im linken Arm unerträgliche Schmerzen hätte und mir ärztliche Hilfe zustünde.

Die Kellerräume dieses Lazaretts dienten als Krankenzimmer für Häftlinge des Landesgerichtes.

Bereits am Tag nach meiner Überstellung brachte mir ein unbekanntes fesches Mädchen mit langem braunem Haar jugoslawische *Ibar*-Zigaretten ans Krankenbett.

Sie neigte sich über mich, küßte mich, als wären wir befreundet, und flüsterte:

»Svoboda zlata.«[1]

Das war das Losungswort, das mir sofort jede Furcht nahm. Ich hatte es während der letzten heiligen Messe im Arrest einem verläßlichen Kumpan, der am nächsten Tag entlassen werden sollte, vertraulich für meine Befreiungsaktion mitgeteilt.

»Kaj potrebuješ, tovariš?«[2] waren ihre nächsten und auch schon letzten Worte.

Ich drückte ihr unauffällig einen Zettel in die Hand. Darauf stand mein exakter Fluchtplan.

Nun umarmte ich den fremden Engel und drückte ihm meinerseits aus großer Dankbarkeit einen Verlängerten auf die scheuen Lippen. Sodann flüsterte sie mir noch Grüße von meinen Freunden im POOF[3] und verschwand unter den verdutzten Blicken meiner Bettgenossen so jäh, wie sie aufgetaucht war.

Eine Woche später schlich ich mich zur Mittagszeit um Punkt zwölf Uhr, als der Aufseher für einige Augenblicke in der Küche unsere Portionen herrichtete, unter dem Vorwand, schiffen zu gehen, aus dem Krankenzimmer, sprang die paar Stufen hinauf und war schon drau-

1 »Goldene Freiheit.«
2 Was benötigst du, Genosse?
3 Landesausschuß der Befreiungsfront.

ßen im Hof der Anstalt. Ich lief an der Mauer des Wirtschaftsgebäudes entlang direkt ins Gebüsch nördlich der Anlage. Da wartete mein stets opferbereiter Bruder Francelj mit zwei Fahrrädern. – Niemand hatte etwas bemerkt.

Ich riß mir die Arrestantenmontur vom Leibe und schlüpfte im Tempo eines militärischen Maskenballs in Zivilkleider, die mir der Bruder mitgebracht hatte. Dann wickelte ich den Häftlingsanzug zu einer Rolle zusammen, verschnürte diese mit einem mitgebrachten Stück Spagat, steckte unter diesen einen bereits beschrifteten Zettel AN DAS GEFANGENENHAUS DES LANDESGERICHTES IN KLAGENFURT MIT DANK ZURÜCKERSTATTET JANKO MESSNER und warf das Bündel auf den nahen Spazierpfad der Anstalt, um ganz sicher zu sein, daß es von den Patienten gefunden und ordnungsgemäß an den Adressaten weitergeleitet würde.

Dann sprangen Francelj und ich auf die Fahrräder, und los ging's die Wiese hinunter zur Straße in Richtung Klagenfurt, über Annabichl am Flugfeld vorbei auf die Völkermarkter Straße.

Erst in der Höhe von Dolina hörten wir weit hinter uns das Ballern von Auspuffrohren.

Es war englische Militärpolizei auf Motorrädern.

Wir zwei runter von der Straße und hinein ins Gebüsch am Straßenrand.

Die Streife raste an uns vorbei. Sie hatte uns nicht bemerkt.

Ich hatte großen Durst. Meine Luftwege brannten vor innerer Hitze.

Der Bruder hatte wohl an Brot gedacht, nicht aber an Wasser.

Ich versuchte einen Bissen Brot zu kauen, nahm ihn jedoch wieder aus dem Mund. Ich hatte keinen Speichel.

Wir stiegen wieder vorsichtig aus dem Wald auf die Straße und traten in die Pedale, so fest wir nur konnten.

Wir hatten Glück bis Ruden.

Als wir bei Lippitzbach über die Draubrücke wollten, bemerkten wir, glücklicherweise schon von weitem, daß diese mit einer starken Gendarmeriepatrouille besetzt worden war.

Ich hockte mich in ein Gebüsch und wartete. Mein Bruder fuhr allein über die Brücke nach Dob, um sich mit Freunden zu beraten, wo und wie man mich über die

Drau bringen sollte.

Als die Abenddämmerung eingebrochen war, pfiff plötzlich jemand in der Nähe meines Verstecks.

Ich erschrak.

Aber dann erkannte ich die verabredete Melodie: Hej brigade, hitite ...[4]

Und schon umarmte ich meinen ehemaligen Schulfreund Mirko.

Er überreichte mir einen Hut und eine fremde IDENTITY-CARD. Er flüsterte mir ins Ohr:

»Od Florana, ima tudi tak kriv nos kakor ti.«[5]

Auf der Draubrücke wartete immer noch die Gendarmeriefalle, in die ich hätte plumpsen sollen. Sie hatten Mirko genauestens durchsucht, jedoch nichts gefunden. Er hatte den Personalausweis zu meiner Rettung an seinem Gehänge in der Unterhose befestigt.

Nun spitzten wir die Ohren und fuhren schnell nach Lavamünd. Vor der Ortschaft schwenkte Mirko von der Straße ab und näherte sich einem Bauernhaus mit erleuchteten Fenstern.

Er brachte eine große Hacke, eine Spitzhacke und eine Säge. Ich nahm die Spitzhacke und die Säge, schob den alten Hut von Flora in die Stirn, steckte für alle Fälle einen spitzen Stein in die Hosentasche, und auf ging's zur Draubrücke.

Auf ihrer Südseite standen ein österreichischer Gendarm und ein englischer Militärpolizist, beide als Wache und Ausweiskontrolle. Mirko und ich stellten uns besoffen und stimmten den »Brunnen vor dem Tore« an. Laut und ziemlich falsch. Mirko trat mit seinem gültigen Ausweis zum Österreicher, ich mit meinem gepachteten zum Engländer.

Mirkos Ausweis beschnüffelte der Gendarm mit der Taschenlampe, mich ließ der Engländer in Frieden. Er hatte einen Kaugummi oder sonst etwas im Mund und lehnte lässig am Holzgeländer.

Ich bekam plötzlich höllische Angst: was dann, wenn der Kerl seine Ruhe nur spielte, um dann umso wirkungsvoller die Falle zuklappen zu lassen? Das hieße für mich drei Jahre Karlau. Ich wollte nach dem Stein in der Hosentasche greifen, um ihm zuvorzukommen, brachte es aber nicht zuwege. Ich wußte sofort, daß ich es niemals

4 He, beeilt euch, Brigaden ..., Partisanenlied.

5 Von Flora, der hat die gleiche krumme Nase wie du.

schaffen würde. Ich ärgerte mich zuerst wegen meiner Unfähigkeit, in einem entscheidenden Augenblick etwas Entscheidendes zu tun. Ich wußte ja nicht einmal, wohin ich ihn treffen müßte, um ihn nur zu betäuben und dann zu laufen. Ich erkannte in jener Sekunde, daß meine Handlungsweise im klaren Widerspruch zu meinem festen Plan stand – und freute mich plötzlich darüber. Wie kommt nur dieser nichts Schlimmes ahnende Fremde dazu, von mir niedergeschlagen zu werden? Was hat er mir getan!

Endlich durfte Mirko seinen Ausweis wieder in die Tasche stecken. Ich atmete auf.

Er sagte mit völlig ruhiger Stimme zu mir gewendet: »Bist fertig, Flora? Gemma!

Ich bewunderte seine Besonnenheit und Gelassenheit, mit der er die Situation beherrschte.

Wir machten ein paar ruhige Schritte auf die Straße zu. Da flüsterte ich zu ihm:

»Letima!«[6]

Er faßte mich am Arm und stimmte »Auf der Alm, da gibt's ka Sünd« an. Meine Nerven hingen nur noch an einem Faden.

Nach etwa hundert Metern sprangen wir in ein Gebüsch neben der Straße und stiegen vorsichtig in Richtung Libeliče. Immer querfeldein. Bald gebückt im Laufschritt, bald robbend über Erdäpfelacker, bald tastend durch mannshohen Kukuruz.

Der Mondschein konnte zu unserem Glück nicht den Nebel durchbrechen.

Er spendete uns ein passendes gedämpftes Halbdunkel.

Plötzlich stand vor uns in der Ackerfurche ein Mordskerl.

»Hände hoch!« flüsterte ihn Mirko an.

Der Mann erhob beide Hände.

Ich auch.

Meine Knie schlotterten.

Mirko trat zur Seite und zog mich zu sich.

Der Mann ließ seine Hände sinken, trat an uns vorbei und verschwand in Richtung Lavamünd, aus der wir gekommen waren.

»Kak tihotapec«,[7] flüsterte Mirko.

[6] Laufen wir!

[7] Irgend so ein Schmuggler.

Wir tappten in Richtung Staatsgrenze. Plötzlich hörten wir Englisch sprechen. Und gleich darauf Deutsch. Ein Hund bellte von dort her.

Das war die österreichische Grenzwache.

Mein Herz stockte vor Schreck.

Wir lagen in der Furche auf dem Bauch. Mucksmäuschenstill. Wir froren. Es war der zwölfte Oktober. Wir lagen eine gute halbe Stunde, bis der Hund verstummte. Dann stiegen wir bedächtig über den Stacheldraht und wußten, daß wir in Jugoslawien waren.

Mein Vaterland Österreich ist ein viel gepriesener Rechtsstaat. Sozialdemokratisch und neutral. Mit einem ausgeprägten Sinn für das Flüchtlingswesen. Mit einem Fingerspitzengefühl für Dissidenten und so . . .

Ich kann einfach nicht begreifen, daß die Beamten des Landesgerichtes in Klagenfurt – es sind ja schon vierzig Jahre seither verstrichen – bis heute noch nicht angehalten wurden, mir meine Zivilkleider, meine guten Knikkerbocker und Halbschuhe ordnungsgemäß zu retournieren, wie ich ja schließlich auch meine staatsbürgerliche Pflicht dem Landesgericht gegenüber gewissenhaft erfüllt habe.

Die Knickerbocker sind inzwischen zwar aus der Mode geraten, aber die Halbschuhe waren von guter Qualität. Handarbeit vom Bleiburger Schuhmachermeister Ehrenfelder.

Ich möchte schon bitten . . .

Törli

Kehrt man als österreichischer Staatsbürger aus einem kommunistischen Land zurück nach Österreich, wird man sich wohl oder übel die Frage gefallen lassen müssen: was hat es mit dem Mann für eine Bewandtnis?

Was mag der Mann im kommunistischen Jugoslawien so viele Jahre getan haben?

Ja, so ein Mann ist ein Heimkehrer besonderer Art.

Einer fragwürdigen Art.

Und das genügt, daß man in Österreich nicht vor die Fernsehkamera geht, sondern vor die Hunde.

Anstellung und Arbeitslosigkeit – Zuckerbrot und Peitsche – werden als Machtmittel in den Adel des freiheitlich-christlich-abendländischen Imperativs erhoben.

Jeder Mensch ist hier im Westen frei.

Auch der ohne Anstellung, ohne Arbeit und Brot.

Er kann ohne weiters unter den Zug gehen.

Keiner hindert ihn daran.

Nun, ich hatte trotz allem noch Schwein.

Das heißt eine Bulgarin, einen slowenischen Stammesgenossen und die alten Römer.

Danka, die bekannte gesellige Bulgarin auf dem Benediktinerplatz, gab mir in den Morgenstunden Arbeit hinter ihrem Gemüsestand.

Ich war ihr Verkaufsgehilfe. Bei dieser lebenswichtigen Beschäftigung erkannte ich zum ersten Mal in meinem Leben, wie lebensfremd und unnütz unser Mathematikunterricht am Gymnasium gewesen war. Was nützten einem hinter dem Verkaufsstand der Sinus und der Kosinus, die Integration und Interpolation, wenn es galt, in kürzester Zeit im Kopf auszurechnen, wieviel eine 35 Dekagramm schwere Gurke bei einem Kilopreis von 4,60 Schilling ausmacht.

Zu meiner nicht geringen Beschämung mußte ich erkennen, daß Danka, die weder ein Maturazeugnis noch ein Universitätsdiplom hatte, beim erforderlichen Multiplizieren und Dividieren viel schneller war als ich.

Für zwei Stunden Aushilfe durfte ich dann einen vollen Korb Gemüse für meine Familie nach Hause tragen.

Um zehn Uhr holte mich Gustl Zechner, ein geachteter Holzhändler, gebürtig aus Kotlje, dem Heimatdorf von Prežihov Voranc, in meiner Schüttgasse mit seinem kleinen Lastkraftwagen ab, und wir fuhren in die Wälder von

Žrelec/Ebental und Selo/Zell, zu den kleinen Klagenfurter Vorstadtbauern Holz messen, aufladen und bezahlen ...

Anstatt eines warmen Mittagessens gab es geselchten Bauernspeck und Gösser Bier. Als Lohn Brennholz und Kohle für den Winter.

Um zwei Uhr nachmittags aber begann mein eigentlicher Broterwerb.

Er hieß Törli und war ein verspätetes Opfer der alten Römer. Auf der Suche nach durchgefallenen Schülern, die Nachhilfestunden benötigten und diese auch zu bezahlen bereit waren, das heißt umgesetzt in die Alltagssprache: zu bezahlen imstande waren, wurde er mir im Sinne der freien Marktwirtschaft – Angebot und Nachfrage – von einem jener selbstgefälligen fulminanten Römerlinge, die ordinärerweise Lateinprofessoren genannt werden, folgendermaßen empfohlen:

»Wären Sie, Herr Kollege, vierzehn Tage früher gekommen, hätte ich zwei leichtere Fälle für Sie gehabt. Die hat nun mein Kollege im Gymnasium I übernommen ...«

»Und Törli? Was ist mit ihm los?« unterbrach ich den Lateinprofessor.

»Ein begriffsstütziger Fall, etwas debil ... Ich rate Ihnen, für ihn keine Erfolgshaftung zu übernehmen ... Bei *dem* Buben ist wohl Hopfen und Malz verloren ... Hat aber gutsituierte Eltern ... Finanziell kein Problem ...«

Ich war froh, daß ich ihn hatte. Und daß er finanziell kein Problem war, denn das war schon ich selbst mit meiner Familie.

Ich nahm die lateinische Grammatik zur Hand und büffelte in den Nachtstunden längst Verschwitztes nach, um Törli dann bei Tag Ovid, Livius und Konsorten wenn schon nicht schmackhaft, so doch wenigstens verdaulich zu machen. Das sah oft einer Sisyphusarbeit ähnlich, aber wir gaben nicht auf. Törli hatte zu mir unbegrenztes Vertrauen und kniete sich richtig in die Arbeit.

Nun, das war ein Jubel, als er nach einem halben Jahr schließlich doch ein Genügend auf eine seiner Latein-Schularbeiten erhalten hatte! Sein Vater, ein Grandhotel-Inhaber am Wörthersee, war mit seinem schwarzen Mercedes in der engen hügeligen Schüttgasse vorgefahren, so daß die Pensionisten aus ihren Küchenfenstern nur so schauten, hatte meine Familie im Fond des Wagens verstaut, mich neben sich auf dem Vordersitz Platz nehmen lassen, und los ging's zum Galamittagessen – ohne Gala – auf einer der schönsten Seeterrassen der Welt.

Drei geschniegelte Kellner mit Frack und Fliege tanzten um unseren Tisch, uns jeden leisesten Wunsch von den Augen ablesend. Meiner Frau gefiel das alles sehr, meine Söhne aber blieben trotz der von ihnen sorgfältig gezählten sechsunddreißig Teller und Tellerchen in Wirklichkeit hungrig, denn was ein Bauer nicht kennt, frißt er nicht, während ich dort über dem glitzernden Seespiegel eine besinnliche Stunde verbrachte . . .

Mein Gedankengang war der: ich hatte meine künftige Nachhilfe an Törli so einzurichten, daß er alle weiteren Schularbeiten auf ein Genügend schreiben würde – außer der letzten, denn nur so würde er eine Wiederholungsprüfung für den Herbst bekommen und mir in den Ferien keinen Verdienstentgang antun.

Ich muß sagen, daß ich um die Ausführung dieses geheimen Planes bangte, war doch der Kerl unberechenbar und konnte mir anstatt der letzten die vorletzte Schularbeit auf ein Nicht genügend – und die letzte gegen meinen Willen positiv schreiben . . .

In die Sprache der Landwirtschaft umgesetzt, aus der ich herkomme, hieß das: Törli vom Wörthersee war für meine Familie zu einer Melkkuh geworden.

Meine Angst, ich würde vielleicht mit meinem Notenplan am Ende seiner fünften Klasse nicht zu Rande kommen, erwies sich als überflüssig: er funktionierte vorprogrammiert.

Ich hatte auch in den Sommerferien meine Nachhilfestunden.

Und Törli bestand im Herbst die Wiederholungsprüfung ohne Schwierigkeiten.

Ja, bei Törli war *weder* Hopfen *noch* Malz verloren.

Im Gegenteil: Ende der sechsten und Anfang der siebenten Klasse entwickelte er bereits eine Art Begeisterung für dieses verkommene und für ihn verhängnisvolle ausgestorbene Volk.

Bei der Matura erhielt er in Latein, man stelle sich vor, gar ein Befriedigend!

Sein Vater hatte gemäß Verbraucherindex und Inflationsrate von sich aus das ohnehin hohe Honorar für mich jeweils am Ende des Kalenderjahres erhöht und holte meine Familie nicht nur in der Vorsaison, sondern auch in der Nachsaison auf die Terrasse des Grandhotels.

Wir hatten wirklich Schwein.

Und bedauerten nur eines: daß vom Unterrichtsministerium für so ein Gymnasialstudium nicht zwölf oder sechzehn, sondern nur acht Schuljahre vorgesehen waren, denn ein zweiter Törli war leider in ganz Klagenfurt nicht aufzutreiben . . . Wir werden den ersten und letzten stets in dankbarer Erinnerung behalten.

Die Nostrifikation

Will jemand, der an einer Universität im Ausland sein Diplom gemacht, in seinem Heimatland eine Anstellung erlangen, hat er es vorher – so ist der Brauch in Ost und West – einer gründlichen Durchleuchtung zu unterziehen, um darauf eine Nostrifikationsklausel zu bekommen, zu deutsch Anerkennung durch Gleichstellung, wobei seine ausländischen Prüfungen mitsamt der Abschlußprüfung vom Ministerium für Unterricht bezüglich durchgenommenen Lehrstoffs und Schwierigkeitsgrad des abverlangten Wissens anhand des Vorlesungsverzeichnisses mit jenen in seinem Heimatland üblichen gegeneinander abgewogen werden.

Diese Prozedur ist in Österreich mehr oder weniger Ermessenssache, bei welcher der Bewerber Glück haben kann oder Pech: Glück, wenn ihm das ausländische Diplom ohne vorgeschriebene Zusatzprüfungen nostrifiziert wird, Pech, wenn dem zuständigen »Sachbearbeiter« der Sinn danach steht, ihm solche Prüfungen vorzuschreiben.

Mediziner und Techniker gleiten normalerweise ohne Schwierigkeiten von einem Ufer zum anderen und dürfen ihre im Ausland erworbenen Titel ohne weiteres auch im Inland führen, Juristen und Philosophen hingegen werden unter die jeweilige staatspolitische Lupe genommen. Das ist eine einleuchtende Sonderbehandlung, denn einen Blinddarm herausschneiden oder ein Haus bauen kann man gleich gut östlich kommunistisch wie auch westlich kapitalistisch, es läuft auf dasselbe hinaus, aber gerichtliche Urteile fällen oder Schüler erziehen ist hier wie dort eine heikle innere Angelegenheit: bevor man in den systemerhaltenden Abwehrmechanismus eines Landes aufgenommen wird, hat man eine Art Firmung oder Gehirnwäsche zu bestehen. Dementsprechend werden dann für Zusatzprüfungen die Fächer Geschichte, Heimatkunde, Philosophie, Staatsbürgerkunde und ähnliche ausgewählt. Dadurch wird der diplomierte Brotsucher sozusagen von importiertem weltanschaulichen Ungeziefer gesäubert.

Ich hatte in den ersten Nachkriegsjahren nach meiner Flucht aus der Klagenfurter Gefängnisanstalt ein solches Diplom an der Philosophischen Fakultät in Ljubljana erworben und verbrachte insgesamt acht Lehrjahre als

Slowenisch- und Deutschprofessor in Ravne na Koroškem im jugoslawischen Mießtal am neu gegründeten Gymnasium, das vom bekannten Philosophen Dr. Franz Sušnik, einem KZ-Häftling aus Dachau, geleitet wurde.

Nach dem Abschluß des Staatsvertrages, in welchem den Kärntner Slowenen ein eigenes Gymnasium in Aussicht gestellt worden war, übersiedelte ich natürlich mit meiner Familie nach Celovec/Klagenfurt und reichte mein Diplom zur Nostrifikation ein.

Der für mich zuständige *Sach*bearbeiter (!) im Bundesministerium für Unterricht und Kunst in Wien begehrte allerdings von mir postwendend auch noch mein Reifezeugnis. Ich staunte vorerst, schickte ihm aber selbstverständlich postwendend das von mir im Frühjahr 1946 in Maribor an der Drau erworbene Reifezeugnis im slowenischen Original und deutscher Übersetzung nach Wien an der Donau. Er jedoch war immer noch nicht zufriedengestellt, und in seinem postwendend an mich gerichteten Schreiben stand nun für mich Atemberaubendes: von seiten des Bundesministeriums et cetera könne nicht eher zur Erledigung meines Nostrifikationsansuchens zwecks Anerkennung und Gleichstellung meines im Ausland erworbenen Diploms mit einem österreichischen Diplom geschritten werden, als ich um die Nostrifikation meines Reifezeugnisses angesucht und die mir für das im Ausland erworbene Reifezeugnis vom Landesschulrat vorzuschreibenden Zusatzprüfungen positiv abgeschlossen hätte et cetera et cetera.

Mit dem Mut und der Kraft eines Martin Krpan aus Notranjsko, meines weiten Verwandten mütterlicherseits, des in der k. u. k. Monarchie allseits gefürchteten Berserkers, holte ich tief Atem, setzte mich zur Schreibmaschine und verfaßte postwendend gleich zwei Gesuche: das von meinem Sachbearbeiter begehrte an den Kärntner Landesschulrat und ein zweites – vorsorglich – an die Leitung meiner ehemaligen Volksschule in Humec/Heiligengrab bei Pliberk/Bleiburg mit der dringenden Bitte, mir doch dortselbst postwendend amtlich bestätigen zu wollen, daß ich gemäß Klassenkatalog et cetera in den Seipel- und Dollfußjahren als ordentlicher Volksschulbesucher vom Bleiburger Kaplan Fertala sachkundige aufmunternde Rutenhiebe über meine ausgestreckte rechte Hand gestrichen erhalten habe sowie von demselben hochwürdigen Herrn sachgemäß an den süßen Schläfenhaaren in die Höhe gezogen worden bin, was mich seinerzeit von Amts wegen einwandfrei zur Ablegung der Aufnahmsprüfung im Klagenfurter humanistischen Gymnasium am Völkermarkter Ring befähigt habe et cetera, alles der benötigten Nostrifikation wegen.

Der Kärntner Landesschulrat ließ nicht lange auf sich warten. In Zusammenarbeit mit der Klagenfurter Externisten-Reifeprüfungskommission teilte er mir ein paar zusätzliche Prüfungen mitsamt dem Termin zu deren Ablegung mit, unter ihnen eine aus der österreichischen Geschichte.

Das war für mich starker Tobak. Hatte ich nicht in derselben Schule, in der ich nun zur Ablegung dieser Prüfung antreten sollte, recht brav bis zur siebenten Klasse hinauf Geschichte gelernt und nur wegen meiner Weigerung, der Hitlerjugend beizutreten, keinen Aufschub des Einrückungsbefehls zur Deutschen Wehrmacht erhalten! Wäre ich nicht im November 1941, sondern im Februar 1942 aus der siebenten Klasse eingerückt, hätte ich damals so wie die anderen auf das Semesterzeugnis die Reifeklausel erhalten und hätte jetzt nicht den bitteren Kelch zu leeren, das heißt, zwanzig Jahre später ein zweites Mal 300 Jahreszahlen zu büffeln und 100 Könige und Kaiser dazu.

Wer das je getan, um ein österreichisches Reifezeugnis zu ergattern, kann sich meinen damaligen Kummer vorstellen. Ich war bereits ein Vierziger, mein erster Sohn besuchte die dritte Klasse Gymnasium, und nun sollte ich als gelernter Professor zurück auf seine Schulstufe.

Mein Prüfer war ein ehemaliger lauter und gegenwärtiger stiller Nazi, sein Beisitzer Produkt und zugleich Produzent des imaginären »windischen« Volkes von Kärnten, also ein beflissener Windogermane, pfiffig genug, den Weg und die Stunde für den gesellschaftlichen Aufstieg in diesem Land der heimatlichen Lügen zu wissen, kurz, ein politischer Gesinnungslump – wobei ich mich im Stile unseres Verteidigungsministers Frischenschlager (causa Reder) für diese ehrabschneidende Bezeichnung auch gleich entschuldige –, und der Vorsitzende der Prüfungskommission war der Direktor der Anstalt in persona, ein griesgrämiger Hofrat, der mit undurchdringlicher Miene die ganze Zeit hindurch an mir vorbei durchs Fenster starrte, auch dann, als ich mich bei der ersten Frage unentwirrbar in die Verwandtschaftsverhältnisse der Kärntner Gräfin Margarethe Maultasch verstrickt und schließlich gesagt hatte, sie habe halt

Kärnten und Tirol an die *Raubritter* von der Schweizer Habsburg *verschachert,* und mir der Prüfer eine der Erhabenheit und politischen Weitsichtigkeit dieser ihrer Geste unangemessene Ausdrucksweise zum Vorwurf gemacht sowie mich kopfschüttelnd dahingehend verbessert hatte, daß die Habsburger nur in der Anfangsphase Raubritter gewesen seien und daß Maultasch Kärnten eben nicht verschachert, sondern abgetreten habe.

Auch bei der zweiten Frage lief alles schief. Es ging um die Märzrevolution in Wien. Der Prüfer erwartete auf sein k. und k. österreichisch-ungarisch imperialistisches Fragespiel mein ebensolches Antwortspiel, hatte er mir doch vor der Prüfung ein dementsprechendes kurzgefaßtes Lehrbuch der österreichischen Geschichte für Kriegsteilnehmer 1914–1918, gedruckt in Leipzig 1917, besorgt und ans Herz gelegt, ich aber legte auf seine Frage los im Sinne von A. J. P. Taylor, der halt von »The Habsburg Monarchy 1809–1918« ganz anders zu berichten weiß. Leider hielt mein Prüfer gar nichts von diesem »ausländischen« Historiker, ja, er hatte bis dahin nicht einmal seinen Namen gehört.

Wie hätte ihm demnach meine Deutung des Revolutionsjahres 1848 gefallen sollen, wo ich frisch drauf los von den damaligen Fehlern der slawischen Völker plauderte, die sich in Angst vor der deutschen liberalen Bourgeoisie vor den Karren der Konterrevolution spannen ließen und somit zu Verteidigern ihrer Unterdrückerin – der kaiserlichen Dynastie – wurden. Und von der Rückständigkeit meines slowenischen Volkes, dessen fortschrittliche Intelligenz im Frühling der Nationen wohl ein aufmunterndes Programm, genannt »Vereinigtes Slowenien«, hervorgebracht hatte, das aber leider weder damals noch später realisiert werden konnte und mein Volk daher noch heute das Schicksal einer Vierteilung zu tragen hätte.

Ein verpönter Gedankengang und in meiner damaligen Situation ein sträflich unvorsichtiger dazu. Aber wie konnte ich ahnen, daß sich im Schulwesen der neu erstandenen Österreichischen Republik nach 1945 *gar nichts* geändert hatte? So schickte mich die Prüfungskommission dann auch auf den Gang, wo ich warten sollte auf jenes Resultat, das ich bereits von den Gesichtern der drei Dunkelmänner abgelesen hatte: durchgefallen.

Das war die erste Schulprüfung in meinem Leben, die

ich nicht bestanden hatte.

Ich hätte eine Pistole nehmen können. Nicht sosehr des verletzten Ehrgefühls wegen, als wegen meiner ausweglosen sozialen Misere. Wie sollte ich wohl meine Familie ernähren? Wochen verstrichen.

Der Selbsterhaltungstrieb war stärker.

Da sagte ein Freund zu mir: »Übersiedle doch formalerweise nach Wien und mach dort die Prüfung! Die Wiener Professoren sind keine Nazis, die waren unter der russischen Besatzung! Geh zu Dr. Blüml, der kennt den Dr. Hurdes. Die sollen intervenieren ...«

Und recht hatte er.

Die erste »Frage« in Wien war, was ich denn eigentlich von Beruf wäre.

Ich antwortete: »Wenn ich ehrlich sein darf, ein Kollege von Ihnen.«

»Was? Das kann doch nicht wahr sein!«

»Ist aber. Ich war acht Jahre lang Honorarprofessor für Sprachen.«

»Und was suchen Sie dann hier?«

»Ihr Verständnis.«

Sie blätterten in meinen Papieren.

»Gutenstein im Mießtal? Sagen Sie, wo liegt eigentlich dieser Ort?«

»In Jugoslawien. Jetzt heißt er Ravne na Koroškem.«

»Und da gibt's ein Gymnasium?«

»Jawohl. Es heißt ›Titogymnasium‹.«

»Und Sie brauchen zur Nostrifikation des Reifezeugnisses diese Prüfung aus österreichischer Geschichte?«

»Ja, leider.«

»Da sind Sie aber sicher schwer enttäuscht von unserer Zweiten Republik?«

»Keineswegs. Darüber habe ich mich niemals einer Täuschung hingegeben, also brauche ich von keiner befreit zu werden.«

Drei lange Gesichter.

»Nun, gehen wir zur zweiten Frage über: Was wissen Sie uns über die Babenberger zu erzählen?«

Ich erzählte ihnen, sie wären kunstliebend gewesen, und der Hof Leopolds VI. hätte eine große kulturelle Bedeutung gehabt. Sie schienen zufrieden mit mir und gaben mir neben einer guten Note auch den Glauben an mich selbst wieder zurück.

Abschließend sagte der Prüfer zu mir: »Ich würde bei Ihnen in Französisch ganz sicher durchfallen.«

»Und ich in Slowenisch gar nicht antreten«, sagte sein Beisitzer.

»Do svidanja!« sagte der Vorsitzende auf russisch.

Da wurde mir richtig warm ums Herz. Daß es so etwas wirklich gibt! Do svidanja! Ja, er hat es wirklich gesagt. Das war keine Halluzination. Die haben Hirn und Herz.

So bekam ich die Ambivalenz einer solchen österreichischen »Ermessenssache« am eigenen Leib zu spüren.

Na ja, Wien bleibt Wien, ausnahmsweise ohne Ironie.

Der Oberstudienrat

Goethe sagt, ich weiß nicht mehr wo, diejenigen, die zur Erheiterung der anderen sich selbst zum besten halten, seien in der menschlichen Gesellschaft nicht von der schlechtesten Sorte.

Nun, wer einmal in einem Zirkus gesessen ist und dort einen Clown gesehen hat, wird diesem deutschen Denker vorbehaltlos recht geben.

Und doch ist hier noch ein Punkt, den ich zu bedenken gebe: In der angewandten Psychologie ist eine Clownerie vom Beweggrund her nicht unbedingt ein sozialer Dienst in Goethes Sinn. Das schließe ich aus einer gewissen Selbsterkenntnis.

Um Freude daran zu empfinden, daß ich jemanden zum Lachen gebracht habe, muß ich wissen, daß derjenige nichts Gemeines gegen mich im Schilde führt, sonst ist meine Clownerie gewöhnliche Mimikry, Verschleierung des anerzogenen Minderwertigkeits- und des empirisch bedingten Verfolgungsgefühls, veredelt durch eine gehörige Portion Bauernschlauheit, kurz Ablenkung zur Selbsterhaltung.

Als Professor ohne Anstellung erfreute ich mich in Celovec/Klagenfurt unter einigen meiner zweisprachigen, beziehungsweise doppelzüngigen Zeitgenossen in den verschiedensten »Führungs«gremien keines gerade guten Rufes. Irgend so ein Typ hatte das Gerücht in Umlauf gesetzt, ich sei sowjetrussischer Spion, denn es sei nachgewiesen, daß ich weder für den jugoslawischen Geheimdienst noch für die österreichische Sicherheitsdirektion arbeite.

Also komme nur noch Rußland in Frage.

Lustig.

Ich gestehe, daß mich diese unverdiente Graduierung vorerst irgendwie amüsierte, vor allem deshalb, da mein Rufmörder wohl ein geistiges Hascherl sein mußte, denn was zum Teufel hätte ich schon in diesem Celovecdorf für die neugierigen Russen ausspionieren können, was sie nicht ohnehin schon aus der neunmal klugen Kleinen Zeitung wußten? Aber als ich eines schönen Tages kein Einreisevisum für Jugoslawien mehr erhielt, galt für mich: Spaß beiseite! Ich ging der Genese dieses mir unverdientermaßen angehefteten Titels nach.

Was stellte sich da heraus? – Ich habe es mir gleich gedacht, ich selbst hatte mir diese neue Titulatur zuzuschreiben.

Auf der Suche nach Arbeit und Geld für die Familie schaffte ich mir mit Hilfe meines edelmütigen Pfarrer-Bruders Štefan einen knallroten PUCH 500 an, das kleinste Auto der Welt, und beförderte darin, so gut ich konnte, bei Nacht und Nebel Alkoholleichen, heimliche Ehebrecher und sonstwie gestrandetes Menschengut zu halbem Tarif als Kryptotaxifahrer an den gewünschten Ort.

(Ich bitte an dieser Stelle Klagenfurts Berufstaxichauffeure in aller Form um Verständnis: sie mögen mir diese Pfuscherei nicht nachtragen, war ich doch damals in echter Not!)

Eines Vormittags stoppt mich nun in der Mießtaler Straße plötzlich Dr. V. Z., ein bemerkenswerter r. k. Aktionär und zweiter slowenischer Oberstudienrat von Drimmels Gnaden, mit den Armen fuchtelnd, und bittet mich mir nichts dir nichts, ihn zum Hauptbahnhof zu fahren, sonst würde ihm der Zug ins Rosental entwischen.

Ich öffne die Tür und sage zu ihm: »Nichts leichter als das.«

Er fragt: »Ja sag einmal, wo hast du denn dieses schöne Auto her?«

Ich sage zu ihm: »Nichts leichter als das.«

Er: »Wie meinst du das? Ich verstehe dich nicht. Schließlich stehst du ja nirgends im Dienst!«

»Na und? Weißt du denn nicht, wer solche Autos vergibt?«

»Ja wer denn?«

»Ja wer schon, wenn nicht die KPÖ! Du siehst ja, wie rot er ist. *Mir* hat es direkt Chruschtschew zugeschickt.«

»Geschenkt?«

»Na weißt du! Šenk je umrl ...[1]«

»Ja wie denn dann?«

»Nichts leichter als das: du gehst einfach hin auf den Südbahngürtel, erzählst ihnen irgendein Geheimnis für die Russen und schon hast du es geschafft.«

»A sooo ...«

»So, so, mein lieber Oberstudienrat ...«

Inzwischen waren wir beim Bahnhof angelangt.

»Ja, dann hvala lepa, Janko ...«

Und schon war er draußen und lief zum Schalterraum.

1 Schenk ist gestorben.

Ich weiß nicht recht, aber ich glaube, ich habe mit dieser Selbstverleumdung vorbauen wollen: War der Herr Oberstudienrat auch einer jener Rufmörder, würde er nun wohl begreifen, daß es sinn- und zwecklos war, die Verleumdung aufrechtzuerhalten, denn welcher Spion auf dieser Welt wird schon so dumm sein und in der Öffentlichkeit über sein Honorar plaudern?

War er selbst kein Rufmörder, würde er bei der ersten Gelegenheit einem anderen von dieser Sorte unseren lustigen Dialog nacherzählen und dessen Ehrabschneiderei gehörig in die Schranken weisen.

Einen Schmarren.

Nichts davon geschah.

Der Oberstudienrat verleumdete mich unter seinesgleichen, aber auch unter meinen Freunden frisch drauflos und schmückte seinen Rufmord glattweg mit der Geschichte vom Chruschtschew-Auto aus, die ich ihm unterwegs zum Bahnhof erzählt hatte.

Ich weiß nicht, war er dumm oder gemein.

Ich glaube, er war beides, vor allem aber gemein:

Er hat eine dritte Möglichkeit gerochen und hat meine ironische Erzählung vollkommen richtig als das aufgefaßt, was sie in Wirklichkeit war: als Frotzelei und Ohrfeige im voraus für seinen bösartigen Charakter, von dessen fundamentaler Niederträchtigkeit ich mir aber in jenen paar Minuten, als ich ihn zum Bahnhof beförderte, allerdings nicht hätte träumen lassen.

Und er revanchierte sich doppelt und dreifach.

Schäbiger ging's nicht.

Warum nur habe ich den Kerl in meinen schönen roten PUCH einsteigen lassen?

Und das für das schäbigste »hvala lepa« in meinem Leben.

Ich will nicht auch gemein werden und gleich den ganzen Lehrerstand erniedrigen, aber in Anbetracht jenes Herrn bin ich mit dem Berufstitel Oberstudienrat urplötzlich ins klare gekommen:

Das löbliche Unterrichtsministerium in Wien beliebt ihn einem Lehrer gewöhnlich dann zu verleihen, wenn diesem im OBERen Stockwerk STUDIENhalber guter RAT teuer ist, abgekürzt – OBERSTUDIENRAT.

Erwin Pabst

Ich war jahrelang ein Arbeitsloser der Zweiten Österreichischen Republik.

Ohne persönliche Schuld.

Als Professor ohne Anstellung hatte ich keinen Anspruch auf eine Arbeitslosenunterstützung, wie ihn andere Arbeiter hatten.

Ich war mit meiner vierköpfigen Familie in unlösbare finanzielle Schwierigkeiten geraten. Wir lebten auf dreißig Quadratmetern Wohnfläche und beherbergten zusätzlich noch eine Verwandte vom Lande, die das slowenische Gymnasium besuchte.

Hofrat Erwin Pabst, Chef des Kontrollamtes der Kärntner Landesregierung, ein musisch erstaunlich gebildeter Mann, hatte über die Künstlerin Vera K. von meiner Misere erfahren.

Er ließ mich zu sich ins Amt rufen. Dort forderte er mich auf, ihm meine wirtschaftliche Lage ausführlich zu schildern.

Ich tat es.

Ich benötigte dazu zwei Stunden.

Ich machte vor ihm keinen Kotau.

Er nahm ein geschlossenes grünes Kuvert vom Tisch, gab es mir und bat mich, dasselbe erst zu Hause zu öffnen. Ich versprach es ihm und hielt mein Versprechen nicht. Ich öffnete es bereits im Stiegenhaus des Landhaushofes.

Im Kuvert waren viertausend Schilling . . .

Das war in der Woche vor Weihnachten.

Es sah aus wie ein barmherziger Himmel.

Wie ein Wintermärchen voller Wunder . . .

Fast kitschig schön.

Ich hätte vor Scham in die Erde sinken mögen.

Schließlich war ich damals ein Mann von vierzig Jahren . . .

Dann zahlte er für mich sechsunddreißigtausend Schilling bei der Kärntner Heimstätte ein. Wir übersiedelten in eine Achtzig-Quadratmeter-Wohnung in der Heinegasse.

Das war in der Woche *nach* Weihnachten.

Und es sah nicht mehr aus wie der barmherzige Himmel.

Es sah aus wie Glück in einem glücklosen Dasein.

Und wie mehr Glück als Verstand.

Dann stand Erwin Pabst bei der österreichischen Sicherheitsdirektion – oder war es die Polizeidirektion? – dafür ein, daß ich kein politisch suspektes Element war, sondern ein ordentlicher Staatsbürger.

Dann schrieb er einen Brief an den österreichischen Bundespräsidenten Adolf Schärf, er möge sich für meine Anstellung im Schuldienst verwenden.

Daraufhin mußte auch der Akt Janko Messner im Innenministerium in Flammen aufgegangen sein, weil er von Rufmord strotzte und unter den Verleumdungen keine Unterschriften aufwies.

Das war gut so.

Gerecht.

Ich wurde probeweise (!) in der Hauptschule von Eisenkappel untergebracht.

Dann zahlte Erwin Pabst zwei Jahre lang für mich den Mietzins, bis ich mich aus den Schulden beim Lebensmittelhändler Allesch und Schneidermeister Haderlap herausgearbeitet hatte: bei zwei Männern mit himmlischer Geduld.

Das alles hat Erwin Pabst getan unter einer einzigen Bedingung, daß ich es vor ihm niemals erwähne und es ihm niemals zurückzuerstatten versuche.

Er sagte:

»Sie haben Kinder, ich habe keine. Lassen Sie das, Herr Professor, es ist meine menschliche Pflicht ... Lassen Sie das Gewissen eines Sozialisten an Ihnen beruhigen ...«

Erwin Pabst war aus der katholischen Kirche ausgetreten.

Bereits in der Ersten Republik.

Als Prälat Ignaz Seipel, Bundeskanzler der Republik, auf demonstrierende Arbeiter zu schießen befohlen hatte.

Erwin Pabst liegt auf dem Zentralfriedhof in Annabichl begraben.

Ich komme von ihm nicht los.

Er erforscht mein Gewissen aus seinem Grab heraus.

Die Hostie

Gewidmet allen jenen Kolleginnen und Kollegen in Österreichs AHS, die einen Grund haben und bereit sind, über eine solche Materie nachzudenken . . .

Mein Direktor ließ mich in seine Kanzlei rufen.

Dort saß bereits der Religionslehrer der Anstalt.

Das Gesicht des Direktors war geheimnisvoll verschlossen, das des Religionslehrers verlegen.

Der Direktor bot mir einen Stuhl an.

Ich setzte mich.

Im Zimmer herrschte eine feierliche, fast andächtige Stille.

Der Direktor zauderte. Eine zarte Röte huschte über sein gefurchtes Gesicht.

Er fragte mich, ob es stimme, daß ich den Schülern erzählt habe, nicht das erste von den Geboten Gottes sei eigentlich das erste, sondern das zweite – Du sollst deinen Nächsten lieben wie dich selbst.

Ich antwortete dem Direktor:

»Es stimmt. Den Herrgott kann man wohl nicht anders lieben als am Mitmenschen. Auch in der Heiligen Schrift steht das so geschrieben.«

Dann fragte er mich, ob es stimme, daß ich vor den Schülern die körperliche Anwesenheit Jesu Christi in der Hostie in Abrede gestellt und mich somit in unkompetenter Weise in den Religionsunterricht eingemischt habe.

Ich antwortete dem Direktor:

»Es stimmt. Als mich während der Analyse von Ivan Cankars Kurzgeschichte Heilige Kommunion ein Schüler gefragt hatte, ob ich an die körperliche Anwesenheit Jesu Christi in der Hostie glaube, habe ich mit Nein geantwortet und den Schülern sodann den symbolischen Wert des Brotes in jener Geschichte und in der Hostie dargelegt: die Aufopferung für den Mitmenschen . . .«

Ob ich dazu kompetent war oder nicht, möge der beisitzende Religionsprofessor entscheiden.

Der murmelte etwas, was ich nicht verstehen konnte.

Dann fragte mich der Direktor, ob es stimme, daß ich vor den Schülern die Existenz des leibhaftigen Teufels geleugnet habe.

Ich antwortete dem Direktor:

»Es stimmt und stimmt nicht. Ich habe ihnen gesagt, den Teufel könnten sie am Nikolo-Abend sehen. Sie verstanden den Witz. Und dann habe ich ihnen gesagt, es gebe ihn tatsächlich – in zwischenmenschlichen, oder genauer gesagt, unmenschlichen Beziehungen.

Anschließend sprachen wir über Himmler, Hitler, die SS und so fort.«

Der Direktor schickte sich an, mir die vierte Frage zu stellen.

Ich kam ihm zuvor und fragte ihn meinerseits, wie viele Fragen er mir noch zu stellen gedenke.

Er schaute auf das Blatt Papier auf seinem Tisch und sagte:

»Etwa zwanzig.«

Ich fragte ihn, woher er denn diese Mitteilungen über meinen Unterricht erhalten habe.

Er sagte:

»Von einem Schüler, dessen Glaubensgefühle du nun schon zwei Jahre hindurch verletzt.«

Ich wandte mich an den Religionsprofessor, der die ganze Zeit kein Wort gesprochen hatte, und bat ihn, zu meinen Delikten doch Stellung zu nehmen.

Er murmelte etwas wie:

»Schon, schon, ich sag ja nicht, aber . . . vielleicht . . .«

Seine Glatze lief rot an. Einige Schweißperlen glänzten darauf.

Als mir der Direktor die vierte Frage gestellt hatte, sagte ich zu ihm:

»Ich werde dir auf keine deiner Fragen mehr antworten. Wenn du darauf bestehst, kannst du ja für mich ein Disziplinarverfahren erwirken . . .«

Ich stand auf und verließ seine Kanzlei.

Ich weiß heute noch nicht, wie jene weiteren zwanzig Fragen gelautet hätten.

Ich weiß aber etwas anderes: daß heilige Messen dafür bezahlt werden, der Herrgott im Himmel möge mich sobald als möglich abberufen, damit ich nicht noch mehr Schaden anrichte an den Seelen meiner Schüler.

Ich freue mich darüber, daß er ihren Bitten vorläufig kein Gehör schenkt . . .

Ursula

Ursula unterrichtete zu der Zeit Französisch in der Steiermark, ich in Kärnten. Diesem Umstand verdankte ich ihre Bekanntschaft, geknüpft in Besançon, einer alten französischen Universitätsstadt an der Schweizer Grenze, dem bekannten Vesontio des »ruhmreichen« Gaius Julius Caesar.

Wir besuchten dort zur Auffrischung und Vervollkommnung unserer französischen Sprachkenntnisse Sommerkurse und fuhren zu diesem Zweck aus dem Studentendorf La Bouloie täglich mit dem Autobus zur Philosophischen Fakultät ins Zentrum der Stadt.

Als ich eines Tages im Autobus mit einem Kollegen aus Skopje Serbokroatisch sprach, wunderte sich Ursula darüber:

»Woher können Sie eigentlich Serbokroatisch? In Kärnten gibt es ja keine Serben.«

»Aber Slowenen.«

»Sie sind doch nicht etwa auch ein Slowene?«

»Genau das bin ich.«

Ihr schöner Mund verstummt für einige Augenblicke. Sie senkt den Kopf. Dann sagt sie plötzlich:

»Sind Sie eigentlich auch so ein Extremist, der in Kärnten slowenische Ortsbezeichnungen verlangt?«

»Genau das bin ich. Ich verlange nur das, was mir aufgrund unserer Verfassung zusteht: doppelsprachige Aufschriften dort, wo Slowenen leben.«

»Aber in der Demokratie entscheidet doch die Mehrheit? Soviel ich gehört und gelesen habe, ist die Mehrheit der Kärntner Bevölkerung gegen solche zweisprachige Ortsbezeichnungen. Auch die Windischen sind dagegen.«

»Die Windischen gibt es nicht. Es gibt nur national bewußte, national weniger bewußte, national eingeschüchterte und national mehr oder weniger entfremdete Slowenen . . .«

»Aber es soll ja nur noch ein paar tausend Slowenen geben . . .«

»Gerade deshalb . . .«

Nun verstummte ich. Ich hatte keine Lust mehr, mit Ursula darüber weiter zu streiten. Schon gar nicht im Lande, in dem für liberté, égalité und fraternité so viel Blut vergossen worden war.

Ein paar Tage darauf war der Autobus richtig vollgestopft mit Wissensdurstigen aller Hautfarben.

Es hätte kaum noch jemand zusteigen können.

Ursula saß im Autobus vor mir.

Der Autobus biegt plötzlich von der Straße auf eine Haltestelle ab. Ich wundere mich darüber, weil ich dort niemanden warten sehe. Erst als sich die automatische Tür mühsam in kurzen Stößen doch öffnet, erblicke ich ein zartes Mädchen, das allein mit einem Körbchen in der kleinen Hand aufs Trittbrett steigt und von den noch näher aneinander rückenden Reisenden in das Wageninnere gezogen wird.

Infolge der Menschenverschiebung landet ein Student fast auf Ursulas Schoß.

Ich tippe ihr leicht auf die Schulter:

»Verzeihen Sie, Kollegin, haben Sie das eben gesehen?«

»Was?«

»Dieses Mäderl, das eben dazugestiegen ist?«

»Ist was mit dem Kind?«

»Im Gegenteil, es ist ganz unscheinbar.«

»Was wollen Sie damit sagen?«

»Haben Sie bemerkt, wie mutterseelenallein die Kleine auf uns an der Haltestelle gewartet hat, eine einzige einsame, winzige Reisende . . .«

»Na und?«

»Unser vollgestopfter Autobus hat wegen ihr angehalten . . . Hat sie mitgenommen . . .«

»Ich verstehe Sie wirklich nicht, Herr Kollege, was wollen Sie damit?«

»Ihnen das Anliegen der Kärntner Slowenen näherbringen.«

Ich fürchte sehr, daß mir auch dieser Versuch mißlungen ist, denn Ursula ist neuerlich verstummt und hat ihren schönen Mund nicht verzogen.

Weder spöttisch noch zum Lächeln.

Die Kärntner Journaille

Vom Klagenfurter Kommunikationszentrum wurde ich eingeladen, im »Besetzten Haus« der Stadtgemeinde aus meiner Prosa zu lesen. Meine Zuhörer waren ausschließlich junge Leute aus verschiedenen Berufen, größtenteils jedoch Studenten. Ich las bei Kerzenlicht wie zur Kriegszeit nach einem Bombardement. Das Zimmer im ersten Stockwerk war vollgestopft.

Der Stapomann, einer meiner guten Bekannten, war vor der Lesung im Flur des Hauses gestanden, verduftete jedoch dezent schon während meiner ersten Geschichte.

Das werde ich ihm nie vergessen.

Nach der Lesung diskutierten wir über Probleme der slowenischen Volksgruppe in Kärnten.

Vierzehn Tage zuvor hatte im selben Zimmer mein Freund Peter Turrini gelesen. Die sechste Folge der Alpensaga, die Geschichte der Maria unter den Nazis. Ein ehrliches realistisches Drehbuch, wie alle seine Drehbücher, die er in Zusammenarbeit mit Wilhelm Pevny gemacht hat.

Am Tag darauf las ich auf der Kulturseite der Kleinen Zeitung den fein spöttelnden Titel EIN ZAHMER TURRINI.

Sensationell. Um jeden Preis. Vor allem um den der Ehrlichkeit. Ich kann mir nicht vorstellen, daß Peter Turrini jemals ungestüm, wild oder gar bissig war.

Zu meiner Lesung ist derselbe Rezensent gar nicht erst gekommen.

Den für die Veranstaltung verantwortlichen Studenten ließ er klipp und klar wissen: Ich komme zu seiner Lesung nicht und werde auch keinen Bericht darüber bringen. Ich lasse mir doch nicht wegen Janko Messner vom Chefredakteur auf dem Kopf herumtanzen.

Ich verstehe diesen Rezensenten ganz gut. Er hat vollkommen recht. Als einer von der Kärntner Journaille.

Sein Chef ist der berufene Fachmann für Dissidenten aus dem *Osten*.

Ich aber bin einer aus dem *Westen* . . .

Jo, sog amol, gibt's denn dös a?

Der Wahltag

Bei der Ausübung meiner staatsbürgerlichen Rechte respektive in Erfüllung der staatsbürgerlichen Pflichten am Wahltag für den Kärntner Landtag im Oktober 1979 geschah mir in Celovec/Klagenfurt, der Landeshauptstadt von Kärnten, in der ich meine beruflich bedingte Wohnadresse habe, Erbauliches wie folgt:

Mein Wahllokal ist das Stadtgartenamt in der Siebenhügelstraße, gleich hinter dem Russenkanal und gegenüber den scheußlichen Betonkäfigen des UNO-Flüchtlingskommissars, am südwestlichen Stadtrand.

Als ich das Wahllokal betreten hatte, wurde ich von einer jungen Frau an der Wahlkiste nach meinem Ausweispapier gefragt. Ich hatte es nicht bei mir. Da fragte die junge Frau, ob ich jemandem in der Wahlkommission *persönlich* bekannt wäre.

Eine ältere Dame in rötlichem Kleid und mit gebleichtem Haar nickte lächelnd.

Ich wurde verlegen, da *ich sie nicht* kannte.

Sie bemerkte meine Verlegenheit und reichte mir die Hand mit den Worten:

»Ich bin Wahlhelferin der KPÖ.«

Ich war erleichtert und – in Anbetracht meines derart festgestellten, nicht unbeträchtlichen Bekanntheitsgrades am Stadtrand Klagenfurts – irgendwie zufrieden, wohne ich doch erst knappe zehn Monate in der Kanalstraße, die aus pietätvoller Überlegung der Stadtväter dem Volksmunde zum Trotz nicht Russenkanal-Straße[1] heißt.

Ein wohlgenährter Herr in den besten Jahren, in braunem Rock und mit einem strengen Kärntenüberallesblick, stierte hingegen unverwandt auf mich. Ich las in seinen kühlen blauen Augen Informationen über mich aus dem (VER) »RUF DER HEIMAT«, welche die folgende unmißverständliche, ebenfalls meine Identität ausweisende rhetorische Frage aufwarfen:

– Aber *wer* zum Teufel wird denn in Klagenfurt schon *freiwillig* Janko Messner heißen wollen?

Und gleich darauf durfte ich mit Stimmzettel und Kuvert in der Hand hinter die Spanische Wand treten.

1 Russische Kriegsgefangene des Ersten Weltkriegs hatten in der Nähe dieser Straße dreckige Entwässerungsarbeiten leisten dürfen.

Meinen geächteten gottverlassenen Vierer, dem ich nun schon recht lange die Treue halte, hätte ich allerdings schon allein aus Dankbarkeit für die zwei Demonstrationen des Solidaritätskomitees für die Rechte meines slowenischen Volkes ganz gern vor jener Spanischen Wand angekreuzt, gleich dort auf dem Tisch der Wahlkommission, hätte ich mich nicht gescheut, durch eine solche Handlungsweise das heilige unantastbare »Wahlgeheimnis«, aus dem ich noch niemals ein Geheimnis gemacht habe, ärgerniserregend zu verletzen.

Was erst somit geschehen ist.

Der Richter

Der Kärntner Heimatdienst, der versucht, Schritt für Schritt seinem Ziel näher zu kommen und den Schlußstrich unter das slowenische Volk in Kärnten zu ziehen, hat auf dem Alten Platz von Celovec/Klagenfurt eines Tages urbi et orbi schwarz auf weißem Transparent mitgeteilt, das Gymnasium der Slowenen in dieser Stadt sei nichts als ein großes Gift.

Er hätte damit ausnahmsweise einmal recht, wenn Gift Ungeziefer vernichten und somit der Seuchenbekämpfung dienen sollte: dem Ausrotten des Deutsch-Nationalismus auf Österreichs Feldern, sowohl des heimlichen, ökonomisch waltenden, als auch des lauten aggressiven, wie er sich beim Sturm auf die paar zweisprachigen Ortstafeln in Südkärnten im Herbst 1972 offenbarte.

»Das große Gift« aber wurde vom Kärntner Heimatdienst leider im entgegengesetzten Sinne des Wortes reklamiert: es schade dem Frieden im Kärntner Lande.

Nun, auch hierin wäre ein Korn Wahrheit, würde man den Begriff des Friedens in diesem Lande wahrheitsgetreu bestimmen: als Frieden eines riesigen Friedhofs, auf den man Tag für Tag das rechtlose slowenische Wort aus Kärntens Öffentlichkeit zur letzten Ruhe bettet.

Leider meint aber der Kärntner Heimatdienst auch diesen Frieden nicht so, und als die Lehrer dieses Gymnasiums gegen die geistigen Väter dieser Verleumdung einen Prozeß beim Landesgericht angestrengt hatten, ließ der Verteidiger des Kärntner Heimatdienstes zur eigenen Beweisführung einige Lehrer des slowenischen Gymnasiums als *seine* Zeugen vorladen.

Man stelle sich diesen Zynismus vor!

Die kärntnerischen Nachkommen des Nationalsozialismus wünschten sich auf diese Art ihren – sei es auch kleinen – Reichstagsbrandprozeß, in dem die »Umtriebe« der Kommunisten in dieser Anstalt publik gemacht werden sollten.

Auch ich wurde dazu vom Landesgericht als Zeuge vorgeladen.

Der Vertreter des Kärntner Heimatdienstes, Dr. M., fragte mich im Rahmen seiner Beweisführung, ob ich denn am Ende den Partisanen gar dankbar dafür sei, daß sie im Jahre 1945 Kärnten besetzt hatten.

Er spielte dabei unmißverständlich auf meine Anstellung im österreichischen öffentlichen Dienst an . . .

Die Frage raubte mir den Atem.

Nicht deshalb, weil sie mich aus dem Munde dieses Herren überrascht hätte, sondern deswegen, weil der Richter, ein junger Mann, sie nicht auf Grund der österreichischen Verfassung, auf die er – genau wie ich – den Eid geleistet hat, zurückgewiesen und den Anwalt des Kärntner Heimatdienstes nicht zur Ordnung gemahnt hat.

Ein Richter, in den man als österreichischer Staatsbürger Vertrauen setzt, hätte diesen Anwalt des Nationalsozialismus doch unbedingt fragen müssen:

Haben im Jahre 1941 die Jugoslawen die Grenze auf den Karawanken niedergerissen oder die »ostmärkischen« und reichsdeutschen Nazis?

Hat der österreichische Außenminister Gruber nicht die Zahl der in Kärnten gefallenen slowenischen Partisanen als zu berücksichtigenden Beitrag Österreichs im Widerstand gegen die Naziherrschaft bei den Friedensverhandlungen in London und Paris auf die Waagschale geworfen?

Haben nicht auch die Herren vom Kärntner Heimatdienst diesen gefallenen Antifaschisten dankbar zu sein dafür, daß sie heute in einem selbständigen neutralen Staate leben dürfen?

Der Richter hat dem Anwalt des Kärntner Heimatdienstes diese Fragen *nicht* gestellt.

Er hat mein Vertrauen in die junge österreichische Jurisprudenz zutiefst erschüttert und dadurch auch meinen ohnehin immer schon wankenden Glauben an ein endlich aufkeimendes österreichisches Nationalbewußtsein umfallen lassen.

Eine turbulente Nacht

Ich laufe in einer fremden Stadt durch eine lange Allee. Links und rechts stehen schlanke Bäume mit schirmförmig flachen Kronen, die über der Straße zusammengewachsen sind, wie zu einem bedeckten grünen Korridor, der keinen Anfang und kein Ende hat. Ich habe es sehr eilig, denn ich muß die Menschenmenge einholen, die vor mir in dieselbe Richtung hastet.

Plötzlich stehe ich vor einem hohen mehrstöckigen Gebäude im Barockstil, davor ein weiter grüner Rasen, auf den zu aus allen Windrichtungen hastende Menschen strömen. Aus der Nähe betrachtet aber sind diese zweibeinigen Lebewesen keine einwandfreien Menschen. Inzwischen ist die Abenddämmerung eingebrochen, und sie schauen aus, als seien sie in glattes dunkles Fell gekleidet. Auch ihre Köpfe sind für mich gar nicht leicht auszumachen, denn sie lassen sie hängen in der Art wie Hunde, die auf Verbrecherspuren angesetzt worden sind. Ihre vorwiegend spitzmäulige Form spricht ebenfalls eher für eine Hundeversammlung als für eine Menschenmenge.

Ich frage mich ärgerlich, was nun das wieder für ein Rätsel sei, ich bin offensichtlich schon wieder einmal nicht am laufenden, warum wohl hat man mich nicht rechtzeitig informiert. Ich klopfe bedächtig dem Vordermann auf die Schulter:

»Pardon, mein Herr, wissen Sie zufällig, was dieser Menschenauflauf eigentlich bezweckt?«

»Hören Sie, ich lasse mich von Ihnen nicht hunzen, antwortet der Mann, ohne mich eines Blickes zu würdigen, stehen Sie das nächste Mal gefälligst früher auf, dann ersparen Sie sich diese blöde Fragerei!«

Mir wird einigermaßen unheimlich zumute, hellhörig (wie ich bin) für bestimmte Bedeutungsnuancen in der Etymologie und Semantik, beschäftigt mich nun der von ihm gebrauchte Ausdruck »hunzen«. Ein leises Unbehagen beschleicht mich dabei, zumal ich jetzt im grellen Scheinwerferlicht, das plötzlich von einem Wachturm her über den unübersehbaren Menschenhundeauflauf kreist, rundherum Polizisten in schwarzen Stiefeln und weißen Handschuhen erblicke, aufgestellt in Reih und Glied, jeder seinen Talkie-Walkie in der Hand und einen zähnefletschenden Schäferhund bei Fuß. Sie beobachten unverwandt die seltsame Versammlung. Ich denke mir, das kann keineswegs gut ausgehen, zwei verschiedene Hunderassen so nahe beieinander, ich sollte lieber rechtzeitig das Weite suchen.

Wie von einem unsichtbaren Zauberstab berührt, mausern sich plötzlich die Hundsmiserablen zu eindeutigen Menschen, und als ich genauer hinsehe, bemerke ich, es sind meine slowenischen Landsleute von Kärnten. Es bleibt zwar noch eine Spur von Ungewißheit in mir zurück, aber als ich sie lauthals Forderungen schreien höre: WIR WOLLEN, DASS MAN UNS WILL! WIR WOLLEN, DASS MAN UNS WILL!, bin ich mir ganz sicher, sie sind es. Und doch entbehrt die Forderung einer gewissen Logik, denke ich, man kann sie nicht so ohne weiteres im Chor mitschreien, außerdem erinnert mich die Art und Weise der Artikulierung der Parolen doch noch eher an ein Bellen als an ein Rufen.

Ein beklemmendes Gefühl bemächtigt sich meiner, als ich auf einem kleinen Hinweisschild lese: DEN RASEN BETRETEN VERBOTEN! Ich fühle, wie mich schließlich unsagbare Furcht überfällt um mein ahnungsloses Volk, denn offensichtlich hat niemand außer mir das Hinweisschild sowie die uns umzingelnde Polizei bemerkt. Ich flüstere meinem Nachbarn zu:

»Alle sollen herunter vom Rasen! Keine Provokation! Weitersagen!«

Kalter Angstschweiß steht mir auf der Stirn, da nimmt die Sache eine unerwartete Wendung: In strahlendem Sonnenlicht tut sich vor meinen Augen ein herrliches Bild auf, das riesige Schloßtor öffnet sich, und auf den Stufen des Eingangs erstrahlt das freundliche Gesicht Gerd Bachers in der Art des Starconférenciers Kulenkampff. Er breitet seine Hände weit aus, genau wie es Jesus Christus auf bunt bemalten Katechetenbildchen tut mit der schriftlichen Einladung LASST DIE KINDCHEN ZU MIR KOMMEN!

Ich denke mir erleichtert, also doch noch eine Entschärfung der äußerst mulmigen, ekrasitgeladenen Situation. Dann bin ich auf einmal richtig high und schreie drauf los:

»Viva Sandino! Viva Nicaragua libre!« Ich will meine Landsleute wachrütteln und anfeuern.

»Halt schon dein Maul, Trottel, wir sind ja nicht am Rio Coco!«

Es ist mein Freund Joza Wakounig, der mich zurechtweist, der unnachahmliche Chefredakteur des klerikalliberalen, sensationell nationalen »Naš tednik«. Ich erkenne ihn an seinem dünnen, von beiden Seiten das kahle Kinn umschließenden Schnurrbart, wie ihn römische Soldaten auf Kreuzwegbildern tragen. Ich befolge strikt seine von erstaunlichem Zartgefühl getragene Aufforderung. Und ich bemerke, er nimmt meine Zurückhaltung verhältnismäßig huldvoll, jedenfalls ohne Anzeichen weiteren Verdrusses entgegen.

Im nächsten Augenblick ertönt vom Schloßeingang her, gleich einer dämonischen Treibjagd, ein wildes Bellen und Kläffen, Bläffen und Belfern, Knurren und Keifen, Grollen und Grölen, so daß mir kalter Schauer den Rücken hinunterläuft. Ich strecke den Hals und sehe, wie sie aus dem Schloß ins Freie stürzen – gefleckte Doggen und stumpfnasige Boxer, deutsche Bracken und gekräuselte Zwergpudel, scheckige Pointer und wollige Afghanen, schlappohrige Spaniels und zottige Pekinesen . . . Sie springen auf dem Rasen wild umher, die Polizisten sind plötzlich zu Jägern geworden mit Gamsbärten als Hutschmuck. Sie schießen auf diese Hunde, wie wenn es von Treibern aufgescheuchtes Wild wäre. Mir klopft das Blut in den Adern. Ich ärgere mich schwarz darüber und sage zu mir selbst: Wo man auf Hunde schießt, wird man bald auch auf Menschen schießen.

Aber noch mehr als dieser unsinnige Hundemord selbst regt mich die offensichtlich völlig unbeteiligte Menschenmenge auf, die gelassen zusieht, als wäre es eine gewöhnliche Arschklopferei auf der Löwingerbühne.

Als mir bereits auf dem Siedepunkt meiner Wut bewußt wird, daß ich wie mit gebundenen Händen zur Hilflosigkeit verdammt bin, verschwindet endlich dieses gottserbärmliche Bild, und die gesamte unüberschaubare Menge strömt nun durch das weit aufgerissene Eingangstor hinein ins herrliche Barockschloß. Ich dränge mich nach vorn, um nicht wieder unter den letzten zu sein. Bevor mich aber die Marmorhalle verschlingt, bemerke ich über dem Eingang die mir geläufige Abkürzung ORF – FS 2.

Ich denke mir, das führt wieder einmal zu nichts, was will ein ganzer Volksstamm auf einmal in diesem Haus? Die haben doch niemals alle Platz auf dem Bildschirm. Indessen schwenken Reporter ihre Kameras auf großen Schiebegestellen in Richtung Marmorstiege, über die meine Kärntner Slowenen flitzen, als folge ihnen der Leibhaftige selbst auf den Fersen.

Im ersten Stockwerk ist ein riesengroßer Festsaal, darin Tausende von schön geflochtenen großen Körben. Im Sturm werden diese von ihnen besetzt. Sobald ein Korb voll ist, streckt jeder sein mitgebrachtes Transparent hoch. Darauf stehen in schwarzer Farbe drei Worte: WER WILL MICH? Fernsehkameras surren auch hier.

Mein Sohn Jože und ich ergattern gerade noch den letzten Korb und machen uns ebenfalls bequem darin. Da bemerke ich in der Mitte der stuckverzierten Decke ein großes zwinkerndes braunes Auge. Ich mache Jože darauf aufmerksam:

»Siehst du den da oben? Was der wohl vorhat mit uns?«

»Sei vorsichtig, Vater, flüstert mein Sohn als Antwort, schau nicht zu auffällig hinauf! Das ist ja Mirko!«

Ich denke, na servus, der ist schön unvorsichtig so hoch oben! Typisch für meinen Erstgeborenen!

Dann schaue ich aber doch noch wie beiläufig hinauf zur Decke und kneife das linke Augenlid unauffällig bis auf einen Spalt zusammen, womit ich ausdrücken will, daß ich ein ausgezeichnetes Gefühl im Magen habe. Ich bin freudetrunken und könnte Tränen lachen. Überhaupt ist der Anblick ungeheuer komisch. Schließlich kann ich mich nicht mehr zurückhalten und lache laut auf.

Davon erwache ich, denn meine Wohnung in der Russenkanalstraße ist sonst äußerst still, und ich leide schon jahrelang an akustischer Hyperästhesie.

Ich habe ein blödes Gefühl.

Aber nicht in den Füßen, da habe ich gar keines. Ob das vom Sitzen im Korb kommt?

Unterwegs zum Entwässerungskabinett betrachte ich mich im Spiegel. Etwas kann nicht in Ordnung sein mit mir.

Hätte ich doch in meinen jüngeren Jahren mehr Sigmund Freud gelesen!

Nicht nur seine Traumdeutung. So sehr ich diese auch schätze, denke ich im vorliegenden Fall eher an seine Psychopathologie des Alltagslebens. Und vor allem an sein Jenseits des Lustprinzips. Weiß der Teufel, ich kenne mich überhaupt nicht mehr aus.

Jo a Karntn is lei ans . . .?

Vaterunser

Klagenfurt 1935
Rado, ein Bub aus einem slowenischen Dorf, sitzt in der ersten A-Klasse des humanistischen Gymnasiums am Völkermarkter Ring. Parterre, Eckzimmer. Zweiundfünfzig Schüler, weil Schulraumnot, weil Wirtschaftskrise, Erste Republik. Davon sechzehn slowenische, vom Lande. Marianumszöglinge.

Ein verregneter Oktobertag. Triefende Nebelfetzen hängen in den Gassen. Die dritte Religionsstunde des Schuljahres.

»Seid ruhig! Er kommt! Steht auf! Laß mich in Ruh! Pssst!«

Und ganz leise Anza zu Rado:

»Kannst es?«

»Hoffentlich.«

»Ich kann's nur bis ›auch auf Erden‹.«

Die Tür geht auf. Er steht da. Groß und kompakt. Der schwarze Anzug wie angegossen. Auf den Hosenrohren messerscharfe Bügelfalten. Monsignorerot das Kragentuch unter dem Kinn, monsignorerot die vollen Wangen. Er tritt bedächtig in den schmalen Mittelgang zwischen den Bankreihen. Parfum. Rosenduft steigt den Buben in die Nase. Zwei lauernde kleine Augen, kaum zu sehen. Der schüttere Haarkranz mit Brillantine gepflegt, ein paar dünne Strähnen vom Scheitel her behutsam quer über die Glatze gelegt. Auf der weißen schwammigen Hand ein glitzernder Ring. Mit einem Saphir.

»Segt's Büblein, diesen Ring hat Papst Pius XI. geküßt!« Setzt euch!«

Die Podiumbretter ächzen unter der wiegenden Schwere seiner Schritte. Er setzt sich zum Tisch. Und läßt den Blick über die Bankreihen schweifen. Die Schüler weichen dem Blick rechtzeitig aus. Zweiundfünfzig Schüler halten den Atem an. Grabesstille. Nur die Straßenbahn quietscht und klingelt sich den Weg frei. Irgendwo draußen in der Stadt.

In die erdrückende Stille hinein schroff, sonor die Stimme des Monsignores:

»Rado M., heraus zur Tafel! Das Vaterunser will ich hören.«

Ahnungsvoll schleppt Rado sich zur Tafel. Ein langer, schmächtiger Körper. Mit bleiernen Knien. Wie ein Verbrecher vor seinen Richter.

»Bet das Vaterunser!«

Rado schießt plötzlich das Blut in den Kopf. Schweißperlen treten ihm auf die Stirn. Die Lippen versuchen sich zu runden, aber sie zucken nur. Da kichert ein Schüler laut in der Bank. Ein paar andere kichern mit. (Die haben gut lachen!)

»Kannst es nicht, was?«

Es knallt auf Rados Wange.

»Va . . . Vater unser . . . Vater unser im Himmel . . .«

Schallendes Gelächter in den Bänken.

Sechzehn Schüler lachen nicht. Das Herz schlägt ihnen bis zum Hals. Welchen von ihnen holt er sich als nächsten?

»I bring's dir schon noch bei, du windischer Bengel, du! Wart nur!«

Die Saphirhand greift nach Rados Haarschopf. Phaf! – klopft seine Stirn an die Tafel. Und noch einmal: phaf!

»So, kannst es jetzt, Herrgott noch einmal!«

Der lange Körper des Schülers wankt und biegt sich in der Mitte durch. Die Augen unter dem zerzausten Haar schwimmen in Tränen. Er zittert an allen Gliedern. Ein gealterter Mann. Langsam dreht er sich und hebt den Kopf zum Kruzifix über der Tafel.

Er stößt hervor:

»Oče naš, ki si v nebesih, posvečeno bodi tvoje ime, pridi . . .«

Seine Stimme bebt.

»Oče naš, oče naš, i gib dir glei was! So kann dei Großmutter beten!«

Der Monsignore dreht sich zur Klasse:

»Merkt's enk des!«

Der Saphir glitzert auf seiner Hand.

Der Herrgott über der Tafel schweigt. Er schweigt deutsch. Er schweigt slowenisch. Er ist grausam still, er liebt die Kinder nicht. Er ist aus Holz. Zweiundfünfzig Schüler in den Bänken halten den Atem an.

Keiner kichert mehr.

»Verschwind!«

Der Schüler taumelt zwischen den Bankreihen hindurch zu seinem Sitz. Zweiundfünfzig Schüler zucken mit keiner Wimper. Grabesstille. Nur die Straßenbahn quietscht und klingelt sich den Weg frei. Irgendwo draußen in der Stadt. Als ob nichts geschehen wäre.

Die Erinnerung ist dank einem vom Willen des Menschen unabhängig ausgleichenden seelischen Regler in hohem Maße erfülltes Wunschdenken, wenn sich in der Vergangenheit eines Menschen Gutes und Böses einigermaßen die Waage gehalten haben. Wenn aber dort vornehmlich oder ausschließlich Bösartiges gewaltet hat, kann die Erinnerung auch nur Wunde sein, die bis zum Grabe hin blutet, eitert und ätzt.

Menschen mit einer solchen offenen Wunde sind seelisch sehr angeschlagen. Sie sind empfindlich für jede Nuance, ja für jeden Schatten eines Unrechtes, einer gesellschaftlichen Herabsetzung oder Mißachtung.

Menschen mit einer solchen offenen Wunde sind sehr skeptisch. Sie mißtrauen ihren Mitmenschen und deren Institutionen. Sie tun sich im Leben oft sehr schwer. Sie sind belastet, stigmatisiert. Sie erwarten von einer demokratischen menschlichen Gesellschaft eine besondere Ansprache, eine Versorgung dieser offenen Wunde, also eine »Sonderbehandlung«. Wie schmerzhaft müssen sie es empfinden, wenn die Gesellschaft von ihrer Wunde nicht einmal Notiz nimmt. Oder wenn sie sie bemerkt, dann nur, um sie aufzureißen.

Der Mensch wird nackt geboren. Das ist seine Natur. Unverfälscht. Offen und widerspruchslos.

Ohne sich davor wehren zu können, erhält er in unseren kulturellen und zivilisierten Regionen nun schon einige Jahrhunderte lang nach der Geburt seinen konfessionellen und nationalen Überzug. Das nennt man Kultur.

Solange der Mensch nur mit seiner wahren Natur lebte, tötete er für seine Lebenserhaltung Tiere. Seit er mit der Kultur lebt, tötet er auch seinesgleichen. Wobei seelischer Totschlag, gemessen am körperlichen, wegen seiner Folgen keine Vergleichsmöglichkeit zuläßt. Vollführt ihn ein Geistlicher, beweist das nur zusätzlich, daß Sein Reich nicht von dieser Welt ist. Und daß die Kirche gar nicht eins sein muß mit Seinem Wort.

Auch was die beschriebene Erziehung zum Glaubensabfall Rados anbelangt. Denn Rado ist ihr zum Trotz ein Mensch geworden.

Rückkehr

Dem Gedenken
an meine Tante
JOŽICA FLANDER

Leningrad-Globasnitz 1942
Im Hintergrund Heiligengrab

September 1942. Ostfront. Hitlers siegreicher Feldzug in Rußland stockt. Heil und Sieg »im Eimer«. Stellungskrieg vor Leningrad. »In der Heimat alles Scheiße, Deine Elli.« Joza Kuhar aus Globasnitz im Jauntal ist Infanterist. Gebirgsjäger. Er liegt vor Leningrad, ganz vorne im Stellungsgraben. Schlamm, vom Grundwasser. Das sikkert durch die Schuhsohlen und Ösen. Auch durch das Oberleder, verdammte Scheiße! Keine Nachricht von zu Hause. Seit Ostern. Und dieser Gestank. Da lassen einen die Russen nicht einmal zur Latrine. Nur feste druff! Diese gottverdammten Bolschewiken! Asiaten. Der Teufel soll sie holen, dann könnte man endlich wieder nach Hause. (Das alltägliche Morgengebet des Oberleutnants.) Daher nur feste druff, immer feste druff! Und die Russen zurück, was das Zeug hält, dieses gottverdammte Kanonenzeug! Granaten und Blei in die Stellung! Schuß . . . Knall. Staubwolke und Schlammregen. Splitter reißt den Bauch auf; Kamerad links. Er umfaßt mit beiden Händen seine dampfenden Gedärme. Er stopft sie zurück in den Bauch. »Hilfe, Joza, mati božja! Es geht nicht, Joza! Laßt mich nicht sterben!« Kamerad rechts: Arterie. Das Blut spritzt ruckartig wie eine Fontäne aus der Schulter. Und Gehirnaustritt. Das Gesicht immer blasser. Ganz weiß. Aus. Laß ihn! Keine Hilfe mehr nötig! Gemein, wenn das Gehirn aus dem Kopf tritt. Und einem die Zunge, zwischen die Eckzähne geklemmt, dick heraushängt wie einem abgestochenen Kalb. Aus.

Und wieder los! Keine Müdigkeit vortäuschen, ihr Schlappschwänze! Weiter! Und wieder Maschinengewehrfeuer. Und wieder Gedärme. Und dann kollert ein abgerissenes Bein, samt dem Stiefel, schlamm- und blutbeschmiert in den Graben. Räder müssen rollen für den Sieg. Köpfe müssen rollen.

Was ist das? Verfluchte Schweinerei! Das hat mir noch

gefehlt! Jetzt klebt das auch noch überall. Und nichts umzuziehen! Daß mir das passieren muß! Und so was heißt dann »Held«. Und bekommt ein Denkmal, wenn's aus ist.

»Sani – Sani – Sanitäter! Ich verblute!«

Eine schlammige Hand fährt für einen Augenblick aus dem Schützengraben in die Höhe. Dann eine zweite Hand, jedoch müde, als winke sie ab.

»Hilfe! Ich verblute! Joza, Wasser! . . . Wasser! . . . Marija, mati božja . . .«

Schon fast hingehaucht. Aus. Braucht kein Wasser mehr. Erkennungsmarke runter vom Hals. Die Brieftasche heraus. Ein Familienfoto darin. Seine Frau und zwei Töchter vor einem Bildstock, dahinter ein still wogendes Kornfeld. Im fernen Hintergrund die Umrisse der stattlich hingebreiteten Petzen. Auf der Rückseite des Fotos zwei Verse:

Da k nam prišel bi zdrav nazaj
naš atej, to nam Jezus, daj![1]

Und ein Rosenkranz im kleinen Fach der Brieftasche. Schnell alles in ein Säckchen hinein und einen Zettel mit Adresse dazu: STANKO KLANČNIK – St. Michael ob Bleiburg, Kärnten.

Da schleicht ja gerade der Kompaniechef den Schützengraben herauf. Steigt bedächtig über die Verwundeten!

»Schnell! Zuerst die Verwundeten! Die Toten bei Nacht!«

Jetzt fragst ihn, am besten gleich jetzt. Stemm dich hinters Maschinengewehr! Nein, neue Patronengurte einführen! Haltung einnehmen! So gut es geht in gebückter Stellung. Und Meldung machen.

»Gefreiter Josef Kuhar, dritte Kompanie, Gebirgsjägerbataillon 12, meldet: keine besonderen Vorkommnisse. Feindlicher Angriff abgeschlagen, unser Zug zwei Tote und drei Verwundete. Werden versorgt.«

»Gut, gut. Haben sich brav gehalten, Kuhar! Machen Sie ›Rührt euch!‹ Sind ja nicht auf dem Kasernenhof.«

»Jawohl, Herr Oberleutnant, sind nicht auf dem Kasernenhof.«

»Wer sind die zwei Toten?«

1 Daß gesund zu uns zurück unser Vater käme, gib uns, Jesus!

»Die Gefreiten Karl Rauter und Stanislaus Klančnik, Herr Oberleutnant.«

»Sie haben um Urlaub angesucht, Kuhar?«

»Jawohl, Herr Oberleutnant. Ernteurlaub. Kartoffelernte, Herr Oberleutnant.«

»Ich habe Ihnen doch gesagt, Sie sollen das Hackenschlagen lassen. Sie bespritzen mich mit dieser gottverdammten Brühe.«

»Jawohl, Herr Oberleutnant, gottverdammte Brühe. Und ist mein Urlaub bewilligt worden, Herr Oberleutnant?«

»Bewilligt, Kuhar. In der Dämmerung bringt Sie ein Mann vom Spähtrupp zur Schreibstube des Bataillons. Wenn die Bolschewiken Ruhe geben, diese Arschlöcher, diese verdammten. Drei Wochen und zweimal drei Reisetage dazu. Zufrieden, Kuhar?«

»Jawohl, zufrieden, Herr Oberleutnant. Danke, Herr Oberleutnant. Einen Augenblick noch, Herr Oberleutnant! Soll ich die Nachricht vom Heldentod Klančniks und seine Erinnerungsstücke seiner Frau mitbringen? Die lebt nur fünf Kilometer entfernt von meinem Dorf.«

»Geht in Ordnung. Kuhar. Grüßen Sie mir die Heimat und kommen Sie heil zurück!«

»Jawohl, Herr Oberleutnant, Heimat grüßen, heil zurückkommen, Herr Oberleutnant.«

Sonnenklarer Spätherbst. Angenehm warm, bis Sonnenuntergang. Silbergrün der Frieden des endlosen Föhrenwaldes Dobrova.

Einladend kühl und weich der braune Moosteppich darin, gemustert vom üppigen Farn in den Lichtungen.

Keuchend, wie unter einer ganz schweren Last, zieht die Dampflokomotive ihre fünf Personenwagen. Ein ausrangiertes Stück, museumsreif, jedoch für den Einsatz in der Heimat zur Not aufpoliert. Der Abendzug von Klagenfurt nach Marburg an der Drau, ehemals Maribor. (Das ist heimgekehrt ins Reich. Der Kulturbund hat sich bewährt, die Fünfte Kolonne ihre Mission beispielhaft erfüllt. Die Steirer-Slowenen machen keinen Mucks. Die Nationalisten sind in Serbien und in deutschen Lagern.)

Vor Mittlern Zugkontrolle. Allen Soldaten in Uniform ist die Weiterreise von Bleiburg verboten. Nur in Zivilkleidung gestattet, weil Partisanenbanditen im Tunnel von Grablach den Zug anhalten und sich Waffen und Uniformen holen.

»Geht in Ordnung, Herr Feldwebel. Josef Kuhar steigt in Mittlern aus. Urlaubsschein auf Globasnitz ausgestellt.«

Der Schaffner reicht Joza Kuhar die Fahrpapiere.

»Einen angenehmen Urlaub, Herr Gefreiter!«

Der Feldwebel von der Militärstreife lächelt Joza Kuhar aufmunternd zu.

Dieser nimmt von der Kontrolle kaum Notiz. Er kauert übernächtig auf dem Fenstersitz und starrt unentwegt auf die vorbeirutschenden Baumstämme. Ein paar Schüler schnapsen neben ihm. Sie pressen ihre Knie gegeneinander und werfen die Karten auf eine Aktentasche, die flach darauf liegt und ihnen den Tisch ersetzt.

Dritter Tag seit seinem Urlaubsantritt. Fliegeralarm in verschiedenen Bahnhöfen. Die Züge überfüllt. Ans Schlafen überhaupt nicht zu denken.

Der Zug rattert wie ein fernes Maschinengewehr durch die Dobrova. Unwirklich. Die Föhrenwipfel ahnungsvoll verschleiert vom sentimentalen Licht der untergehenden Sonne. Ein Ruck. Der Zug steht. Gefreiter Joza Kuhar legt seinen Tornister an wie ein schweres Pferdegeschirr. Er steht allein auf dem Bahnsteig, niemand ist mit ihm ausgestiegen. Der Zug qualmt und ächzt davon. Nun aber gleich auf den kürzesten Waldweg. Ein wehmütiges Lächeln hellt seine müden Augen auf. Noch eine gute Stunde Geländemarsch. Hat man ja gründlich gelernt bei den Gebirgsjägern.

Ein günstiger Windzug bringt ihm vertrautes Glockengeläut ans Ohr. Ave Maria. Feierabend: von St. Michael.

»V Šmihelu no kajžico mam . . .«[2]

Er ertappt sich beim Selbstgespräch. Wären doch Mirko und Stanko da! Wie würden sie's hinaustrillern! Dann – in der Nacht, wenn alles schon schläft, außer den feurigen Mädchen hinter Pelargonien und Gitterstäben.

Der Waldweg führt nun hinaus zwischen Äcker und Wiesen. Was ist das – da auf dem Telefonmast? – KÄRNTNER, SPRICH DEUTSCH!

Joza Kuhar schluckt bitteren Speichel hinunter. Das braune Heidenfeld riecht nicht mehr nach frischem Honig, plötzlich hat es den Duft eines giftigen Krautes. Noch ein paar Schritte, da ist die Bundesstraße. Und wieder, dort auf dem Bretterverschlag für Streusand: KÄRNTNER, SPRICH DEUTSCH . . .

2 In St. Michael (bei Bleiburg) hab' ich eine Keusche . . . (slow. Kärntner Volkslied).

Da war das Jahr 1932, in Heiligengrab. (Er war Halterbub bei seinem Onkel in Aich, der keine Kinder hatte.) Ein zierlicher Hügel, den eine Doppelturmkirche zu erdrücken droht. Darunter die Volksschule, adaptiert aus einem altertümlichen Pfarrhof: »IN DIESEM HAUSE WURDE AM 10. OKTOBER . . .« Ein feuchter Steinbau mit breiter abgetretener Holzstiege. Unzählige Holzschuhe in der dunklen Diele. Winterszeit. Im großen Klassenzimmer angenehm warm vom Dunst vieler junger Körper und vom Kachelofen, den die Mesnerin mit Buchenscheitern vollstopft. Einklassiger Betrieb, Abteilungsunterricht. Eine große Landkarte vom kleinen Rest Österreich an der Wand. Darauf ein breiter brauner Grenzstreifen gleich hinter Bleiburg. Zwischen der Petzen und dem Kömmelgupf. Dahinter in großen Buchstaben: SLOWENIEN. Ausschließlich slowenische Kinder im Schulzimmer. Der Oberlehrer R. großgewachsen, volles rundes Gesicht, dunkles, in Wellen gelegtes Haar. Karierte Knickerbocker und schwarze Lackschuhe. Ein gewaltiger Herr. Sein Hund Harras ein degenerierter Neufundländer; zottiges braunes Fell, das zweimal in der Woche gekämmt werden muß. Von abgestraften Schülern in der Holzhütte im Keller. Da stinkt es scheußlich nach feuchter Fäulnis und Hundedreck.

Alle Abteilungen sind still beschäftigt. Der Oberlehrer sitzt am Tisch auf dem Podest und putzt die Fingernägel.

Es klopft an der Tür.

Natürlich wieder die Lona.

»Ja sag amal, was hast denn du für Manieren? Warum kommst du schon wieder zu spät?«

»Krave pa kuaje napojova . . . guten Morgen.«[3]

Das Mädchen bleibt wie gebannt bei der Tür stehen. Alle Kinder blicken auf. Lona hat rot angelaufene Finger. Ein großer Tropfen fällt kristallrein von ihrer blauen Nase. Einer hilflosen Stupsnase.

»Guaj, guaj, kok je naš kuaj . . .«[4]

Der Lehrer nasaliert hämisch Silbe für Silbe. Einige Kinder kichern verlegen. Lona verzieht unbeholfen den Mund. Sie versucht zu lachen.

»Kühe und Pferde getränkt, heißt das, Lona! Wann wirst du dir endlich merken, daß Windisch schiach ist . . . Setz' dich!«

3 Hab' Kühe und Pferde getränkt . . .

4 Schau, schau, unser Pferd! (Bleiburger Dialekt.)

»To ni res. Vi ste skurni, gospod učitelj!«[5]

Der Oberlehrer geht hoch vor Entrüstung. Wutentbrannt versetzt er Ciril einen Fußtritt, daß dieser in die Hose pinkelt vor Schreck und Schmerz. Er muß hinaus vor die Tür.

Dann war Singen. Für alle Abteilungen.

»Dort, wo Tirol an Salzburg grenzt ... beginnt mein teures Heimatland.«

Joza Kuhar sieht die ganze Szene so klar vor sich, als hätte sie sich eben erst seinen Blicken geboten. Ihm ist unheimlich zumute, KÄRNTNER SPRICH DEUTSCH KÄRNTNER SPRICH DEUTSCH KÄRNTNER SPRICH DEUTSCH schmerzt es dumpf in seiner Brust.

KÄRNTNER SPRICH DEUTSCH KÄRNTNER SPRICH DEUTSCH im dunklen Rhythmus eines unabwendbaren Schicksals, vier schmerzhafte Schläge vor seine umwölkte Stirn ... KÄRNT – NER – SPRICH – DEUTSCH ... KÄRNT – NER – SPRICH – DEUTSCH ... schauderhaft und qualvoll, wie aus einem schwarzen Abgrund, an dessen Rand er hingeschoben wird von unsichtbarer Hand. Sein Schritt wird trotz der Nähe seines väterlichen Hauses langsamer, schwerer.

Nun aber schnell weg von der Bundesstraße, hinüber auf den Gemeindeweg!

Da begegnet ihm ein altes Bäuerlein, vor einen Karren gespannt. Er erkennt den Mann trotz beginnender Dämmerung.

»Dober večer, Krajnikov oče!«[6]

»Guten Abend ...«

Das Bäuerlein blickt ihn flüchtig aus den Augenwinkeln an, ohne stehenzubleiben. Was soll das? Nehmen die zu Hause das ernst? Er sagt kein Wort mehr.

Nun schreitet er bereits zwischen den lieblichen felsigen Hügelchen hindurch, die, von niedrigen Föhren bewachsen, wie übergroße Brotlaibe einladend dem Dorfe Globasnica vorgelagert sind. Verträumt und vertraut vor der gewaltigen Gebirgskulisse der Petzen, wie Alenčica zu Füßen des Kralj Matjaž, des abwartenden Erlösers ...

Ein paar alte Leute bücken sich auf dem Acker neben dem Gemeindeweg nach Kartoffeln, Kinder tragen volle Körbe zu den Säcken am Ackerrain. Stille, unwirkliche Gestalten im aufsteigenden Bodennebel. Aus den Obstgärten riecht es nach faulem Obst. Die Anwesen hüllen

5 Das stimmt nicht. Sie sind schiach, Herr Lehrer!
6 Guten Abend, Krajnik-Vater!

sich zusehends in schweigsame Dunkelheit. Eine Kuh klagt, als habe man ihr das Kalb weggenommen. Ein Hund winselt hungrig und verlassen. Noch die paar Schritte am Bach entlang. So. Zu Hause.

»Mama, atej, Kristka, Micka! Jaz sem tu. Kje pa ste?«[7]

Nichts. Seine Rufe verhallen ungehört. Er reißt die Stalltür auf. Vier Kühe drehen sich nach ihm um. Sie schweigen. Sie haben traurige Augen.

»Mama, atej!«

Eine fremde Frau tritt im Halbdunkel des Hausflurs Joza Kuhar entgegen. Sie wischt die nassen Hände in die Schürze. Dann sagt sie:

»Heil Hitler, was wollen Sie hier? Was suchen Sie? Ihre Mutter?«

Südtiroler Dialekt.

»Wer sind Sie? Was ist mit der Mutter? Wo ist mein Vater?«

»Sie sind nicht mehr hier. Komm schon, Alter, erklär du's ihm!«

Ein breitschultriger Mann schiebt langsam seinen Körper durch die Küchentür auf den Flur. Er sagt:

»Heil Hitler, deine Eltern sind ausgesiedelt worden. Nach Deutschland. Waren politisch verdächtig, Gegner des Führers. Du sollst dich beim Bürgermeister melden. Der beschafft dir ein Zimmer.«

Joza Kuhar wankt rücklings zur Linde auf den Hof. Dort sackt er mitsamt dem Tornister am Baumstamm zusammen. Sein Kopf ist leer, seine Brust voller Blei. Er streift den Tornister ab. Läßt ihn liegen.

Eine dunkle Ahnung reißt ihn ganz plötzlich wieder in die Höhe. Er stürzt vom Hof, als wittere er noch Schlimmeres. Ohne ein Wort für die verdutzten Bauersleute. Hinter dem Stall, in den Obstgarten, und weiter den Dorfbach entlang. Er taumelt wie zusammengeschlagen zum Haus seiner Braut. Horcht gespannt von weitem. Kann nichts unterscheiden. Tritt näher . . .

Auch Südtiroler Dialekt.

Ein Bub tummelt sich auf einer Lage Holz vor dem Garten.

»Du, Bub, ist die Familie Gradišnik auch ausgesiedelt worden?«

»Ja, jetzt gehört alles uns.«

Joza Kuhar dreht sich langsam um. Er sagt kein Wort

7 Mama, Vater, Kristka, Micka! Ich bin hier. Wo seid ihr denn?

mehr. Er schleppt sich wieder den dunklen Dorfweg hinunter. Zum Pfarrhof. Dort legt er vor die Schwelle des Hauses das Säckchen für die Kriegerwitwe Klančnik hin. Der Pfarrer wird es wohl in die richtigen Hände kommen lassen. Und dann zurück zu seines Vaters Haus. Er hört zwei Nachbarinnen mit verhaltener Stimme sprechen. Er spürt ihre verängstigten Blicke auf sich gerichtet. Ein Schauer läuft ihm den Rücken hinunter. Er lehnt sich an den Holzzaun am Dorfweg und steht eine Zeitlang stockstill, lauscht nach allen Seiten, vorsichtig wie ein Dieb, wie ein dem Gefängnis Entsprungener. Dann wankt er wieder weiter. Endlich, da ist der Schweinezwinger ... Und da die Gerätekammer. Er sperrt sie behutsam auf. Er tastet an der Wand empor. Gott sei Dank, immer noch am alten Platz: der Strick zum Kälbertreiben. Leise tritt er hinter den Stall ins Dunkel des Obstgartens.

Eine Kuh klagt, als habe man ihr das Kalb weggenommen.

Ein Hund winselt hungrig und verlassen ...

Joza Kuhar wäre heuer 66 Jahre alt. Geboren 1920.

Die Eiche und die Linde

Maria Wörth 1970
Im Hintergrund Klagenfurt

Perkonig, der große Dichter des Kärntner Landes, der Meister des schönen Wortes, der seinem Lande von sich sagen konnte ICH BIN DEIN ECHO, erzählt in der dichterisch vollendetsten Geschichte seiner Kindheit – IM MORGENLICHT – auf die liebenswürdigste Weise über ein phantastisches Phänomen unter dem Titel MIT ZWEI ZUNGEN:

»Auf dem Friedhofe von Maria Wörth wachsen zwei Bäume, eine Eiche, eine Linde, und ihre Stämme umschlingen einander in einer Weise, daß man kaum auszunehmen vermag, welcher der eine ist und welcher der andere, auch ihr Laub ist vermischt, als hingen verschiedene Blätter an ein und demselben Zweige, denn zwei Baumkronen sind in langen Jahren zu einer geworden. Da nun Eiche und Linde als germanischer und slawischer Baum gelten, kann man ihre brüderliche Vereinigung dort auf dem ehrwürdigen Boden von Maria Wörth, wo man das verborgene Herz des Landes schlagen hören kann, als ein Gleichnis für zwei Seelen hinnehmen, deutscher Seele und slowenischer Seele, die hierzulande in paradiesisch friedlicher Zeit zueinander gefunden haben und ewig lange nichts von Zwietracht wußten . . .«

Ein wahrhaft edler Gedanke, großer Meister des Wortes, zwei gewöhnliche Bäume derart aufzuwerten, zu solcher schöpferischen Einheit zusammenzufügen, zu solch einem mächtigen Gleichnis für Menschenwürde, nationale Nächstenliebe.

Aber so sehr deine Sprache fähig ist, solche respektvollen naturgewaltigen Visionen zu formen, so viele Gefahren birgt sie in sich, nur mit Naturgewalten vergleichbar, »denen wirkend oder betrachtend standzuhalten die höchste geistige Wachsamkeit erfordert«, wie Karl Kraus uns lehrt. Denn in solcher nationaler Region »muß jeder Anspruch vor dem ästhetischen gelten«, vor allem aber jener der Wahrheit, will man mit der Kunst keinen dauerhaften Schaden anrichten, einerlei, ob diese geschichtliche Wahrheit nun bitter, unangenehm oder sonst wie ist. Wo bleibt der Zweifel, Meister? Hätte er denn nicht vor deinem Wunschdenken den Anspruch, in deinem Morgenlicht den ersten Platz einzunehmen?

Denn wie kann man dir, ist man über die Geschichte, den Kärntner Alltag im Bilde, diese wundersame humanistische Allegorie ohne Widerspruch abnehmen? Ohne den bitteren Beigeschmack, daß sie nur den Zufallswert einer dichterischen Vision hat?

Wo in der Geschichte des Kärntner Landes ist jene »paradiesisch friedliche Zeit« der wundersamen Kärntner Seelenverquickung? Bei den Bajuwaren? Bei den Franken? Bei den Salzburger Erzbischöfen, den Habsburgern?

Bis zum 19. Jahrhundert, über tausend Jahre also, ließ die Machtgier, die Gewalttätigkeit der salzburgerischen Metropoliten für die slowenischen Bistümer keinen slowenischen Bischof zu.

Und doch leuchtet zart der Schimmer einer Wahrheit aus deiner allegorischen Feststellung, Meister: ich sehe sie, die slowenischen Untertanen Kärntens, Seite an Seite mit der Bergknappschaft von Hüttenberg, ja sogar von Salzburg, in den großen Bauernkriegen . . . Dietrichstein schlug sie alle, bei Rosegg, und Herberstein anderswo . . . Und sie bekamen viel Geld dafür von Maximilian . . . Und des Kaisers Soldateska plünderte deutsches Land und plünderte slowenisches Land von Kärnten . . . Und Bauern slowenischer Zunge und deutscher Zunge hangen auf Bäumen entlang der Straßen und starben in Eintracht qualvoll auf Pfählen . . . 1515 wurde damals geschrieben, und WINDISCHER BAUERNBUND hieß das gemeinsame Unternehmen, STARA PRAVDA! das gemeinsame Losungswort.

Und vielleicht noch ein weiterer zarter Schimmer – wenn auch keiner brüderlichen Umschlingung in der Stadt zweier Seelen, so doch wenigstens eines friedlichen Beieinanders zu Urban Jarniks Zeiten – bei der Gründung der Klagenfurter Carinthia.

Dann sind wir aber auch schon am Ende, Meister. Du magst die Kärntner Geschichte mit den feinsten Glacéhandschuhen anfassen, es wird dir sonst kaum noch etwas von brüderlicher Vereinigung zwischen den Fingern bleiben.

Es sei denn, daß die zwei Baumkronen in langen Jahren wirklich nach und nach zu einer werden – zur

EICHE, mit zusehends verdorrenden Lindenzweigen, mit abgefallenen Lindenblättern.

Da ihnen, der deutschen Seele und der slowenischen Seele, »eine unholde Zeit gewaltsam die Augen geöffnet hatte«, war die Linde von der Eiche schon so fest umschlungen, daß sie um Atem rang.

Du weißt es, Meister, auch Laokoon wurde umschlungen.

Doch geben wir der Geschichte das Wort:

»In der Schule war das ›Windische‹ verhöhnt, und die deutschen Kameraden ließen es an Spott über das ›Windische‹ nicht fehlen, nur wenn ein paar Windische allein waren, sprachen sie in ihrer verachteten Muttersprache. Das ist bitter, sehr bitter.

Wer ein edles Herz hat, dem bleibt dadurch für sein ganzes Leben eine tiefe Mißstimmung zurück. Doch das Leben hat sein Recht, und man muß sich nach den Umständen schicken. Der Knabe hat Talent, Wissensdurst, seine Muttersprache kann diesen nicht stillen, er hat Ehrgeiz, sucht sich emporzuschwingen, studiert eifrig, kommt anderen vor, immer weiter entfernt er sich von seinen Stammgenossen, immer leiser verhallt die Sprache seiner Mutter, der slowenische Knabe wird ein gebildeter Deutscher und bricht sich als solcher seine Bahn . . . Er wurde germanisiert . . . Der germanisierte Emporkömmling vergaß auf jene, aus denen er hervorgegangen, er stand zu jenen, durch die er emporgekommen. All sein Wissen, all sein Einfluß war für seinen Stamm verloren . . .

Es ist eine Sünde, ein Verbrechen an der Menschheit, ihr mordet die Bildung eines Stammes, wenn ihr die Bildung seiner Sprache vereitelt, und ihr tut dies, wie ihr der Masse des Volkes den Unterricht nicht in seiner Sprache erteilen läßt . . .

Selbst wenn der Staatsbürger zum Beispiel die deutsche Sprache versteht, hat er an Orten, wo seine Muttersprache die herrschende ist, nicht das Recht, zu verlangen, daß der Beamte, der Diener des Volkes, in seiner Muttersprache mit ihm verkehre? . . .«

Dies war die Lage der Slowenen in Kärnten, als die große europäische Bewegung im Jahre 1848 losbrach – gemäß den Worten Vinzenz Rizzis in der Deutschen Monatsschrift 1850.

Und doch gab es sogar zur Zeit der k. und k. Monarchie

in den slowenischen und gemischtsprachigen Teilen Kärntens slowenische Ortsnamen neben deutschen Ortsnamen – in aller Öffentlichkeit. Sosehr auch »eine unholde Zeit« und »unselige Politik« den slowenischen Hörigen des Landes jeweils nur die Pflichten dem Herrscher gegenüber in ihrer Muttersprache einschärfte – gemäß dem Schulbuch DOLŽNOSTI PODLOŽNIH DO SVOJ'GA VLADARJA, Za ljudske šole, Na Dunaju 1859 – und das slowenische Wort beispielsweise in der Klagenfurter Bahnhofshalle auch vor sechzig Jahren (1910) – nicht anders als heute – kein Lebensrecht hatte. Wahrheitsbeweis: Pavel Miklavič, Bürgermeister von Moos/Blato, wurde vom Ordnungshüter verhaftet und dem Magistrat vorgeführt, da er sich einfallen ließ, ohne Fahrkarte den Zug nach Bleiburg zu besteigen, als ihn das Fräulein am Fahrkartenschalter angefaucht hatte: EINE SLOWENISCHE FAHRKARTE GIBT'S BEI UNS NICHT!

Zehn Jahre nach dieser »unseligen« Probe nationaler Gleichberechtigung gab es dann das Resultat 22.025 : 15.279. Natürlich nicht vorwiegend ein Verdienst deutschnationaler Kärntner Helden des »Abwehrkampfes«. Wie auch kein Verdienst slowenischer nationaler Verräter. Wohl aber das Verdienst jener Kärntner Slowenen, die satt hatten die Monarchie und das Soldatensterben und die im Vertrauen darauf, die junge Republik Österreich würde ihr Versprechen einlösen und sie in wahrer nationaler Gleichberechtigung gedeihen lassen, dem Königreich SHS den Rücken kehrten und grün wählten. Aber:

»Es war mir stets eine unumstößliche Selbstverständlichkeit, den Abstimmungskampf nicht um den Anschluß an Österreich, sondern um die großdeutsche Zukunft zu führen. Die Stimmen für Österreich sollten die Anwartschaft auf die Heimkehr ins Reich wahren. Weil wir aber wegen der auf ›Alldeutsche Umtriebe‹ lauernden Interalliierten, vor allem der Franzosen, nicht in der Lage waren, ›Deutschland‹ zu rufen, wir ›Österreich‹ nicht sagen wollten, so wurde unser Kampfruf eben ›Kärnten‹ . . .«

– gemäß den Worten Hans Steinachers im »Sieg in deutscher Nacht«.

Anläßlich der Jubiläumsfeier zum 50. Jahrestag dieses Abstimmungskampfes gab der Gemeinderat von Klagenfurt dem Mann, der so von Österreich denkt, eine Straße in der Landeshauptstadt, der Gemeinderat von Sittersdorf gab ihm den Ehrenbürgerbrief.

15.000 marschierten zum 50. Jahrestag im Festzug mit, der acht Kilometer lang war. Von 80.000 Menschen waren die Straßen Klagenfurts gesäumt. 106 Festwagen fuhren an der Tribüne vorbei. 60 Musikkapellen trompeteten, posaunten, schlugen die Pauke.

Ja, selbst der Lindwurm, der schreckliche Drache, nahm volle Deckung vor der Gewalt der zackigen Paukenschläge, vor dem grollenden Donner der blitzblanken Stiefel im Gleichschritt . . .

»DER HERRGOTT HAT G'LACHT, WIE ER KÄRNTEN HAT G'MACHT . . . Er ist auch heute mit uns, er schickt uns zur Feier des Tages die Sonne vom blauen Himmel . . .«

So der Festredner.

Mir aber, geschätzter Meister, tritt das Bild einer beantragten, jedoch nicht durchgeführten Ehescheidung vor die Augen: Der Richter läßt sie nicht zu. Der schwächere Partner – die Ehefrau – wird gezwungen, auch weiterhin in vier Wänden zu leben mit ihrem gewalttätigen Ehemann. Und da schließlich die goldene Hochzeit gefeiert werden sollte, besäuft sich am Vorabend des Familienfestes der alte Kerl auf eigene Faust im Wirtshaus, randaliert, die finstere Hausstiege emporkletternd, reißt die Schlafzimmertür auf – und verhaut die aufgeschreckte Frau, so daß sie hätte vor Schmerzen an den Wänden hochgehen können . . . Gestatte mir, Meister, die Anmaßung, deinem liebevollen poetischen Gleichnis vom Friedhof am Wörthersee diesen banalen, hoffnungslos traurigen Vergleich entgegenzuhalten.

Denn welcher Festredner hat nach den Nachkommen jener 15.279 Menschen gefragt, und danach, wie es in ihren Herzen wohl aussehen mag – nach diesen 50 Jahren? Und nach jenen abertausend Slowenen des Landes, deren Stimmen Kärntens Ungeteiltheit gewahrt haben?

»NUR EIN MENSCHENALTER HABEN WIR ZEIT, diese Verführten zum Kärntnertum zurückzuführen . . . Mit deutscher Kultur und Kärntner Gemütlichkeit wollen wir, wenn Schule und Kirche das ihre tun, in einem

Menschenalter die uns vorgesetzte Arbeit geleistet haben . . .«

So die brüderliche Vereinigung gemäß dem Programm des ersten Landesvaters von Kärnten, Arthur Lemisch, im November des Jahres 1920. Ein Todeskuß für beide: für die »verführten« Slowenen, für die »heimattreuen« Slowenen des Landes.

Und nach dem Mann, der solches angeordnet hatte, benannte man einen Platz in der Landeshauptstadt.

Ja, Meister, es gab wohl während des großen Heimatfestes am 24. Oktober 1920 in Klagenfurt nach dem Hochamt des Fürstbischofs eine »Verbrüderung zwischen Kärntner deutscher und slowenischer Muttersprache«: Anton Wieser von Pischeldorf und Jakob Lutschounig von Maria Rain (Žihpolje wird von den Kärntner Geschichtsschreibern damals wie heute totgeschwiegen) hatten diese »sinnvolle Zeremonie« vorgeführt mit Wein und Bruderkuß – welch geschmacklose Farce, blättert man heute in der Zeitgeschichte der Slowenen Kärntens zurück bis zu jener Siegesfeier!

Mit tausend Zungen wurde geredet an diesem 50. Jahrestag über die vorbildliche demokratische Entscheidung des 10. Oktober 1920.

Es wäre ehrlicher gewesen, hätte man MIT ZWEI ZUNGEN gesprochen, meinst du nicht auch, Meister? . . . mit der deutschen Zunge, mit der slowenischen Zunge: DEMOKRATISCH gesprochen. Und da hätte die slowenische Zunge gesagt, DIE SLOWENEN KÄRNTENS EXISTIEREN GAR NICHT. Öffentlich, amtlich. Und das allein zählt ja im Leben. Sie vegetieren privat. Das ist die letzte Station ihres Golgathaganges, ihrer unmenschlichen Erniedrigung, der Apartheid im Lande Kärnten, die nicht einmal den slowenischen Ortsnamen duldet – neben dem deutschen. »Kärntner, sprich deutsch« verlangte von ihnen deine »friedlos gewordene Welt«, Meister. Ich habe nachgeforscht, wie sie heißt, diese friedlose Welt, und fand, daß nicht die Welt es war, die solches von ihnen verlangte, sondern die Schüler des deutschen Schulvereines Südmark, die Nazis von Kärnten, die Gestapoknechte und die nationalen Gesinnungständler, ihre Opfer . . .

Die nazistische Despotie hatte auch für sie die Endlösung eingeleitet, nicht nur für die Juden. Der Scharfrichter zuckte mit keiner Miene: Dreizehn wurden durch das

Fallbeil hingerichtet, dreizehn, die Slowenisch sprachen. Dann sprachen sie überhaupt nicht mehr. Das war die Ouvertüre.

Die Opfer waren von SELE, das gar nicht existiert und nur Zell-Pfarre genannt wird. Sie haben keine Gasse in Klagenfurt. Keine Gasse der dreizehn geköpften Kärntner – für die Wiedererstehung Österreichs. Nicht einmal die schäbigste. Und auch die anderen haben keine Gasse, die 300 Familien, und die von Dachau, von Ravensbrück und Mauthausen . . .

Ihre Domäne und die der lebenden Slowenen im Lande Kärnten sind nur mehr die Friedhöfe . . . Dort, auf den Grabsteinen Kärntens, ist ihr slowenisches Wort öffentlich, ebenbürtig dem deutschen Worte . . .

Ja, der Herrgott hat g'lacht . . . Und

WENN WIR DEN KRIEG GEWONNEN HÄTTEN,
DANN WÄR DER HIMMEL NATIONAL.
DIE PFARRER TRÜGEN EPAULETTEN,
UND GOTT WÄR DEUTSCHER GENERAL . . .

Ist es nicht ganz ernst zu befürchten, daß er sich besoffen hat, der Herrgott, vor Scham errötend ob des verpatzten Kärntner Landes, und deshalb gelacht hat?

Wer mag sich wohl auskennen in göttlichen Dingen.

Und besteht, geschätzter Meister, nicht ein begründeter Verdacht, daß du sehr wohl gewußt hast, weshalb du das phantastische Phänomen der brüderlichen Vereinigung gerade auf einem Friedhof vorgefunden hast? Du hättest das gleiche Phänomen – ein weniger poetisches zwar, dafür aber ein glaubwürdigeres – auf einem weiteren Friedhof, im Karner der Pfarrkirche von REBERCA/RECHBERG beobachten können:

Totenschädel an Totenschädel liegen sie dort im Beinhaus friedlich beieinander, ins Leere starrend aus den schwarzen Augenhöhlen, die Deutschnationalen und die, die »man schalt, weil sie ihre slowenische Mundart sprachen«. Ganz still, ganz sprachlos, hinter einem eisernen Gitter . . .

Ganz friedlich. Weil sprachlos.

In der Finsternis des Nichts . . .

Aber doch nicht bei Tage . . . oben . . . unter der Kärntner Sonne. Da herrscht die DEMOKRATIE. Und die sucht die Slowenen des Landes . . . Und zürnt ihnen, die nicht antreten wollen, nicht stillstehen wollen, nicht durchgezählt werden wollen ...

Und wenn sich dann im Schutze der Nacht, von unsichtbaren Händen hingepinselt, auf Ortstafeln des Unterlandes slowenische Namen zu deutschen Namen gesellen, zu Klagenfurt *Celovec,* zu Ferlach *Borovlje,* zu Eberndorf *Dobrla ves,* zu Bleiburg *Pliberk,* sprechen die Schreibknechte nur von SCHMIERTRUPPS, von SINNLOSEN AKTIONEN ...

Und es will offenbar keinem Funktionär der regierenden Partei im Lande einfallen, diese nächtlichen Verfechter der nationalen Gleichberechtigung ans Tageslicht zu locken und ihnen ihre staatsbürgerliche Sorgsamkeit redlich zu entgelten. (Denn es gibt einen österreichischen Staatsvertrag, darin den Artikel 7. Schon einunddreißig Jahre lang.) Nein, im Gegenteil: man hat in Kärnten nun endlich auch sein eigenes Aktenzeichen xy ungelöst ... Und die Sicherheitsbehörden verfolgen eine bestimmte Spur ... Wie sagt schon Michael Guttenbrunner:

ALS DIE PARTISANEN ZUM KAMPFE AUFBRACHEN ...
SPRACHEN SIE NUR VON BANDITEN ...

Und weil es in der Öffentlichkeit des Kärntner Landes kein Borovlje geben darf und kein Dobrla ves, wurde die Klagenfurter Berufsfeuerwehr beauftragt, die doppelsprachigen Tafeln abzumontieren. Auf die Gefahr hin, daß es dann auch kein Ferlach gab und kein Eberndorf ... Im Geiste der GLEICHHEIT vor dem Gesetz ...? Oder im Geiste der Versöhnung mit den »anderssprachigen Bewohnern« des Landes? Es scheint wohl eher im Geiste der EINheit des Kärntner Landes, denn als man ihnen auftrug, nur deutsch zu sprechen, hieß es ja auch EIN Volk – EIN Reich ...

Ja, Meister, du weißt es: die Despotie hatte sie aufgespürt, eingesperrt, hingerichtet.

Die Demokratie sucht sie nun und kann sie nicht finden.

Und da frage ich dich halt, großer Meister des poetischen Wortes, der du dem Lande Kärnten von dir sagen konntest ICH BIN DEIN ECHO, was macht man, wenn man mit dem Stigma eines Slowenen in Kärntens Öffentlichkeit tritt und leben möchte, frei leben unter dieser Kärntner Sonne, als einer, den das Land gab, dessen Vorfahren wohl einige hundert Jahre »heimattreu« waren ... Wie das Gesetz es befahl ... Das kaiserlich-königliche und das republikanische natürlich.

Was macht man, wenn man keineswegs bereit ist, in die Assimilation einzuwilligen, wenn man »zu lange gesäumt hat, aus einer friedlos gewordenen Welt fortzusterben«?

Was macht man da, wenn man erkannt hat, daß das Leben in einem solchen Lande gar kein Leben ist? Wenn man es ernst nimmt – das mit der Muttersprache. Wenn man es schon wieder mit der Angst zu tun bekommt, Meister, mit jener großen Angst, die noch vom Trauma herrührt, vom grauenvollen, von den Gestapoverhören, von den benagelten Absätzen der Gestapostiefel?

Was macht man da, Meister, wenn gar eine ganze Volksgruppe wieder von einer solchen Angst ergriffen wird, da sie einer dauernden seelischen Belastung ausgesetzt ist?

Du schweigst, M ister der poetischen Visionen, Dichter der Kärntner Patrioten ... Oh, ich weiß wohl, es gibt Wichtigeres auf dieser Welt als die zweisprachigen Ortstafeln im Kärntner Unterland!

Und doch können so nur jene sprechen, die ihre Ortstafeln schon haben. Und alles andere, Selbstverständliche. Denn der Mensch lebt ja nicht von Brot allein ... Auch der slowenische Mensch von Kärnten nicht.

So fuhr ich denn hin nach Maria Wörth, an jenem sonnenklaren Oktobertag, um auf dem Friedhof eine besinnliche Stunde zu verbringen – fern von allen Trommelschlägen und pathetischen Wortemachern der festlich beflaggten Landeshauptstadt –, dort unter der Eiche und der Linde, die einander umschlingen. Doch wie geschah mir dort, als ich die zwei brüderlich vereinten Bäume nirgends sah! Nirgends an der Friedhofsmauer. Zweimal machte ich die Runde um das ehrwürdige alte Kirchlein. Ein einziger Grabstein TUKAJ POČIVA – Ursula Sima 1881–1933 – Počivaj v miru, alles andere »ruht in Frieden«. Von der Eiche des Meisters keine Spur, und von der Linde. Schon will ich ihn im stillen eines billigen literarischen Drehs bezichtigen, voll Ärger darüber, daß ich – die Kamera mit mir schleppend – kein Bild würde schießen können von dem phantastischen Phänomen und es einbauen in die Glosse über das Kärntner Jubiläum ...

Da kommt mir ein Gedanke: befrag doch einen Einheimischen darüber.

»O doch, sie wuchsen dort an der Friedhofsmauer, das stimmt schon«, sagte der Lindenwirt von Maria Wörth.

»Und weshalb wachsen sie nicht mehr?« sagte ich.

»Einen Augenblick, sofort . . .«, sagte der Lindenwirt und nahm schnell eine Bestellung entgegen von einem älteren bundesdeutschen Ehepaar, das einsam an einem Tisch unter der Linde Platz genommen hatte.

»Sie wurden geschlägert. Vor etwa fünf Jahren«, sagte er dann zu mir.

»Warum denn?« sagte ich.

»Sie waren stammfaul«, sagte der Lindenwirt.

»Beide?«

»Beide.«

»Danke«, sagte ich.

Und war sehr traurig. An diesem sonnenklaren zehnten Oktober.

Hofrat H. H.

> Die Besetzung Kärntens durch feindliche Streitkräfte hat begonnen . . . Ich selbst werde als Nationalsozialist von den Feinden als Sprecher für Kärntens Interessen nicht anerkannt und nicht gehört. Ich mache daher als Reichsstatthalter Platz, um jenen Kräften, die der Auffassung unserer Feinde besser entsprechen, Gelegenheit zur Bildung einer politischen Plattform zu geben . . . Nationalsozialisten und Nationalsozialistinnen! Ich danke Euch für Eure Treue zum Führer! Seine Idee lebt in uns! Tretet jetzt alle geschlossen mit allen Euren Kräften ein für das freie und ungeteilte Kärnten!
>
> Gauleiter Friedrich Rainer,
> Kärntner Zeitung, 8. Mai 1945

1961.

In der Woche des Nikolaustages.

Donnerstag, neun Uhr früh.

Sprechstundentag.

Es fröstelt ihn. Er lehnt sein klapperiges Damenfahrrad an den feingeschliffenen Marmor des Regierungsgebäudes. Er befühlt mit steifen Fingern das Papier in der inneren Rocktasche. Die abschlägige Antwort auf sein Gesuch um Anstellung im Landesdienst.

Er spürt den Schmerz des leeren Magens ganz deutlich. Er hat nichts gefrühstückt.

Für einen Mann von 38 Jahren zu wenig.

– Erster Stock links, Zimmer acht.

Eine schroffe Stimme und ein forschender Blick hinter dem Glas der Portierloge. Gebieterisch. Achtung abverlangend. Fast Angst einflößend. Gilt er seinem zerschlissenen Anzug? Oder der schwer zu verbergenden Unsicherheit in seiner Stimme? *Der* wird ihn doch nicht kennen? Ach was, hol ihn der Teufel, er wird doch nicht schon vor dem Portier in die Knie brechen!

Weit, einladend breitet sich das stille Stiegenhaus vor seinen Augen aus. Er steigt auf das reine Rot des Treppenläufers. Behutsam. Schallgedämpft . . . Die prüfenden Augen des Portiers im Rücken deutlich spürbar.

Wenn der mich am Ende wieder zurück . . .

Ach was. Er tritt entschlossener auf. Und schneller. –

Breite hohe Gänge mit klassizistischen Stukkaturen hoch oben. Mit Kalk getüncht. Prahlerisch. Distanz wahrend. Und ausgestorben. Ein Geisterschloß mit hohen weißen Türen. Darüber schwarze Ziffern im Jugendstil. Der weiße Lack daran wie in Spitälern. Fremd, Beklemmend.

Seine Schritte werden unschlüssig. Eine Tür geht auf. Er ist zufrieden, daß der Beamte an ihm vorbeigeht, ohne ihn eines Blickes zu würdigen. Seine Augen forschen unter den schwarzen Ziffern im Jugendstil. Sie finden schließlich die Acht.

Er nähert sich der Tür. Unwirklich. Wie im Traum. Geht ein paar Schritte an ihr vorbei. Sucht Aufschub. Weshalb eigentlich?

Das Antwortschreiben brennt in der Rocktasche an seiner Brust: »Ihrem Gesuch um Anstellung im Landesdienst kann leider nicht entsprochen werden, da einige unabdingbare Voraussetzungen fehlen.«

Welche Voraussetzungen, zum Teufel, sind da wohl unabdingbar? Er hat doch ein normales gültiges Diplom. Und einige Jahre Praxis. Das wäre ja gelacht, wenn er es nicht zuwege brächte! Es gibt kein Kismet. Wo ein Wille, auch ein Weg.

Und doch, was erwarten sich die da drin von ihm?

Er tritt zum Blechschild am Türpfosten: LANDESPLANUNGS- UND VERMESSUNGSAMT. Darunter in kleineren Buchstaben: Hofrat H. H. – Abteilungsleiter.

Ihm ist plötzlich, als würde ihn eine unsichtbare Hand bedächtig an der Gurgel fassen . . . Das wird doch nicht *er* sein . . .!? Das wird doch hoffentlich nur ein Namensvetter von *ihm* sein . . .! Er zieht das negative Antwortschreiben aus der Tasche und vergleicht die schlecht lesbaren Buchstaben der Unterschrift mit jenen am Namensschild. Doch, sie stimmen überein. – Da soll sich einer auskennen . . . Der Beamte von vorher kommt zurück – den leeren Korridor entlang. Er hat einen sehr selbstbewußten fröhlichen Gang, wie wenn der ganze Korridor nur zu seinem Vergnügen da sei. Plötzlich bleibt er vor ihm stehen.

»Was wünschen Sie? Suchen Sie jemanden?«

»Ich möchte wissen, ob der Herr Hofrat da auf dem Türschild in der Nazizeit ein gestiefelter Geschichtsprofessor war . . .«

»Wer sind Sie und was wollen Sie vom Hofrat?«

»Ich bin Diplomingenieur ohne Arbeit. Habe hier um

Anstellung angesucht.«

»Ihr Fall ist mir bekannt. Sie wurden abgelehnt.«

»Ja, leider.«

»Und Sie meinen, Sie könnten mit ehrenrührigen Behauptungen auf das Konto eines Abteilungsleiters denselben für Ihre Interessen gewinnen?«

»Ich habe ihn nicht beleidigt. Ich habe nur gesagt, daß ein H. H. mein Geschichtsprofessor und ein Nazi war.«

»Und was geht das Sie an, was er früher einmal war?«

»Und ob es mich angeht, mein Herr, zwischen seiner politischen Vergangenheit und der abschlägigen Antwort auf mein Anstellungsgesuch könnte ja schließlich ein ursächlicher Zusammenhang bestehen.«

»Sie sind sich doch dessen bewußt, daß Sie damit eine böswillige Verdächtigung ausgesprochen haben?«

»Verstehe ich nicht.«

»Haben Sie noch nie etwas von der Entnazifizierung gehört? Vom Straflager in Wolfsberg?«

»Entlausung des Körpers – ja. Aber kann man denn auch den Geist eines überzeugten Nazis so ohne weiteres entlausen? So einer hat doch ein Gemüt wie ein Fleischerhund. Und ein Gebiß wie ein Hai: jeder herausgeschlagene Zahn wächst ihm in kurzer Zeit nach. Oder stimmt es nicht, daß die ehemaligen Mitglieder der NSDAP in den Ämtern unserer Stadt allmählich gerade die höheren Posten wieder besetzt haben?«

»Na und? Hätten *Sie* lieber Partisanenkommissare darin?«

Das Gesicht des Beamten ist verdutzt und verärgert.

Bin ich zu weit gegangen? fragt sich der Ingenieur und schweigt. Beim Wort »Partisanen« ist im Land Vorsicht geboten. Es ist ja unter den unangenehmsten Allergenen. Außerdem hat er sein Diplom an der Technischen Hochschule in Ljubljana erworben. Im kommunistischen Slowenien. – Hm. Hat kommunistische Geometrie studiert . . . Marxistische Dynamik und Statik . . .

Er hört eine ferne innere Stimme, halb wirr, jedoch unüberhörbar: gib acht! Du sollst dich nicht mit diesem fremden Beamten anlegen. Nicht aufbegehren. Versuch es mit dem Hut in der Hand . . . Es geht ja schließlich um *deine* Interessen . . .

Er blickt hinter die dicken Brillen des Beamten und versucht herauszukriegen, ob seine Augen eher giftigen Spinnen im Netz ähneln oder jenen einer lauernden Katze.

Gleichzeitig sieht er jenseits dieser feindlichen Augen wie auf einem matten Hintergrund sein Kabinett – einen schmalen, miefigen und muffigen dunklen Sarg. Kellerwohnung im Haus einer kirchlichen Bruderschaft. Die Frau Tbc. Zwei blasse Kindergesichter. Ewiges Lampenlicht. Öffentliche Fürsorge. Der Ingenieurtitel vor seinem Namen an der Tür wie zum Hohn, seit die Baufirma Gradischnigg u. Co. ihm den Dienst gekündigt und sein Büro einem Flüchtling aus Ungarn zugewiesen hat.

Wieder ist jene Stimme da, nun viel klarer: du mußt jetzt ruhig Blut bewahren . . .

Der Beamte schickt sich an, die weiße Tür zum Zimmer acht aufzumachen. Wie nun seine Hand bereits nach der verschnörkelten Messingklinke greift, und ein dicker Brillantring auf seinem knochigen Finger aufblitzt, besinnt er sich und sagt schnell zu ihm:

»Entschuldigen Sie noch einen Augenblick, Herr, Sie sagen, Sie kennen bereits meinen Fall . . . Hm . . . ›Fall‹ ist in dem Zusammenhang wohl ein recht passender Ausdruck. Welche Bedingungen habe ich zu erfüllen, um mich zu erheben?«

»Sie haben kein österreichisches Diplom. Wir leben nicht in Jugoslawien.«

»Ich bin aber österreichischer Staatsbürger. Ich kann das Diplom nostrifizieren lassen.«

»Die Landesregierung ist in erster Linie für jene Österreicher zuständig, die österreichische Zeugnisse besitzen.«

»Und was meinen Sie, würde der Hofrat tun, wenn ich ihm meine Familie hieher vor seine Tür bringe?«

»Er würde sie wohl von der Polizei abführen lassen.«

»Und das, obwohl ich die Strafkompanie der Deutschen Wehrmacht genossen habe?«

»Das ist nicht *seine* Sache. Das hat mit Ihrer *Anstellung* nichts zu tun.« Und nach einer kurzen Pause:

»Weshalb waren Sie eigentlich in der Strafkompanie? Was haben Sie ausgefressen?«

»Ich?«

»Natürlich Sie.«

»Nichts.«

»Ja wer denn dann?«

»Meine Mutter.«

»Das versteh ich nicht.«

»Sie hat mich als Slowenen zur Welt gebracht. In Kärnten als Slowenen. Hätte das lieber unterlassen sollen, die Arme.«

»Na und?«

»Sie hat in jenen sieben Jahren des tausendjährigen Reiches kein einziges Mal ihren Arm gehoben. Über ihre Lippen ist in dieser Zeit kein einziger *heiler* Hitler gekommen.«

»Na und?«

»Ich habe als Schwerkriegsbeschädigter heute auch einen Einstellungsschein vom Landesinvalidenamt mitgebracht.«

»Daraus können Sie keinen Anspruch auf eine Anstellung in *diesem* Amt ableiten. Was die Anstellung von neuen Beamten anbelangt, wird diese in unserer Abteilung durch Angebot *und* Nachfrage geregelt.«

»Ich habe doch ein Recht auf Arbeit!«

»Haben Sie eben nicht. Nicht in Österreich. Ein Recht zu arbeiten, ja, nicht aber ein Recht auf Arbeit. Das soll es im Kommunismus geben. Bei uns in Österreich ist das anders.«

Der Ingenieur spürt, daß alles irgendwie schiefgeht. Ein dumpfes Gefühl der völligen Verlassenheit überkommt ihn. – Der steckt doch sicher mit dem Hofrat unter einer Decke . . . Er weiß plötzlich nicht mehr genau, was er laut gesagt und was er nur gedacht hat. Er empfindet einen stechenden Schmerz im Kopf. Hat er nun alles endgültig verpatzt? Die letzte Chance verpaßt? Oder hatte er von allem Anfang an nicht die geringste, um sie zu nützen?

Er betrachtet einen Augenblick den Anzug des Beamten. Eindringlich. Echtes Kammgarn.

Dann sieht er nur noch die scharfen Bügelkanten der Hosenrohre hinter der Doppeltür des Zimmers acht verschwinden.

Schalldicht . . .

Er steht nun wieder allein da auf dem langen leeren Gang.

Geistesabwesend.

Plötzlich huscht ihm ein verrückter Gedanke durch den Sinn, und ein Schauer läuft ihm dabei über den Rükken: was dann, wenn dieser Beamte selbst jener allmächtige Hofrat H. H. war? Möglicherweise hat er seinen Stutzbart à la Hitler nach dem Kriege wegrasiert? Vielleicht hat eine höhere Dioptrie seine Pupillen derart erweitert, daß er ihn nicht wiedererkennen konnte? Hat ihm während des Gespräches seine Stimme nicht irgendwie bekannt geklungen? – Hat er einen Fehler gemacht, vor ihm seine Nazigegnerschaft aufzuwärmen? Wie konnte er nur den Ratschlag eines ehemaligen Mitschülers mißachten, der es trotz Hajotkarriere zum Richter gebracht hat: Red net viel drüber, daß di die Gestapo vafolgt hot!

Lauter quälende Gedanken.

Kein rettender unter ihnen.

Eine Sekretärin mit einer schwarzen Mappe in der Hand kommt den Korridor entlang. Sie lächelt und tritt an ihm vorbei ins Zimmer acht.

Er widersteht nur schwer der Versuchung, hinter ihr her ebenfalls ins Zimmer zu treten und dort geradewegs nach dem Hofrat H. H. zu fragen. Die Unsicherheit loszuwerden, die ihm nun zusätzliches Unbehagen bereitet . . . Aber diese Versuchung dauert nur einige Augenblicke. Ach was, ist ja einerlei.

Er fügt sich ins Unabänderliche.

Trifft einfach nicht zu – für Nazis, daß Hochmut *vor* dem Fall kommt. Er kann sich genauso gut *nach* dem Fall einstellen.

Belanglos, sich jetzt den Kopf darüber zu zerbrechen, ob er es in eigener Person war oder nicht.

Die sind ja doch alle nach wie vor die Herren im Land.

Eben weil sie alle dabei waren.

Und ihn würde das Land nach wie vor ausspeien.

Eben weil er nirgends dabei war.

Lieber nicht hinein zu ihm.

Zuletzt ließe ihn H. H. in seinem Büro gar noch einmal stillstehen.

Wie damals.

Im Jahre 1941.

»Stehst du noch nicht da?«

H. H.s eisiger Blick hat ihn schon wieder getroffen. Noch bevor sich die Klasse hinsetzen konnte. Gleich nach dem ruckartigen, im Chor gebrüllten »Heil Hitler«.

Herr H. H. steht auf dem geteerten Podium wie ein aufgepflanztes Bajonett. Über ihm an der Wand in Pubertätspose das Bild des tausendjährigen germanischen Gefreiten mit dem schwarzen Stutzbart unter der Nase und der eigenwilligen Haarsträhne in der Stirn.

Geschichtsunterricht.

Deutsche Geschichte. Eine andere gibt es nicht mehr.

Heidelberger Unterkiefer. Neandertaler. Trichterbecherkultur. Hügelgräberkultur. Ein wenig Ostgoten, ein wenig Westgoten, und dann die kühnen Sachsen, die übermenschlichen Recken, abgeleitet vom althochdeutschen sahsnotas, Schwertgenossen, Widukind der Held, Heinrich der Erste, Heinrich der Löwe, erfolgreiche Eindeutschung der Ostslawen, Deutschritterorden . . . Herr H. H. ist Sachse. Aus Meißen. Großer schlanker Wuchs, fast blondes Haar, fast blaue Augen. Hoher SA-Führer. Immer in Uniform. Immer mit der Hakenkreuzschleife am Rockärmel. Immer und überall in gewichsten Stiefeln. Wohl auch bei Nacht im Bett.

»Stehst du noch nicht da?«

Er will nicht mehr. Es ist schon seine dritte »mündliche Prüfung« vor der Tafel innerhalb von drei oder vier Wochen. Seine Mitschüler grinsen. Die meisten von ihnen werden von H. H. überhaupt nicht aufgerufen.

In der Früh hat er sich fest vorgenommen, seine Frotzelei nicht mehr mitzumachen. Immer dasselbe: Stehst du noch nicht da? – Worauf wartest du? Natürlich sollst du über die Anfänge der nationalsozialistischen Bewegung erzählen! Hast du es endlich gelernt?

Und obwohl er alles durchdacht und sich fest vorgenommen hat, eher die Oberschule von Spanheim zu verlassen, als Herrn H. H. noch einmal nachzugeben, kann er nun nicht begreifen, wie es gekommen ist, daß er doch wieder dasteht. Ein Watschenmann mit brennenden Wangen.

Doch, er weiß es: will er sein Reifezeugnis erlangen, muß er jetzt die Zähne zusammenbeißen. Sonst wird nichts aus seinem Plan, Technik zu studieren. Zu Hause hat er nichts zu erwarten. Da sind noch fünf Geschwister. Und nur zwei Kühe im Stall geben Milch. Die anderen werden vor den Wagen gespannt.

Aber wie lange wird er diese seelische Folter noch aushalten? Die anderen läßt H. H. alle in Frieden, weil sie alle dabei sind – bei der HJ, einige bei der SA. Oder zumindest beim NSKK . . .

Wie ehedem bei der Marianischen Kongregation.

Nur er ist nirgends.

Sein suchender Blick bleibt an den schwarzen Stiefelschäften H. H.s haften. Er spürt dessen hämisches Grinsen an seinen brennenden Wangen. Goldzahnig. Zynisch.

Worauf wartest du eigentlich? Siehst du nicht, daß wir

schon alle vor Neugier platzen, was du uns erzählen wirst!

Seine randlosen Brillen blitzen auf.

Nun richtet er die Augen auf H. H.s Stutzbart. Borstig. À la Hitler. Nur etwas zu schütter.

Dann schwenken seine Augen wieder hinunter zu dessen glänzenden Stiefelschäften. Und wollen nicht mehr weg von ihnen, als könnten sie daran ablesen, woher dieser Mensch da seinen bodenlosen Zynismus schöpft. Dieser schwarze Glanz ist so unheimlich feierlich wie jener der deutschen Inquisition, kommt es ihm plötzlich in den Sinn. Er lächelt bei diesem Vergleich in sich hinein. Die Stunde vorher haben sie die erste Schularbeit in Deutsch geschrieben: GESCHICHTE – LEHRMEISTERIN DER MENSCHHEIT . . .

Hm . . . In der Kulturgeschichte der Menschheit wurden bisher alle Ketzer beseitigt. Gehängt. Aufgespießt. Verbrannt . . . Jan Hus, du gottverlassener Idealist! Naiv, wie eben nur ein ehrlicher Bauernsohn naiv sein kann . . . Alle Mitläufer überleben . . . Alle Normalen. Das sind die, die nicht sehen, nicht hören, nicht sprechen. Die mit den Wölfen heulen: »Hängt die Juden, stellt die Pfaffen an die Wand!« Und den Katzen die Augen ausstechen, weil der Führer keine Katzen mag . . .

Er wohnt bei einem Einödbauer im Granitztal. Bei Nacht sind einige von ihnen maskiert durchs Fenster in sein Zimmer gekrochen, haben ihn aus dem Bett geholt und verhaut, weil er sie »Windbeutel« und »Barbaren« genannt hat. Diese Heuchler! Es sind ja nicht einmal drei Jahre vergangen, seit ihr priesterseminaristischer Augenaufschlag im Klagenfurter Marianum eine bemerkenswerte Vermehrung der Heiligen der katholischen Kirche zu versprechen schien . . .

Nun lümmeln sie mit Hakenkreuzen im Kopf an jener Stelle, wo sehende Augen stecken und humanistische Bildung ausstrahlen sollten, und nennen sich seine »Schulkameraden«. Wie die sich insgeheim eins ins Fäustchen lachen! Sie heißen nun Hitlerjungen der Spanheimer Oberschule und sind ein schlagender Beweis für den Darwinismus: dafür, wie schnell und wie gründlich sich Lebewesen den veränderten Lebensverhältnissen anzupassen verstehen.

Den meisten von ihnen tut es wohl, daß H. H. ihm bei der Tafel weh tut. Auch jenem Hundsfott, der seine Hilfe in Latein braucht. Er sieht es aus den Augenwinkeln. Er zögert. Soll er doch noch den Mund öffnen und anfangen

– dort bei jenem verdammten Bürgerbräukeller in München? Wie neulich . . . »1923 versammelten sich im Bürgerbräukeller Adolf Hitler und seine treuesten Anhänger zum Marsch auf die Feldherrnhalle für einen Putsch, der mißlang . . .« Je eher er anfängt, um so rascher wird er es hinter sich haben. – Nein. Keineswegs. Nie und nimmer!

Aus.

Er hat nichts mehr zu verlieren. Jeder Bedürftige bekommt vom Staat eine Ausbildungsbeihilfe, heißt es. Er ist sehr bedürftig, muß sich schließlich mit Nachhilfestunden das Kostgeld verdienen, für ihn wurde sie abgelehnt – als den einzigen in der Klasse. H. H. hatte seine Finger dazwischen: »Finanzamt Wolfsberg . . . Sie haben um Gewährung einer Ausbildungsbeihilfe angesucht. Ihrem Ansuchen kann nicht entsprochen werden, weil nicht alle Voraussetzungen gegeben sind . . .« »Nicht alle« bedeutet, umgesetzt in den Klartext, etwa »Was fällt dir denn überhaupt ein, um eine Beihilfe anzusuchen! Du bist ja schließlich nirgends dabei! Nicht einmal beim NSKK! Am Ende bist du gar noch ein Volksschädling . . .«

Hol sie der Teufel alle zusammen! Ein Judaslohn kommt nicht in Frage, und wenn er lauter Erdäpfel fressen müßte. – Also nur halsstarrig bleiben. Kein einziges Wort. Und in der Pause dann schnell ins Sekretariat und nichts als abmelden. Austreten aus dieser Oberschule für Jungen.

Ein Abmeldungsgrund wird sich schon finden . . . Dringend in der elterlichen Landwirtschaft benötigt oder so. Und ein Umschreibungsgrund während des Schuljahres für die Oberschule in Klagenfurt auch . . . Als Fahrschüler kommt man billiger durch oder so.

Nur standhaft bleiben . . . Kein Wort. Mag H. H. vor Ärger heiße Ohren bekommen . . .

Die Stille in der Klasse ist bereits bösartig gespannt. Er spürt es. Die hohen Wände des ehemaligen katholischen Stiftsgymnasiums schweigen. Das graue Tageslicht hinter den großen Fenstern ist müde.

Es kommt aus dem Herbstnebel von den Ufern der Lavant.

»Na, wird's endlich?«

H. H. geht zum Fenster und zeigt ihm nun den Rücken.

Hermann Göring trug lieber braune als schwarze Schnürsenkel . . . Soll er es wagen? – Die in den Bänken würden blöd schauen, der traut sich was, der katzbuckelt nicht einmal vor H. H. . . . Seine erniedrigte menschliche Würde wäre mit einem Schlag wiederhergestellt . . . Aber ein Gestapomann würde ihn bereits in der Pause abführen. Vielleicht zielt H. H. eben darauf, daß er die Nerven verliert? – Lieber nicht.

Und doch reizt ihn der Gedanke.

Was, jetzt reißt du auch noch Witze darüber . . . Herr H. H. wäre bleich vor Zorn.

Nein, entschuldigen Sie, Herr Professor, jetzt fällt's mir ein: Hermann Göring ist schon in Stiefeln zur Welt gekommen. Er hat ja überhaupt keine Schnürsenkel gebraucht . . .

Phantastisch . . . Zum Jungekriegen . . .

Mach, daß du wegkommst! Schurke, du elendiger!

Nein. So darf ich's nicht. Lieber Beherrschung. Schweigen. Das trifft ihn auch. Vielleicht noch schlimmer als eine Provokation. Nur keinen Skandal.

»Setz dich. Ich kann dich nicht mehr ansehen. Du bist ein schwerer Fall, mein Lieber. In der Pause kommst du in die Direktion, verstanden?«

»Jawohl, Herr Professor.«

H. H. durchbohrt ihn mit seinem stahlkalten Blick.

Dann ging alles sehr schnell.

Der Direktor, ein lispelnder germanischer Gartenzwerg in SA-Uniform, von der Stellungskommission aus gutem Grund als unabkömmlich für die Heimat bestimmt, fragt:

»Wie stehen Sie zum Nationalsozialismus?«

Er schweigt.

»Wollen Sie, bitte, vielleicht doch die nötige Liebenswürdigkeit aufbringen, uns darauf eine Antwort zu geben?«

Wie geschwollen der daherredet.

Er schweigt.

Der Gartenzwerg-Direktor wird blaß vor mühsam unterdrückter Wut. Er blickt hilflos zu H. H. Dieser zuckt zuerst mit den Achseln und danach mit den Mundwinkeln. Der Gartenzwerg-Direktor schießt hinter dem Schreibtisch hoch und stemmt die Hände in die Hüften. Ohne ein Wort.

Seine Pose wirkt auf ihn lächerlich, wie die eines Hahnes, der in gespannter Kampfstellung erstarrt. Eine etwas verspätete Pubertätserscheinung, denkt er sich und schweigt hartnäckig. Der Gartenzwerg-Direktor blickt neuerlich zu H. H. Sein Blick besagt etwa: Den da soll der Teufel verstehen, er macht mich noch verrückt ... H. H.s erwidernder Blick besagt hingegen ziemlich deutlich: Siehst du denn wirklich nicht, du alter Trottel, daß der hier ein verstockter Gegner des Nationalsozialismus ist. Ein waschechter. Vielleicht sogar ein verkappter Bolschewist von der windischen Seite ...

H. H. mag den Direktor nicht, seit dieser und nicht er das Rennen gemacht hat und Direktor geworden ist. Daher nennt er ihn vor seinen Hitlerjungen – normalerweise – »der Alte«, aufgebrachterweise aber »der alte Kretin«. Aus kameradschaftlichen erzieherischen Überlegungen halt.

Nach diesem bemerkenswerten hintergründigen Blickwechsel der beiden Vorgesetzten öffnet er schließlich den Mund.

»Herr Direktor, ich bitte, aus der Oberschule austreten zu dürfen.«

Nach der großen Pause hat er sein Zeugnis über die sechste Klasse, mit der Abmeldungsklausel auf der Rückseite, in der Hand.

Er nimmt keinen Abschied von seinen Klassenkameraden.

Unterwegs im Granitztal, von wo er seine Habseligkeiten holt, um sie über den Berg und über die Drau in sein slowenisches Dorf zu schaffen, wundert er sich dann sehr darüber, daß man ihm sofort entsprochen hat, ohne daß er einen Grund für seinen Austritt aus der Schule hat anführen müssen.

Wie er aber dann nur einige Wochen später aus der siebenten Klasse der Klagenfurter Oberschule für Jungen ohne Reifeklausel zur Deutschen Wehrmacht einrücken muß, wundert er sich schon weniger.

Und noch viel später, bereits mitten im Krieg, als ihm ein nikotinsüchtiger Schreibstubenbulle für zwanzig Zigaretten das P. V. in seinen Wehrmachtspapieren zeigt, wundert er sich überhaupt nicht mehr.

Und schon gar nicht an der Endstation vor Königsberg im letzten Kriegswinter, als er in einer Infanterie-Strafkompanie landet. Gerade noch »wehrwürdig«. Das heißt für würdig befunden, eine bolschewistische Kugel in den Kopf oder Bauch zu bekommen. Eine deutsche war zu schade für ihn.

Der Ingenieur weiß nicht recht, wie er die Marmortreppe hinunter gekommen ist ...

Sein klapperiges Damenfahrrad lehnt nicht mehr am feingeschliffenen Marmor des Regierungsgebäudes.

Er blickt suchend umher.

Da hört er wieder die schroffe Stimme aus der Portierloge im Rücken. Rauhkehlig und schnauzfroh:

»Sie, Herr, stölln S' Ihren Krempel das nächste Mol wo ondas hin! I hob'n obe gstöllt zum Kastanienbam ...«

P. S. Eine wenig bekannte Tatsache: Die Kärntner Landesparteileitung der ÖVP hat nach dem Krieg bei ihrer Gründung etwa 9000 ehemalige NSDAP-Mitglieder aufgenommen, die der SPÖ »nur« um 6000 herum. –

Zum Glück gibt's Kärnten! liest man hierzulande auf bunten Werbeplakaten des Kärntner Fremdenverkehrsamtes.

Zum Glück für wen?

Hiob

»Atej[1], schau, dein Hiob ist auf der Straße!«

Augenblicklich ziehe ich den Vorhang am Balkonfenster zurück. Da stehen die beiden: Krušej, der Kleinbauer, und Hiob, vor seinen zierlichen Leiterwagen gespannt.

Krušej bemüht sich, das Gespann über den breiten Asphalt auf die andere Seite der Straße zu treiben.

Es ist die Flatschacher Straße, benannt nach der sumpfigen Ebene, die von den slowenischen Siedlern »na blačah«, auf dem Moos, genannt wurde.

Auch Flurnamen legen in Kärnten Zeugnis ab davon, wer hier als erster Land gerodet hat. Selbst am Rande von Klagenfurt.

Hiob ist ein schlankes braunes Pferd. Ich kenne es seit unserer Übersiedlung aus der Kellerwohnung im Stadtzentrum in den dreistöckigen Wohnblock der »Kärntner Heimstätte« am südlichen Stadtrand.

Krušej, der Name seines Herrn, bedeutet »mein liebes Brot«.

Fiel in früheren Zeiten ein Stück Brot auf den Boden, so war dies für die slowenische Bevölkerung eine Mißachtung oder sogar eine Sünde. Man bückte sich schnell danach, küßte es und aß es weg.

Krušej ...

Kein Bauer auf der Welt hat einen so schönen und zugleich so bitteren Namen. Was klingt da alles mit, wenn man auf Äckern und Wiesengrund aufgewachsen ist: das scheue grüne Sprießen der Wintersaat zwischen harten Schollen, das jubelnde Lied der Wachtel beim Aufgang der Sonne, der milde Honigduft des blühenden Heidens, gekochte frische Kuhmilch, Heidensterz ...

Krušej ...

Und dann erklingt dir darin die große Angst in den fragenden Augen des Vaters: woher nehme ich Geld für die Steuern ... für die Feuerversicherung ... für die Hypothekenzinsen ... für die Schuhe ... woher für den Tabak ...

Und es erklingt dir darin das ergebene Entsagen der Mutter, ihre harte Selbstüberwindung. Ihre Hände erscheinen dir ganz nahe vor den Augen, große männliche Handflächen, geschwollen von harter Arbeit, die Haut

1 Papa.

aufgesprungen, zerklüftet von Kälte und Nässe.

Krušej . . .

Was du in früher Kindheit erlebt, was sich dir im Bewußtsein und Unterbewußtsein angesammelt hat, daraus erwächst dann in reiferen Jahren dein Denken und Fühlen, dein Tun und Lassen.

Nur einen Steinwurf weit von unserer Wohnung stehen Krušejs Heim und Hiobs Stall – an der Flatschacher Straße.

Ich hörte einmal vom Gehsteig her, wie er das Tier hinter der hohen Hecke einspannte, indem er slowenisch auf es einredete:

»Job, se hediči, stoj že tih, tače bajže . . .«[2]

Und dann noch ein wenig auf deutsch:

»Teifel eine.«

Er hat nur Hiob und zwei Kühe. Keine Kinder. Die Frau ruht auf dem St. Ruprechter Friedhof.

»Zakaj mu pravite Job?«[3] fragte ich.

»Oh, der Herr können ja Slowenisch . . . So halt. Wie er noch ein kleines Füllen war, hatte er lauter Krätzen und kam nur mühselig durch. Da sagte ich: Soll er halt Hiob heißen.«

Ein sanftes Gefühl, wie das Bewußtsein einer vertrauten Geborgenheit, erfüllte in jenem Augenblick meine Brust: es war wohl die stille Genugtuung, daß ich hier am Rand von Klagenfurt, in meiner unmittelbaren Nähe, einen lebenden Beweis unserer nationalen Zähigkeit hatte, obwohl ich sehr gut wußte, daß jeder Gedanke in dieser Richtung nur Traum und Trug bedeuten konnte.

Aber es ist schon so: Ist dir die Umwelt, in der du zu leben hast, zuwider, verbrämst du sie mit Illusionen jeder Art, um sie leichter zu ertragen. Und mein Klagenfurt ist einmal ein Lindwurmstädtchen, nichts als ein kleinbürgerliches Drachennest.

Nun also stehen die beiden da und wollen auf die andere Straßenseite. Am Ufer der Glanfurt – dort unter der Sattnitz – hat Krušej seine Wiese und seinen Acker. Oh, ich weiß wohl wo, habe ich ihm ja schon einige Male eben dort das Frischfutter gemäht . . . So im Vorbeigehen, wenn ich zum Räuberweg hin eilte, um im Walde Luft zu schnappen.

Die Sonne steht schon hoch, aber die Autos lassen Krušej und Hiob nicht und nicht über die Straße. Alle

2 Hiob, zum Teufel noch einmal, steh schon still, was soll der Unsinn.
3 Warum sagen Sie Hiob zu ihm?

ihre Versuche werden vereitelt. Wie ein Dachs späht Krušej umher und dreht seinen schmalen, spitzen Kopf mit den unter dem dreieckigen Hut vorstehenden Ohren bald nach links, bald nach rechts und prüft die Entfernung der nahenden Personenkraftwagen, Lastwagen und Sattelschlepper.

Jetzt! Jetzt geht es vielleicht.

Einen Schmarren! Schon wieder zu spät. Kaum zieht er das Pferdchen ruckartig am Halfter, so daß die Hufe Funken sprühen, muß er es gleich wieder anhalten: ein gelber Straßenkreuzer schießt an ihnen vorbei. Hiob stellt sich auf die Hinterbeine und schnaubt gereizt. Krušej beruhigt ihn. Er streichelt ihn und umklammert seinen Hals.

Und wartet und wartet.

Die Sonne brütet.

Die Julisonne.

Und der schwarze Asphalt glüht unter dieser Sonne. Wieder prüft Krušej die Entfernung der heranbrausenden Autos, schaut angestrengt, dreht seinen Kopf schneller und schneller – die Straße hinauf, die Straße hinunter . . . Und wieder will er es versuchen, das Pferd knapp am Halfter, doch er überlegt sich's wieder.

Hiob ist schon ganz verwirrt. Nervös tänzelt er, jeder Muskel an ihm vibriert. Fast meine ich sein Wiehern und Schnauben bis herauf in die Wohnung zu hören. Ein quälender Anblick. Die Autos sind zu schnell. Keines hält an, alle flitzen am Gespann vorbei.

Noch vor einigen Jahren war diese Straße fast ländlich ruhig, lag sie noch inmitten von Wiesen und Äckern. Einige Gasthäuser waren da, und einige pensionierte Eisenbahner und vereinsamte Kleinsiedler haben das Gewicht eines langen Lebens in städtischen Kanzleien und Werkstätten hierher gerettet, an den Rand von Klagenfurt, auf die mühsam ersparten Parzellen, indem sie hier ihre Keller aushoben, sie bei Karbidlicht betonierten, darauf eingeschossige Häuschen bauten und diesen ihren Besitz dann sorgsam mit rotem Maschendraht umgaben.

Damals, vor Jahren, hörte ich an Herbstabenden vom Balkon unserer Wohnung noch Rehböcke grölen, manchmal im Mai bellte in den Morgenstunden sogar eine Füchsin unter der Sattnitz – in Angst um ihre Jungen.

Und ich hörte auch noch die ersten slowenischen Gastarbeiter aus Maribor, die in Bier und schlechtem österreichischen Schnaps den Schmerz der Heimatlosigkeit, den Gram der menschlichen Vereinsamung und gesellschaftlichen Erniedrigung zu ertränken suchten, wenn ihre lebenshungrigen Tenöre ein jugendliches Liebeslied in der Klagenfurter Nacht ertönen ließen, so daß die Spießbürger aufhorchten und die Polizisten verstummten, obwohl man ihnen den Schlaf geraubt hatte.

Und ich hörte den St. Ruprechter Salesianerpater, der den Tag einläutete – laut und ausdauernd –, wie es sich für einen heiligen Mann geziemt.

Das alles ist jetzt vorbei.

An der Südseite der Flatschacher Straße wurden Industriebetriebe errichtet, Erdöldepots in die Erde gegraben und Lagerhäuser aufgestellt.

Jetzt donnern nur mehr Dieselmotoren straßauf, straßab und speien auf sie dichte Wolken schwarzen Giftes.

Jetzt höre ich auch den vertrauten Glockenklöppel nicht mehr – dort an den rotweißen Schranken unter unserem Blockhaus, wenn er traulich einen Zug ankündigt: ting ting ting . . . So höre ich auch nicht mehr, wann meine Schüler aus dem Rosental zur Schule fahren und wann sie wieder heimkehren nach Žihpolje-Maria Rain, nach Sveče-Suetschach und nach Šentjakob-St. Jakob, denn die Dieselmotoren donnern unter dem Blech, daß es durch Mark und Bein geht.

Und verläßlich schlüpfen ihre Gifte wie Quallen durch die Fensterritzen in unsere Wohnung – Gewürz für die Suppe in unseren Wohlstandstagen.

Hiob und Krušej stehen noch immer dort auf dem Gehsteig und zaudern, spähen, immer ergebener in die Unerbittlichkeit des schwarzen Asphalts. Die beiden werden die Straße niemals überqueren, niemals werden sie das Luzernenfutter einbringen, das Krušej vorsorglich noch vor dem Sonnenaufgang gemäht hat . . . Es wird auf dem Feld in der Julisonne verwelken und später den beiden Kühen gefährlich werden.

Wen kümmert schon Krušejs Luzerne.

Und doch, soeben wagten sie den Sprung über die Straße, da kracht es aber auch schon.

Ein roter Personenkraftwagen hat das Hinterrad des Leiterwagens gerammt, die Bremsen quietschen, Leitersprossen fliegen durch die Luft. Offenbar hat die Deichsel Hiobs Vorderbein eingeschlagen. Er fällt wie eine Garbe auf den schwarzen Asphalt. Das rote Unglücksfahrzeug, im Bogen auf den Gehsteig geschleudert, liegt jetzt auf dem Dach, mit den Rädern nach oben.

Ich renne aus meiner Wohnung zur Unfallstelle, um zu helfen, wo es geht.

Mittlerweile war der Fahrer seinem Wrack entstiegen, wie einem Unterseeboot, die Windschutzscheibe war in tausend Stücke zerbrochen.

Jetzt hält sich der Mann am Nacken und murmelt ununterbrochen:

»Verdammte Scheiße, verfluchter Gaul . . . verdammte Scheiße . . . verdammte Schweinerei!«

Krušej aber kniet auf dem schwarzen Asphalt und hält Hiobs schwankenden Kopf im Schoß.

Die Sonne brütet.

Die Julisonne.

Und der schwarze Asphalt glüht unter dieser Sonne.

Jemand bemüht sich, das Pferd auszuspannen und sucht nervös das Ende des Zaumzeugs. Rechts und links vom Leiterwagen bilden sich Kolonnen. Einige Autofahrer hupen, andere steigen aus, schauen einander schweigend an. Einer von ihnen, ein breitschultriger Mann mit roten Wangen und hochgekrempelten Hemdsärmeln, stößt Hiob mit dem Fuß leicht in die Rippen:

»Simuliert ja nur, der alte Gaul.«

Er kann es kaum erwarten, mit seinem Lastkraftwagen vorbeizukommen.

Als kaum merkliches Rinnsal fließt hellrotes Blut von Hiobs zerschlagenem Schienbein.

Krušej ist niedergebückt, sein Körper erstarrt. Seine Augen trüben sich zusehends, um seinen bärtigen Mund legt sich ein erstarrtes Lächeln verschämter Hilflosigkeit. Er sieht niemanden mehr um sich. Ich knie zu ihm nieder auf den schwarzen Asphalt und spreche ihn an:

»Um Himmels willen, Krušej . . .!«

»Da hilft nichts mehr, mein Herr, rufen S' bitte den Fleischhauer an, daß er ihn sticht. Ich kann nicht mehr zuschauen, wie er leidet, ich kann nicht . . .«

Es läuft mir kalt über den Rücken. Ich laufe, laufe an den scheppernden Ungetümen vorbei zurück in unsere Wohnung, um zu telefonieren. Lebhaft ersteht vor meinen Augen eine Begebenheit meiner Kinderjahre, als ich auch zum Nachbarn laufen mußte, um ihn zu bitten, er möge unsere Muttersau schlachten, unsere einzige, weil sie tote Ferkelchen im Bauch hatte.

Auch mein Vater sagte damals:

»Ich kann es nicht selber.«

Und hatte dabei große Tränen in den Augen. Niemals zuvor. Und niemals später.

Der arme Hiob, mein armer Krušej.

Jemand dirigiert nun die donnernden Zehntonner an den beiden vorbei. Schwarze Löcher puffen Wolken schwarzen Giftes auf sie. Weihrauch für die letzte Ruhe Hiobs.

Ich ziehe den Vorhang am Balkonfenster zu, um die grauenvolle Szene zu verwischen. Das Herz schlägt beklemmend in meiner Brust, das Blut pocht in meinen Schläfen.

»Siehst du, mein Sohn, sage ich, dieser arme Hiob war das letzte slowenische Pferd in Klagenfurt.«

»Und? Was meinst du damit?«

»Nichts. Nur das will ich dir sagen, daß es mir leid tut. Und Krušej mit ihm, weil er wohl kein Pferd mehr auftreiben wird. Nie wieder wird Hiob an Sommerabenden unter unserem Blockhaus die Heinegasse entlang trippeln, mit dem Bottich für Küchenabfälle auf dem Wagen. Nie wieder wird er im Herbst Brennholz vor die Kellerfenster der Parteien schaffen, die noch keine Zentralheizung haben.«

»Nun gut, aber hast du keine schlimmeren Sorgen, atej?«

»Doch. Noch eine: Der arme Hiob ist ein Abbild unseres slowenischen Volkes in Kärnten.«

»Und du meinst, nur unseres Volkes?«

»Es steht mir am nächsten, da kam es mir zuerst in den Sinn.«

Der taube Hain in Kärnten

Was das sei – ein tauber Hain, fragst du: Das ist ein Wald, in dem man keine Glocken hört. Das ist jene verdammte Gegend, die weder Gottes Segen noch Gottes Gnade empfangen hat.

So hat sie der slowenische Schriftsteller Janez Trdina gezeichnet, vor etwa 100 Jahren.

Unglück kommt über jedermann, der sich in diesen Wald verirrt, denn dort begegnet ihm auf Schritt und Tritt nur Grauenvolles, das sonst weder auf slowenischem noch auf deutschem Boden zu finden ist.

Am klaren Himmel hängt dort eine blutige Sonne, in deren Glut dir der Kopf brennt wie von Höllenfeuer. Dort verlierst du sogar deinen Schatten. Uhus und Eulen starren dich bei hellichtem Tage von den Bäumen an, ekelhafte Molche kriechen aus klaffenden Erdrissen. Die Bäume haben schwarze Äste und grau gesprenkeltes Laub, das dir zwischen den Fingern zerfällt, sobald du es berührst.

Auf der Erde liegen dort drunter und drüber menschliche Hände, Füße und andere Knochen, zerrissen und blutig. Aus den Felsspalten grinsen dich Totenköpfe an. Von dünnen Ästen hängt bald da, bald dort an einer roten Ader ein abscheulich geschwollenes Auge. Aus dem Strauchwerk neben dem Weg schneiden scheußliche Gesichter Grimassen und strecken dir ihre langen Zungen entgegen. Und schiache teuflische Perchten gibt es dort in Sandaletten, geflochten aus bunten Vipern. Von ihren Liedern schnürt sich dir das Herz zusammen, tiefe Betrübnis und Verzweiflung überkommt dich, so daß du unheilbar krank wirst, unermeßlich schwach und unglücklich.

So, daß du vor lauter Grauen am liebsten sterben möchtest . . . Eine Erlösung von diesem Grauen aber erreichst du nur mit inbrünstigem Gebet.

In jener Woche vor Weihnachten hat es in Klagenfurt eines Nachts geregnet wie im Sommer. Gegen den Morgen zu aber wurde es wieder richtig winterlich kalt, und die ganze Stadt war in kürzester Zeit von Eis überzogen: die Hinterhöfe und Wohnblocks, die Gehsteige und Straßen, die Hausdächer und die kahlen Bäume. Wohin man auch blickte, wohin man trat – überall glitzerte Eis.

Die Menschen, die aus ihren Wohnungen zu ihren Arbeitsstätten mußten, sahen sich ungewiß nach irgendeinem Halt um und glitten auf wackeligen Beinen Zentimeter für Zentimeter ihrem Ziel entgegen. Sie glichen Kindern oder Rekonvaleszenten, die das Gehen erst lernen. Da und dort fuhr ein zaghaftes Auto im Schneckentempo, als überlegte es, ob es nicht doch vernünftiger wäre, umzudrehen und in die Garage zu fahren.

An jenem Morgen sollte ich am Klagenfurter Bahnhof beim Morgenzug aus Dob (Aich im Jauntal) meine Nichte Štefka erwarten, die mir einen frischen, noch fast warmen Laib Brot aus meinem Vaterhaus bringen wollte. (Štefka ist ausgelernte Schneiderin. Eine jener Frühaufsteherinnen, die zu Tausenden als Pendler aus den wirtschaftlich vernachlässigten slowenischen und gemischtsprachigen Dörfern des Jauntales in Klagenfurt ihren Lebensunterhalt zu verdienen suchen. Slowenisch nennt man so ein Leben »s trebuhom za kruhom« – wortgetreu: mit dem Bauch dem Brot nach. Klagenfurt liegt für Štefka 50 Kilometer entfernt von ihrem Heimatort.)

Als ich aus der dunklen Bahnsteigunterführung heraus und die Bahnsteigtreppe hinauf eile, höre ich oben auf dem dritten Bahnsteig irgendwo hinter meinem Rücken plötzlich zwei sonore Männerstimmen, so daß mir richtig warm ums Herz wird:

»Ko pa ti rjačeš?« (Was sagst denn du?)

»Kor bo, pa bo, si tek ne morš kaj pumot.« (Mir ist alles gleich, kannst ja sowieso nichts machen.)

Was ist nun das? Wo bin ich? Ich versuche vergeblich, einen klaren Gedanken zu fassen. Selbst in Klagenfurt also, selbst auf dem amtlichen Boden des Klagenfurter Hauptbahnhofes diese mir vertraute, ein wenig prahlerische, doch stets verläßliche und großzügige Jauntaler Mundart?

Zur gleichen Zeit vernehme ich auch noch das metallische Kreischen von Schaufeln auf hartem Beton.

Ein unbegreifliches, unruhiges Gefühl des Glücks durchströmt alle Fasern meines Körpers. Das Gefühl eines Menschen in erregter Erwartung eines bevorstehenden freudigen Ereignisses.

Von diesem ungewöhnlichen inneren Feuer durchstrahlt, schnelle ich, mehrere Stufen auf einmal nehmend, hinauf – und schon stehe ich auf dem vereisten Bahnsteig. Aber selbst seine Eiskruste schmilzt nun vor meinen freudig strahlenden Augen: sie ist weder kalt noch gefährlich.

Rasch wende ich mich hinüber, von wo ich die zarten,

heimischen slowenischen Worte vernommen habe. Ich trete zwei, drei Schritte näher zu den beiden Männern, zu meinesgleichen aus dem Jauntal, und frage sie unumwunden:

»Lop prosm, a je cuh s Plibrka ži prišu bol kor?« (Ich bitt' schön, ist der Zug von Bleiburg schon angekommen?)

Verlegenheit.

Schweigen.

Sie schlagen die Augen nieder.

Sie lassen den Kopf hängen wie zwei Blüten, auf die Reif gefallen ist.

Hinter dem Treppengeländer vor der Telephonzelle ist ein Haufen Streusand.

Die beiden Männer in bläulichen Drillichen und Mützen der Österreichischen Bundesbahnen laden ihn auf einen Elektrokarren.

Ich trete noch um einen Schritt näher zu ihnen und sage – um sie vielleicht doch für ein Gespräch aufzutauen – mit etwas derbem Humor, nicht anders als in meinem Dorf ein Bauer zu seinem Nachbarn sagen würde:

»Bu še pa kiribodi na rit sjidu šte jutru, ku je pa som led, komr pugvadaš . . .« (Da wird sich heute früh noch mancher auf den Arsch setzen, es ist ja überall lauter Eis, wohin man schaut.)

Nichts.

Schweigen.

Eisiges Schweigen.

Wie wenn ich ihnen die Zungen abgeschnitten hätte.

Beide Köpfe bleiben weiterhin gesenkt.

Keiner schaut mich an.

Zwei Gesichtslose.

Zwei Wortlose.

Sie laden ihren Sand auf und starren unentwegt auf ihre Schaufeln.

Schließlich sagt der eine Gesichtslose:

»Is schon gnua.«

Da legt der zweite Gesichtslose seine Schaufel auf das Wägelchen zum Sandhaufen. Er stellt sich zum Lenkhebel. Der erste Gesichtslose tritt ebenfalls aufs Wägelchen und stützt sich auf seine Schaufel . . .

Der Motor surrt auf. Kaum hörbar.

Sie fahren davon: steif aufgerichtet, wie mit einem Pflock im Rücken, vor sich auf den leeren, eisigen Bahnsteig hinstierend, hart an mir vorbei, ohne mich auch nur eines flüchtigen Blicks zu würdigen.

Am Ende des langen Bahnsteigs, weit weg von mir, halten sie und beginnen, den Sand ringsum hinzustreuen.

Der taube Hain in Kärnten ist für unsereinen nicht besser als jener Trdinas.

Weil unsereiner hier vor Frost zittert, vor jenem Frost, der noch aus dem tausendjährigen Reich im Boden steckt.

Weil da immer noch der eisige Nordwind bläst um die vertrauten Gärten meiner Jugend, durch die kahlen Bäume mit ihren drohenden Eiszapfen.

Weil die Meinen, die auf dem Boden der Tatsachen dieses Landes stehen, vor diesem eisigen Wind einer nach dem anderen verstummen – vor Angst um ihr tägliches Brot verstummen.

Weil ich gemeinsam mit den Meinen wie in einem riesigen Aquarium unter einer dicken Eisdecke dahinschmachte, während andere draußen an den Quellen des freimütigen Lebens sitzen, heiter plaudern, wie ihnen der Schnabel gewachsen ist – und schließlich an uns hilflos gestikulierenden stimmlosen Wesen vorübergehen, für uns nichts als Hohn in den Augen.

Der taube Hain in Kärnten ist für unsereinen nicht besser als der Trdinas, weil wir uns mit jedem Versuch, die Eisdecke über uns aufzubrechen und den anderen näherzukommen, an ihr die Stirn blutig schlagen.

Und doch will unsereiner nicht ersticken.

Wie müßte wohl das Gebet lauten – zur Erlösung aus diesem dumpfen stummen Dasein?

Auch unsereiner kann ja nicht allein vom Brot leben, und sei es aus dem heimischen Backofen.

Ja und wo bleibt wohl der Zug mit Štefka . . .? Mit ihrem freundlichen Lachen aus Dob . . . Der Zug aus dem Osten, wo die Sonne aufgeht . . .

Ich stehe allein auf dem Bahnsteig. Um mich lauter Eis – auf dem Dach des Bahnhofsgebäudes, auf der Verladerampe, auf dem Gleis.

Eisig die Nebelschwaden, die sich nun von irgendwoher auf das Bahnhofsgelände einschleichen.

Ich stehe allein mit dem stillen Schmerz eines unerwartet vor den Kopf Gestoßenen, mit einem Klumpen Eis an jener Stelle, wo das warme Herz schlagen sollte, wo es eben noch in Erwartung eines freudigen Ereignisses geschlagen hat. Ich spüre, wie sich das Lächeln, das eben noch um meine Lippen gespielt hat, vor innerem Schmerz zum Ausdruck einer kläglichen Unbeholfenheit verzerrt und – gefriert.

Vor Vereinsamung spüre ich, wie sich der Frost durch meine starren Fingerspitzen und Zehen vom vereisten Bahnsteig her in mich frißt und ich gleichsam Stück für Stück zu Eis werde, bis ich mich nicht mehr bewegen kann.

Da auf dem Klagenfurter Bahnsteig werde ich stehen, ein vereistes Monument des Staunens.

Filzhammer & Co.

Es fällt dem Menschen schwer, ohne Glauben zu leben und ohne Hoffnung. Es fällt ihm schwer, sich auf den bloßen Verstand zu stützen, auf bloße Erkenntnisse, auf bloße Erfahrungen, nur darauf, was tatsächlich ist, auf die Wirklichkeit, auf die unausweichliche, harte Wirklichkeit seines Lebens.

Noch schwerer jedoch fällt ihm das Leben mit dem bitteren Geschmack der Lüge am Gaumen. Mit der Lüge vom nationalen Heil zum Beispiel, immer wieder aufgewärmt in allen sich gerade anbietenden Formen – feierlich oder romantisch, in große Worte gekleidet oder träumerisch, missionierend und fromm, nobel gekleidet ins Gewand geschichtlicher Größe, mit Pomp von der heilen und schönen Zukunft des Vereinten Europa kündend, oder aufgeputzt im Glorienschein der Vereinten Nationen der Erde . . . Bei uns Slowenen in Kärnten gekleidet in bunte Volkstracht, eingehüllt in einen roten Strauß von Nelken . . . Auch wenn diese Lüge umgeben ist vom betörenden Duft himmlischer Gesänge: Lüge bleibt Lüge. Und das ist ihr Verhängnis.

Für jedermann.

Für alle, die sich belügen lassen.

Marias Himmelfahrt.

Wohltuend verstreut die Sonne ihr sanftes, verhaltenes Licht über die reifen Weizenfelder des Jauntales und hüllt die leise rauschende Dobrowa in geheimnisvolles Zwielicht.

Ihre spätsommerlichen Strahlen treiben ihr glitzerndes Spiel in den hohen Föhrenwipfeln dieses weiten natürlichen Parks, tanzen an den bemoosten Baumstämmen herunter auf den gefächerten Farn und den weichen Moosteppich, der einladend ausgebreitet liegt am Südufer der Drau von Dob bis Sinča vas und zerrüttete Nerven in gehetzten Menschen gütig zu beruhigen versteht. Ein Park, dessen silberhelles Grün da und dort liebevoll einen sorgsam bebauten Acker umschließt oder üppiges Wiesengras, oder einen stillen Weiler im Obstgarten, einen weißen Bildstock auf der Kreuzung von Feldwegen.

Im weiten Garten vor dem Eingang zum Pfarrsaal klingt ein zweistimmiges Fortissimo: MARIA STEH UNS BEI . . . Neugierig halten Sommergäste aus

Deutschland ihre Limousinen auf der Asphaltstraße an und stellen die Motoren ab. Nachlässig lehnen sie an den offenen Wagenfenstern, starren und lauschen. Am Straßenrand, am dicken morschen Stamm der alten Dorflinde ein Plakat, das rot umrandet in fetten blauen Buchstaben hartnäckig beteuert:

VERSAMMLUNG DER KATHOLISCHEN JUGEND, VEREINIGTE CHÖRE SINGEN MARIENLIEDER. KOMMT ALLE!

Unter den alten Apfel- und Birnbäumen drängt sich jung und alt zwischen den länglichen, behelfsmäßig zusammengezimmerten Tischen und Bänken. *Kalterer*-Wein, *Gösser*-Bier, *Coca-Cola* und *Almdudler* rinnen über die Tische. Kellnerinnen in kurzen Röcken huschen mit ihren weißen Serviertüchern hin und her. Begeistertes Klatschen und Kindergeschrei. Die verschreckten Vögel in den Ästen flüchten in die naheliegenden Hügel. Vom Straßenrand her wälzt sich warmer, süßer Duft von abgestellten Motorrädern, Mopeds und Automobilen.

Von der Freibühne herab klingt nun vierstimmig die Bitte: STEH UNS BEI, klingt und steigt empor in die Baumkronen des Obstgartens, gleitet dann die Straße hinab über Wiesenfelder bis hin zum Klopeiner See und weiter zum Zablatnik-See, schwingt sich empor und stößt an die felsigen Wände des strahlenden Obir, zerschellt an ihnen, bis schließlich ihre zerbröckelten Akkorde in die Drau versinken. Der rotwangige Salesianer wischt sich erstaunlich geschickt mit der Linken den Schweiß von der Stirn und aus dem Nacken, während seine Rechte fortwährend mit dem Taktstock in weitem Bogen die Luft zerschneidet.

»OH, MARIA, MEIN BEGEHREN . . .«

Voll erklingt das Lied aus den hundert Kehlen des gemischten Chores. Die runden Mädchenwangen erröten, den Burschen treten Schweißperlen auf die Stirn. Schwüle, stickige Hitze im Obstgarten, kein Lufthauch. Die Bretterbühne biegt sich und ächzt unter dem Gewicht der vielen Sänger. Ein hochgewachsenes, blasses Mädchen sackt unauffällig in sich zusammen. Zwei Theologen in schwarzen Soutanen sind schnell zur Stelle und tragen die Aschgraue irgendwo hinter den Pfarrsaal. Weder die Sänger noch die versammelte Menge schenken ihr große Aufmerksamkeit – als wäre ein Blatt vom Baum gefallen; das Lied klingt weiter, klingt weiter: SÜSSE WONNE, SÜSSE FREUDE . . .

Rauschender Beifall. Ein Augenblick, sich auszuruhen. Die Sänger schnappen nach Luft.

Ein neues Lied wird angestimmt.

Stanko, erster Tenor, steht knapp hinter Kristina, einem strahlenden gesunden Mädchen. Drei Jahre schon singen sie gemeinsam in diesem Chor. Ihre gelockten goldgelben Haare berühren leicht sein Kinn, berauschen ihn und wecken in ihm eine Sehnsucht, die ihn erstarren läßt.

»Oh, Kristina, mein Begehren . . .« entringt sich heißer Atem seiner Brust und streicht in kurzen Stößen über den glühenden, nassen Nacken des Mädchens, Kristina zuckt zusammen, als wäre sie aus einem tiefen Traum erwacht und faßt mit ihrer erhitzten Rechten nach hinten, nach seiner Hand. Sie hält und drückt sie einen Augenblick, dann läßt sie sie schnell los. Folgsam richtet sie ihre Augen auf das strenge Gesicht des Dirigenten.

Ende des ersten Teils.

Der Vorsitzende tritt auf die Bühne.

»Slowenische Väter! Slowenische Mütter! Liebe slowenische Jugend! Wir sind ein Volk der Muttergottes. Die Jungfrau Maria ist unsere Mutter, wir sind ihre Kinder . . . Solange wir unseren Herrgott und seine Mutter Maria slowenisch lobpreisen, wird unser Volk nicht untergehen. Solange auf unseren Versammlungen, in unseren Kirchen, auf unseren Wallfahrten das Marienlied erklingt, werden unsere nationalen Feinde uns nichts antun können. Die Kräfte der Hölle werden uns nicht besiegen. Der Deutsche wird uns unser Volkstum in Kärnten nicht entfremden. Maria, du Königin des Himmels und der Erde, Jungfrau Maria, steh uns bei!«

Bitternis erfüllt Stankos Herz. Ein beklemmendes Gefühl der Leere befällt ihn. Es ist ihm, als schnüre ihm jemand die Kehle zu:

Zum Teufel mit den Slowenen! Der Filzhammer hat das Sagen, nicht Maria. Sie schon, Sie, Herr Doktor, Herr Oberstudienrat, Sie haben ja ein Haus und ein Monatsgehalt, Sie können von niemandem aus dem Dienst entlassen werden. Niemand wird Ihnen Ihre Muttersprache nehmen. Wenn ich diese ekelhafte Bitternis doch endlich ausspucken könnte, aber wohin? Auf die Bühne geht's nicht.

Was sagen Sie dazu, Herr Doktor: SIE SIND ENTLASSEN WEGEN NICHTBEACHTUNG DER VORSCHRIFT, DASS WÄHREND DER ARBEIT SOWIE IN DER RUHEPAUSE NUR DEUTSCH GESPRO-

CHEN WERDEN DARF.

Im Frühjahr traf es den Borovnik, im Juni den Prekrnik, im Juli war schließlich ich an der Reihe. Den Borovnik traf es ja nicht sonderlich hart – du kannst mich, Filzer, meinte er, du und deine kümmerlichen zweitausend Schilling jeden Ersten im Monat! Früher oder später erbt Borovnik ja doch den Hof seines Vaters und nimmt sich eine Frau. Zwölf Stück Vieh, zehn Hektar Wald. Der Prekrnik aber läuft vergeblich einer Arbeit im Heimatort nach, Herr Studienrat ... Und wann bekomme ich die Antwort aus Vorarlberg? Vor drei Wochen schon habe ich mein Gesuch abgeschickt, gut verdient man ja am Staudamm, bloß bevor sie einen anstellen, wenn überhaupt ... Jetzt drängen auch schon die Jugoslawen dorthin.

»... Solange die Muttergottes im Himmel für uns bittet, brauchen wir nicht zu verzweifeln. Maria ist unsere mächtige Fürsprecherin. Maria, erhöre uns ...«

Der Vorsitzende wendet seinen Blick verzückt gegen den Himmel. Seine Rechte bleibt in Rednerpose hoch erhoben wie versteinert – das Zeichen für den Schlußapplaus. Kristinas Gedanken jagen einander und verstricken sich zu einem unauflösbaren Knäuel.

Ein beherzter Bursche ist er ja – der Stanko, sicher, bei allen beliebt und immer guter Laune, als trage er die Sonne in sich. Aber was ist mit dieser Bürstenfabrik? Wieso hat er nicht um Verzeihung gebeten? Zuerst kommt doch das Essen, dann der nationale Stolz. Das weiß doch jeder, daß der Filzhammer ein Nazi ist, ein deutscher Staatsbürger aus Württemberg. Die Gemeinde hat ihm die Fabrikshallen fast geschenkt. ZUR INDUSTRIELLEN ERSCHLIESSUNG DES KÄRNTNER UNTERLANDES, »damit neue Arbeitsplätze geschaffen werden und unsere Jugend nicht ins Ausland auf Arbeitsuche gehen muß«.

»Damit neue Arbeitsplätze geschaffen werden« – so konnte man damals in den deutschen Zeitungen lesen, so stand es auch in beiden slowenischen Wochenblättern. Aber niemand hat darüber geschrieben, daß unsere Burschen das slowenische Wort gemeinsam mit ihrem Mantel beim Filzhammerschen Portier ablegen müssen, wenn ihnen an Arbeit und Verdienst tatsächlich etwas liegt. Vorschrift ist Vorschrift. Auch bei Filzhammer. Und insbesondere bei ihm, solange vor dem Eingang zu seiner kleinen Fabrik die Reihe der Arbeitsuchenden nicht abreißt ... Den Kurnik überreden? Keine Chance. Der Kurnik ist und bleibt Betriebsleiter. Daß er während des

Krieges mit der GESTAPO zusammengearbeitet und seine Muttersprache zum Verrat mißbraucht hat – wer fragt heute danach? Stanko ist nicht klug genug, er sieht seinen Vorteil nicht. Er wird es nicht weit bringen. Wenn sie ihm nur eine Stelle in Vorarlberg geben wollten oder in der Schweiz ... Um Gottes willen, wovon sollen wir beide denn leben, wenn wir heiraten ...

Der Beifall verklingt.

Zweiter Teil.

Es wird angestimmt.

»MARIA, DURCH DAS LEBEN FÜHRST DU MIT SICHERHEIT, SO STEURE UNSER SCHIFFCHEN DURCHS LEBEN VOLLER LEID ...«

Noch eine Stunde. Dann die gesungene Litanei und ein Würstel mit Senf und Bier. Für die Männer. Für die Frauen Almdudler. Und Kristina wird dann wieder nach Hause drängen. Die Schweine warten auf mich, Stanko, du weißt doch, wird sie ihre Ausrede finden. Schade um den Sonntag; vielleicht war es der letzte in diesem Sommer. Dabei hat sie mir fest versprochen, einmal mit mir auf den Obir zu steigen. Wir beide allein, ganz früh, noch vor Sonnenaufgang ... Werktags hockt sie bis spät am Abend in der Schneiderei, sonntags immer wieder irgendwelche Proben im Chor oder Auftritte und abends dann – die Schweine, immer wieder diese Schweine, diese verfluchten ... Wird sie denn überhaupt jemals an mich denken, wenn ich einmal so weit weg bin?

»DU BIST SO SCHÖN, DU BIST SO SCHÖN, DU MEINE BLUME MARIA ...«

Ist das nicht Günter, der dort mit dem roten MG? Er hat den Wagen angehalten. Klar, er ist es. Nun ist er ausgestiegen. Er kommt geradewegs in den Obstgarten. Er sucht mich unter den vielen Gesichtern auf der Bühne. Ich laß mir nichts anmerken. Der wartet ja sowieso auf mich, ganz bestimmt, bis zum Schluß des Konzertes. Meinetwegen, soll er mich nach Hause fahren, ich sag nicht nein, ich spüre ohnehin kaum noch meine Füße. Aber was mach ich nur, wenn er wieder auf mich einredet. Was soll ich, wie soll ich? Ein bißchen eingebildet ist er ja wohl, na ja, aber einen Baugrund hat er, und den Bauplan für das Haus trägt er ständig mit sich herum – in der Aktentasche. Mein Vater mag ihn nicht recht, weil er halt ein Deutscher ist, nicht einer von uns, wie er sagt, weil du dann unserem Volk verlorengehst, und deine Kinder auch. Ich aber halte mich da raus, sagt die Mutter, ich verwehre dir keinen und empfehle dir keinen. Die Liebe findet sich von selbst. Nur einen guten Ratschlag gebe ich dir. Wie du es dir betten wirst, so wirst du auch liegen. Die Mutter scheint mir vernünftiger. Von seinem Vater bekommt er Bauholz von der Säge und den Lastwagen für den Transport. »Du Blume meines Lebens, laß dich knicken für meine Vase« – welch ungewöhnlich, wundersame Worte! – Ob er nur ein Spiel treibt mit mir und in Friesach vielleicht mit einer anderen geht? Ich muß es erfahren. Ich fahr mit ihm, am nächsten Sonntag schon. Da kann der Vater nörgeln, soviel er will. Günter verliert seine Arbeit bei Filzer nicht. Als Chef des Lagerhauses hat er einen guten Job. Und verdient doppelt so viel wie Stanko. Und dann dieser fortwährende Streit wegen der slowenischen Sprache. Der hängt mir schon zum Hals heraus: lauter Erniedrigungen, als wären die Slowenen schlechter als irgendwelche nichtswürdige Parasiten, die man zertreten muß, wo immer sie auftauchen, Ungeziefer, weiß Gott von welchem bösen Geist nach Kärnten eingeschleppt, ganz so wie die Neger in Amerika. Da muß man es ja eines Tages satt bekommen. Der Onkel hat schon recht, wenn er seinen Sohn nicht ins slowenische Gymnasium steckt, der hat dann wenigstens seine Ruhe. Und sollen sich die Leute das Maul zerreißen, daß sein Vater sogar auf jugoslawische Kosten seine Professur erworben hat.

Du bist so schön . . . du Blume Maria . . .

Laß dich knicken, du Blume meines Lebens.

Er setzt sich ins Gras, lächelt und läßt Kristina nicht aus den Augen.

Oh, Kristina, mein Begehren . . . Wie meine Fußsohlen brennen und wie ausgetrocknet ich bin – wie unsere Äcker! Da wird einem schon schwarz vor den Augen . . . Aber wir stehen da, immerfort, wie auf einem Floß, und singen, singen, singen . . . und sehen nicht, wie wir untergehen, mitten im reißenden Fluß, vergessen und verlassen; wie wir sinken – mit einem Lied auf den Lippen.

Denn der Mensch lebt nicht vom Brot allein, und ein Volk nicht nur vom Gesang. Es kann so nicht leben . . .

Was für einen Sinn hat überhaupt noch dieses slowenische Aufbegehren.

Wenn diese Frauen in seidenen Kopftüchern und diese Männer in schwarzen Hüten, die heute hier im Obstgarten versammelt sind, einmal gestorben sind, und kein Publikum mehr da ist, um sich den Gesang anzuhören, werden die »Führer« des slowenischen Volkes in Klagenfurt be-

stimmt immer noch ihre zwei »Lager« haben, wird es bei ihnen immer noch zweifache Vorsitzende, zweifache Sekretäre, zweifache Kassiere, zweierlei Kultur, ja vielleicht sogar zweierlei Ferkelringe geben, und immer noch wird man über Unrecht klagen, über Unrecht schreiben, das uns angetan wird, allein – wer wird ihnen da noch zuhören? Sie reden zwar von der nationalen Einheit, versuchen aber, jeder sein eigenes politisches Süppchen zu kochen . . . Jeder einzelne von ihnen kommt sich großartig vor – wie so ein Schiffskapitän auf einem Ozeandampfer . . . Oder ein Feldherr . . . Was stört es ihn, daß er ohne Soldaten ist! Jeder einzelne von ihnen versteht es, der Führung seiner österreichischen politischen Partei zu gefallen, sich ihr als gehorsamer, als verläßlicher Liebdiener anzubieten. Jeder einzelne von ihnen hofft insgeheim auf einen größeren Brocken aus der Kärntner slowenischen Konkursmasse, der eine mit der Losung WIR STEHEN ZU ÖSTERREICH, *der andere mit der Parole* ALLES FÜR GUTE NACHBARSCHAFTSBEZIEHUNGEN. *Aber unsereiner ist gerade noch gut genug, als Statist bei Jubiläumsveranstaltungen im Konzerthaus aufzumarschieren, zum Beweis dafür,* DASS WIR NOCH LEBEN, DASS WIR NOCH NICHT STERBEN WOLLEN. *Wie verdorben, wie verschlagen die Führung dieser beider Lager ist! Wie verhängnisvoll kleinbürgerlich und den Interessen der eigenen Volksgruppe entfremdet! Wie schnell diese Repräsentanten den Schwanz einziehen, wenn sich die Studenten rühren. Wie eilig sie sich von ihnen distanziert haben! Von ihrer Ortstafelbeschriftung . . . Denn das slowenische Volk in den Dörfern hält so oder so den Mund. Den Älteren steckt ja noch vom letzten Krieg her die Angst in den Knochen. Und zum nächsten Jubiläumsfest kommen sie ja doch wieder alle zusammengelaufen. Wo soll unsereiner denn sonst hin? Wir sind halt die Statisten für jeden einzelnen von ihnen, die sich wie Kapitäne und Feldherren vorkommen. Und nicht sehen, wie sie nur ein altertümliches, morsches und leckes Boot die Drau hinabrudern. Wo in Kärnten ist denn auch nur eine kleine Fabrik in slowenischen Händen nach fünfundzwanzig Jahren wirtschaftlichen Aufschwungs? Ein paar genossenschaftliche Krämerladen und das ständige Klagen über Defizit, immer und überall nur Defizit . . . Aber trotz dem Defizit eine eiserne Ausdauer der Vorsitzenden! Du bringst sie einfach nicht vom Sessel. Nicht einmal mit einem Panzerwagen. Du aber schnür dein Bündel und hau ab! Such dir deine*

Arbeit in der Fremde . . . Und vertraue auf Maria, die Muttergottes, auf ihren Beistand . . . damit du Slowene bleibst . . . und eine neue Familie gründest . . . eine neue nationale Säule aufstellst . . . als katholischer Mann und Vater . . . Aber wo, zum Teufel? In Vorarlberg? In der Schweiz?

Irgendwo hinter dem Dobratsch geht die Sonne unter, und goldrot erstrahlen die Kalkspitzen der Karawanken. Der glühende Kegel des Obir versucht noch die aus den Wäldern und Schluchten aufsteigende Dämmerung aufzuhalten, aber er ist den Schatten, die sich wie riesige Hände auf die Ebenen des Jauntales legen, nicht mehr gewachsen.

Der Obstgarten vor dem Pfarrsaal ist nun leer. Eine wohltuende Stille breitet sich darin aus. Die Autos und Motorfahrräder sind in alle Windrichtungen davongefahren – auf Asphaltstraßen und Feldwegen – in die Dörfer und Weiler des Jauntales.

Zwischen den Tischen und Bänken schnüffelt ein magerer Köter nach fetten Abfällen, leckt an Papierservietten, steckt die Nase in Papiertüten und rollt leere Limonadenflaschen kreuz und quer über den zertretenen Rasen . . .

Stanko hat Arbeit in Vorarlberg gefunden.

Kristina hört jetzt nur noch auf den Namen Christl.

Im Frühjahr war ihre Hochzeit – mit Günter.

Jetzt bauen sie.

Stanko hat man in seinem Heimatort schon ein Jahr lang nicht mehr gesehen. Vielleicht ist er von Vorarlberg schon auf nach Deutschland oder weiß Gott wohin.

Der gemischte Chor hat also zwei Mitglieder verloren: Kristinas hellen, klaren Sopran und Stankos samtenen Tenor.

Welches Paar wird es dieses Jahr treffen?

Marko und Marica? . . . Oder Jozej und Cilka? Oder gleich alle vier?

Der Vorsitzende wird weiterhin die Muttergottes beschwören, sie möge ihren Mantel schützend über unsere Hoffnung breiten, über die slowenische Jugend in Kärnten . . .

Filzhammer aber wird noch vor Maria Himmelfahrt die Filiale seiner Bürstenfabrik eröffnen: *Zur industriellen Erschließung des Unterlandes.*

Rückkehr

Begleitwort zum Fernsehfilm »Vrnitev« (Rückkehr)

Der Fernsehfilm »Rückkehr« beleuchtet ein Stück österreichischer Zeitgeschichte so, wie sie vom slowenischen Volk in Kärnten/Koroška nach der Volksabstimmung (1920) in den Krisenjahren der Ersten Republik bis hinein in den Zweiten Weltkrieg erlebt wurde.

Er versucht aufzuzeigen, wie das Nationale, zu dem die Sprache als wesentlichstes Element oder Zeichen gehört, in der Geschichte der Völker und Staaten von den wirtschaftlich herrschenden Schichten, den Nutznießern des kapitalistischen gesellschaftlichen Systems, immer wieder als Vorwand für ihre Interessen herhalten muß und immer wieder mißbraucht wird.

Der Mölltaler Bauer und der vom Gurktal – die Kärntner wissen das heute nicht, weil ihnen die Tageszeitungen das nicht sagen – lehnten sich entschieden gegen die Aussiedlung ihrer slowenischen Unterkärntner Standesgenossen im Jahre 1942 auf: sie ahnten haargenau, was diese Aktion des Naziregimes im Zusammenhang mit dem ebenfalls von ihm hochgejubelten Erbhof in der Folge für sie selbst zu bedeuten hatte, waren sie doch in großer Mehrzahl österreichisch und katholisch orientiert – wie die slowenischen ausgesiedelten Familien ja auch.

Und eine Analyse der beruflichen Zugehörigkeit beziehungsweise der Interessenvertretungen der sogenannten Ortstafelstürmer vom Herbst 1972 ergab ebenfalls eindeutig die Tatsache, daß slowenische Arbeiter, zum großen Teil Pendler, genauso wie ihre deutschsprachigen Kameraden am Arbeitsplatz *keinen* Sprachenhader wollten und keinen wollen, der wird in Kärnten von der bürgerlichen Presse und den Hetzschriften des Kärntner Heimatdienstes im Interesse der herrschenden Schichten künstlich geschürt und in die Reihen der arbeitenden Menschen hineingetragen, so zum Beispiel der »Ruf der Heimat« – in einer Auflage von 200.000. Um die Interessen zu erkennen, die wieder einmal die rufende Heimat zu kaschieren hat, braucht man sich nur deren Hetzparolen gründlich anzuschauen. Wem nützt da wohl die sattsam angewandte unverschämte Aufforderung sogenannter »Heimattreuer« an die nationalbewußten und aufrechten Slowenen des Landes: Wenn's euch in Österreich nicht paßt, geht's obe zum Tito!? – Ein Arbeiter, dessen Chef Vertreter einer solchen Kärntner Idylle ist, wird sich angesichts des immer schlimmeren Arbeitsplatzmangels wohl reichlich überlegen, ein lautes Wort für die Aufstellung von zweisprachigen Ortstafeln auszusprechen.

Also geht es in diesem unheimlichen Sprachenzwist um sehr vordergründige wirtschaftliche Interessen – um die Erhaltung von möglichst eingeschüchterten, daher möglichst billigen und willigen Arbeitskräften.

Und es ist erwiesen, daß in Kärnten der niedrigste Durchschnittslohn von Österreich gezahlt wird.

So ist denn die Rückkehr in diesem Film eine vielfache:

Die Rückkehr des Deutschnationalismus nach dem Zerfall der Habsburgermonarchie, der die nationale Frage ebenfalls im Zusammenhang mit »unlösbaren« wirtschaftlichen imperialistischen Spekulationen über den Kopf gewachsen war. In den zwanziger und dreißiger Jahren verstand es der deutsch-österreichische Kapitalismus, Kärnten zum letzten österreichischen Aufmarschgebiet zu machen, vor allem der Großgrundbesitz, und die revolutionäre Nachkriegsstimmung unter den Werktätigen in üblen Chauvinismus zu verwandeln. Der Heimatdienst war damals schon dabei. Auf den Werbeplakaten zur Volksabstimmung wurden auch damals schon die durchsichtigen Interessen der herrschenden beziehungsweise besitzenden Schichten mit Begriffen wie Heimattreue, deutsche Scholle, jugoslawische Barbarei und anderes verbrämt. Und im slowenischen Teil Kärntens, wo die Bevölkerung zum großen Teil national bewußt war, verteilte man im besten Schriftslowenisch verfaßte, recht liebenswürdige Zeitungen, die aufforderten, der Slowene möge doch für Österreich stimmen, er würde hier alle nationalen Rechte genießen, er würde vom Deutsch-Kärntner wie ein Bruder behandelt. Ist das nicht ein ganz erbärmlicher Mißbrauch einer Sprache, gerichtet gegen jene, die um sie zu bangen haben? – Der Film zeigt uns realistische Szenen darüber, wie der Dank aussah dafür, daß so viele Slowenen sich gegen das Königreich der Serben, Kroaten und Slowenen und für die Republik Österreich entschieden haben. Die slowenische Arbeiterschaft von Kärnten, zum Beispiel die Büchsenmacher von Ferlach, versprachen sich klarerweise mehr von der Republik Österreich als vom Königreich Jugoslawien. Und die heimgekehrten slowenischen Frontsoldaten, darunter viele Kriegsbeschädigte, hatten die Nase gestrichen voll vom sogenannten Militärdienst fürs Heimatland, daher zog der Werbeslogan: Mutter, willst Du, daß Dein Sohn nach Mazedonien einrückt? sicher stärker und entscheidender als der so hoch gepriesene Abwehrkampf. Ernste Historiker, die sich auf Fakten und nicht auf Mythen stützen, so zum Beispiel Dr. F. Steinböck, haben bewiesen, daß man ihn eher einen Abwehrkrampf nennen müßte, zumal sich die sogenannten Traditionsträger in Kärnten schlimmer vermehren als die Kaninchen.

Und noch eines ist zu beachten: das slowenische Volk von Kärnten wurde zu jener Zeit politisch von Pfarrern angeführt, die kein wirtschaftliches und soziales Reformprogramm im Sinne hatten. Vergleiche dazu zum Beispiel den Roman *Požganica* von Prežihov Voranc.

Die zweite Rückkehr des Deutschnationalismus war die verheerendste: das von Arthur Lemisch, dem ersten Landeshauptmann von Kärnten in der Ersten Republik, angeordnete Eindeutschungswerk (»Wenn Schule und Kirche das Ihre tun, würden die Verirrten [= Slowenen] in zwei Generationen zurückgeführt«) wurde unter Maier Kaibitsch und anderen Nazi-Größen mit physischen Ausrottungsversuchen gekrönt: Das Graue Haus in Wien klagt an von der Wand der Hinrichtungszelle. Der Drang des »Volkes ohne Raum« nach Süden, Triest zu, verlangte es, daß das südlichste Bundesland Österreichs sobald wie nur möglich eingedeutscht würde – und in der Folge dann Oberkrain/Gorenjsko. Daher machte sich die Gestapo-Kommandantur in Bled seßhaft, und Tausende Kärntner wurden nach Slowenien in die Okkupationsadministration versetzt. Viele von ihnen, die gewissenhafte Arbeit im Dienste und Geiste der Gestapo verrichtet haben, schreien heutzutage in Kärnten, sie seien *heimattreu*. Und doch hatten nicht die Kärntner Slowenen die österreichische Grenze niedergerissen, wohl aber ein Herr Dr. Koschier, der zum Beispiel 1970 für die aufgeblähte 50. Jubiläumsfeier des 10. Oktober verantwortlich zeichnete. Dieser feine österreichische Patriot war mit der Festigung des Hitlerschen Deutschtums in Slowenien beauftragt . . . Da sind wir aber auch schon beim Kern des Bösen in unserer Zweiten Republik: sie wurde kaum entnazifiziert, in Kärnten schon gar nicht.

Man entschuldigt sich in der Kärntner Landesregierung heute folgendermaßen: »Wollten wir damals im Jahre 1945 alle Lehrer-NSDAP-Mitglieder aus dem Schuldienst entlassen, müßten wir alle Schulen sperren . . .«

Na und? Besser keinen Unterricht als den alter, unverbesserlicher Nazis. So stimmt denn auch heute der Geschichteunterricht in vielen Schulen noch nicht, soweit er die Zeitepoche von 1934 bis 1945 streift. In welchem Lande Österreichs wäre es außer in Kärnten noch denkbar, daß der Nazi-Gauleiter Rainer dem Landeshauptmann der Provisorischen Landesregierung, Piesch, eigenhändig und sozusagen im festlichen Akt die Schlüssel der Landesregierung mit dem Vermächtnis übergibt: Sorget nun ihr weiter, daß Kärnten deutsch, frei und ungeteilt bleibt!

Und nun zur dritten Rückkehr des Deutschnationalismus: Die ist uns allen vor den Augen. »Einen kleinen Adolf tät ma brauchen in Kärnten . . .« Lautes Wunschdenken im Österreichischen Fernsehen, in Anwesenheit österreichischer Polizisten, der ganzen Welt offenbar, zu Allerheiligen in Annabichl im neutralen Österreich! Und verfolgt werden slowenische Jugendliche, die auf die Wiederbelebung nazistischen Gedankengutes aufmerksam machen und auf die im Staatsvertrag verbrieften nationalen (= sprachlichen) Rechte pochen . . . In Schauprozessen und Aburteilungen.

Der Film »Rückkehr« reicht mit seinem traurigen Ende – an dem von deutschnationalistischen »Heimattreuen« geschändeten Grab von Joza Kuhar, dem armen Helden dieser Geschichte – leider Gottes direkt in unsere Tage. Und doch sind die Kärntner Slowenen nicht ohne einen Hoffnungsschimmer. Aus der Jugend kommt er, aus dem Klub slowenischer Studenten in Wien, aus der Kladivo-Gruppe (Zeitung Kladivo-Hammer), den Mitarbeitern von der literarischen Zeitschrift »mladje« (Jungwuchs), die das Solidaritätskomitee für die Rechte der Kärntner Slowenen ins Leben gerufen haben: zwei große Demonstrationen der Kärntner Slowenen durch Klagenfurts Gassen (1973 und 1976) bewiesen, daß sie ihre Aufklärungsarbeit richtig angefaßt und auch das deutschsprachige demokratische Lager Österreichs anzusprechen verstanden haben. Daß dieses heute schon sensibler ist für die jüngsten schändlichen Ereignisse in

Kärnten, ist vor allem das Verdienst dieser uneigennützigen Jugend, die in ihrem Glauben an eine bessere österreichische Republik, als es die erste war, immer wieder auf die Erfüllung des Artikels 7 des Staatsvertrages hinweist.

Noch ein paar Worte zum Film selbst: Die Hitlersche Wehrpflicht war für die Kärntner Slowenen eine doppelte Erniedrigung. Man hat ihnen mit dem Befehl: »Kärntner, sprich Deutsch!« nicht nur die Zunge aus dem Mund gerissen, sondern sie unter größter seelischer Qual auch noch genötigt, Kanonenfutter für das »Dritte Reich« darzustellen. – Für seinen Todfeind den Kopf an der Front hinzuhalten – gibt es noch einen ätzenderen seelischen Schmerz? Und keinerlei Notausgang zu sehen? – Denn jeder der slowenischen Zwangsmobilisierten konnte nicht überlaufen. Ein dicker Memoirenband aus dieser Zeit vom slowenischen Kärntner Bauern Mirko Kumer nennt sich »Po sili vojak« (Zwangssoldat). Nur wenige hatten die Möglichkeit zum Türmen, wie man das Desertieren damals nannte. Wurden sie dabei erwischt, gab es nur noch die Kugel in den Kopf an Ort und Stelle. Diente man einem Kompaniechef, der selbst die Fresse voll hatte, kam man eventuell ins Strafbataillon – so wie der Autor dieser Zeilen und des Drehbuches.

So half eben in den meisten Fällen kein Risiko, wenn man gar nicht erst in die Lage kam, eines auf sich zu nehmen. – Die dritte Möglichkeit – das Überlaufen zu den slowenischen Widerstandskämpfern, den Partisanen in den Karawanken, damals von der Hitlerschen Soldateska Banditen geschimpft – gab es nach den Aussiedlungen der slowenischen Bauernfamilien nach Deutschland auch nur in Ausnahmefällen, wenn nämlich die Einheit an der Front nicht informiert war, daß slowenische Kärntner Soldaten wegen der Partisanenüberfälle Urlaubssperre hatten, und wenn man in den vierzehn Tagen oder drei Wochen überhaupt eine Verbindung mit ihnen herstellen konnte. In einem solchen glücklichen Fall wußte dann ein Slowene wenigstens, wofür er im Dreck zu liegen und sein Leben zu riskieren hatte – für den Sieg über die Nazi-Barbarei.

Rückkehr

Ausschnitt aus dem Drehbuch für den Fernsehfilm »Vrnitev« (Rückkehr)

XXI.
BAUERNKÜCHE (IN DEN JAHREN 1925–1926)
INT – WINTERTAG – SCHNEE

(GENDARM.) *Abwenden und Drehen von der Tür in die armselige Bauernküche. Vater, Mutter, fünf- bis sechsjähriger Sohn Joza, sein dreijähriges Schwesterchen und ein Säugling in der Wiege, die vom Schwesterchen geschaukelt wird. – Die Mutter strickt Strümpfe. Der Vater werkelt an einem Rechen, Joza »hilft« ihm, der Gendarm tritt in das Blickfeld der Kamera. Er schüttelt den Schnee von den Schuhen.)*

GENDARM: Guten Tag, Kucher.

VATER: Guten Tag, was gibt's Neues, Herr Inspektor?

(Vater und Mutter stehen auf und bieten dem Gendarmen einen Stuhl an. Mutter wischt vor ihm den Tisch ab. Durch das offene Fenster sieht man, wie es schneit. Der Gendarm hart, entschlossen. Er legt den Bescheid auf den Tisch.)

GENDARM: Vom Gemeindeamt soll ich's dir bringen. Klagenfurt hat abgewiesen ... Kein Geld für Subventionen ...

(Der Vater kann es nicht fassen, blickt starr vor sich hin.)

VATER: Schon das dritte Mal abgewiesen.

(Gendarm mit zweideutiger Stimme.)

GENDARM: Sind zu viele ... Werden sortiert.

(Vater in sich gekehrt.)

VATER: Weiß ich. Ja, die sortieren immer ... Mich lassen sie jedesmal durchfallen ... Weiß der Teufel, wer da dahintersteckt ... Wenn Sie's wissen, dann sagen Sie's mir!

(Der Gendarm sieht ihn an, sodann dreht er sich leicht nach links und nach rechts. Sichtlich verlegen. Er bringt es kaum aus sich heraus.)

GENDARM: Man sagt, Sie seien noch immer für Jugoslawien.

VATER: Goschen. Und die Steuern? Zahl ich die für

Jugoslawien oder für Österreich? – Das Kucher-Geschlecht lebt auf diesem Boden schon 300 Jahre lang. Und wir waren nie etwas anderes als Slowenen.

(Er bohrt seinen Blick in den Gendarmen. Diesem sind die letzten Worte gar nicht angenehm. Offensichtlich versteckt er seine eigene [slowenische] Herkunft.)

Wir sind, was wir sind ... Ich habe keine Grenze gezogen zwischen Bleiburg und Prevalje.

(Der Gendarm wird zusehends nervös. Die Mutter blickt unruhig bald zum Vater, bald zum Gendarmen. Wie beiläufig streckt der Gendarm die Hand auf die Fensterbank und nimmt von ihr die slowenische Wochenzeitung KOROŠKI SLOVENEC (Original vom Dezember 1925 oder Jänner 1926). Er hält ihm die Zeitung unter die Nase.)

GENDARM: Und was ist das? Also dann Grüß Gott, i mueß jetzt gehn ...

(Er steht auf. Er verläßt die Küche. Die Kamera begleitet ihn. Der Vater geht ihm nach, kommt in das Blickfeld der Kamera. Er schließt die Tür. Sodann ...)

VATER: Verdammte Teufel.

MUTTER: Nicht so, Vati, die Kinder ...

(Der Vater bleibt stehen. Er kehrt zurück zur Familie am Tisch. Die Kamera begleitet ihn.)

VATER: Was heißt das – nicht so! *(Den Kindern zugewandt:)* Die Kinder sollen früh genug erfahren, in was für eine Welt sie geboren wurden! *(Sehr aufgebracht:)* Wer was hat, der ist was wert. Dem armen Teufel aber reißen s' noch die Zunge aus dem Mund! Nachdem er die Steuern gezahlt hat ... Die stinken ihnen nicht ... den Teufeln, den gottverdammten ... auch wenn die Slowenen sie aus dem Dreck für sie holen.

(Die Mutter, beruhigend:)

MUTTER: Es wird schon irgendwie gehn ...

(Der Vater, entschieden:)

VATER: Du träumst und weißt nicht, daß sich slowenische Träumereien in Kärnten nicht verwirklichen lassen. Den »Koroški Slovenec« bestell' ich ab. Schon morgen.

(Die Mutter schüchtern, bittend:)

MUTTER: Das tust du uns aber nicht an, Vati!

VATER: In Kärnten gibt's keine andere Wahl: willst du weiterkommen, verlaß die Slowenen! Nationaler Stolz ist für einen armen Schlucker Luxus ... Wir leben nicht in Jugoslawien.

(Joza zum Vater:)

JOZA: Vati, wo ist denn Jugoslawien?

VATER: Hinter der Petzen.

JOZA: Sprechen sie dort auch so wie wir?

VATER: Auch.

JOZA: Gibt's dort auch Deutsche?

VATER: Nein, Bub.

JOZA: Warum denn nicht?

(Der Vater setzt sich. Joza kommt näher zu ihm.)

VATER: Weil die Slowenen dort ihre eigenen Herren sind.

JOZA: Warum sind wir das nicht?

VATER: Weil wir bei der Volksabstimmung einen Bock geschossen haben.

JOZA: Warum?

VATER: Warum, warum! Weil zu wenig slowenische Köpfe gedacht haben, weil zu viele genickt haben.

JOZA: Warum haben zu viele genickt?

VATER: Weil sie's in den Schulen des Kaisers so gelernt haben . . . Nicken, folgen . . . *(Der Vater spricht mehr für sich selbst als für das Kind:)* Von den Lehrern und den Katecheten: gib dem Kaiser . . . gib dem Herrgott . . . Pflichten der Untergebenen . . . Politik wird von der Herrschaft gemacht . . . Und diese Herrschaft ist deutsch . . . Die Grafen . . . die Fabrikanten . . . die Richter . . . alles Deutsche . . . und die bestimmen das Recht . . .

Wir Slowenen dürfen für sie nur den Karren schleppen . . . und beten . . . für unsere Erlösung im Himmel . . . so hören wir's jeden Sonntag . . .

MUTTER: Aber Vati . . . *(Mutter besorgt, mißmutig:)* Der Bub versteht ja das alles noch nicht.

(Joza und Vater. Der Vater schaut zuerst die Mutter an, dann den Buben.)

VATER: Dafür spürt er's am eigenen Leibe . . .

JOZA: Vati, ich werde niemals nicken.

VATER: Dann wirst du herhalten müssen . . .

(Nach ein paar Augenblicken des Schweigens:)

JOZA: Vati, warum muß denn der Mensch auf die Welt kommen?

VATER: Warum, warum . . . Halt darum . . .

(Die Mutter kommt ins Blickfeld der Kamera, als der Vater nicht mehr weiter weiß.)

MUTTER: Damit er das Unrecht kennenlernt und sich dagegen richtet, Jozi . . .

(Der Vater ironisch:)
VATER: Mit dem Kopf durch die Wand . . .

Das Drehbuch »Vrnitev« (»Rückkehr«) wurde vom Autor nach seiner Novelle »Leningrad-Globasnitz 1942« (aus der Sammlung »Ansichtskarten von Kärnten«, 1970, Maribor) verfaßt und vom VIBA-Film mit der RTV LJUBLJANA realisiert (Regisseur Anton Tomašič). Uraufführung am 1. November 1976, RTV LJUBLJANA. Beim XIV. Internationalen Fernsehspielfestival in Prag im Juni 1977 – vorgeführt wurden 48 Fernsehspiele aus 30 Ländern – erhielt das Drehbuch den Preis »Goldenes Prag«.

Von meinem Verhältnis zu den beiden Sprachen Slowenisch und Deutsch

Schon allein aus der obigen Reihenfolge, in der ich die beiden Sprachen angeführt habe – Slowenisch an erster, Deutsch an zweiter Stelle –, pflegen in Kärnten meine heimatdienstverrichtenden Zeitgenossen Verrat am Vaterland zu riechen, und der Autor einer solchen Anmaßung muß damit rechnen, ihretwegen stante pede in einem Leserbrief der KZ, VZ oder der sozialistischen KTZ angegriffen zu werden.

Soviel zur innenpolitischen Wirklichkeit eines eminent kulturellen, ausgesprochen menschlichen Phänomens, zur Beleuchtung der viel zitierten Dreiländerversöhnung, der »Drehscheibe Südost«, der ARGE »Alpen-Adria«.

Slowenisch ist meine Mutter- und Vatersprache, nicht »Windisch«, es sei denn, man versteht darunter das, was dieses in Wirklichkeit ist: eine der 45 slowenischen Mundarten, wovon es sechs in Kärnten gibt.

Geboren wurde ich *nach* der Volksabstimmung in Kärnten. Mein Volksschullehrer, ein slowenischer Dissident aus meiner Pfarre, hatte seine Bildung vom Schulverein Südmark erhalten, daher wurden wir Schulkinder von ihm gehänselt und angeherrscht, je nach seiner Laune, sobald wir von ihm dabei ertappt wurden, daß wir uns in unserer slowenischen Dorfsprache unterhielten. In der Schule – auch während der Pause – durften wir diese nicht sprechen. Er nannte sie »schiach«, das heißt unschön, dreckig, garstig. Die deutsche Sprache nannte er – schön.

Ich überlegte: Wenn aber diese Sprache auch meine Mutter, mein Vater, meine Geschwister, ja alle meine Nachbarn im Dorf sprechen, dann sind sie doch alle durch die Bank – »schiach«, ein verdammtes Geschlecht halt, eine Art Ungeziefer, das der Deutsch sprechenden Stadtbevölkerung in Bleiburg lästig ist, im Wege steht.

Und so war es ja wohl auch.

Als Volksschulkinder boten wir der deutsch-kleinbürgerlichen Herrschaft dieses Städtchens die besten Früchte unseres Dobrowa-Waldes an – Erdbeeren,

Himbeeren, Füchslinge – und das Beste aus unserer kleinen Wirtschaft – Eier, Rahm, Butter; wir klopften und läuteten, läuteten und klopften an die versperrten Haustore noch vor dem Schulgang, um diese Herrlichkeiten anzubieten. So manches Mal trugen wir sie wieder sorgfältig nach Hause. Da durften wir sie dann allenfalls selbst aufessen. Doch sie schmeckten uns nicht: war doch die Mutter ohne Germ geblieben, ohne Zucker und Salz, ohne Zwirn.

Das waren die berüchtigten dreißiger Jahre.

Die Stadt sprach vorwiegend Deutsch. Sie war schön, denn sie kam immer noch zu Geld. Dort saßen der Richter, der Arzt, der Dentist, der Apotheker, der Pfarrer und seine zwei Kapläne, die Lehrer, Handwerker und Kaufleute. Die meisten von ihnen hatten nicht viel Geld, vor allem die Schuster, Schneider und Gasthausbesitzer, aber sie hatten immerhin ein wenig. Die Bauern im Dorf hatten überhaupt keines. So trugen wir Kinder tagaus, tagein Milch zum Flickschuster Ehrenfeldner in die Stadt, dafür sorgte dieser für die Besohlung unseres Schuhwerks. Also Warenaustausch.

Eines aber hatten in der Zeit unsere Bauern zur Genüge: Schulden jeder Art. Sie waren eben »schiach«. Sie stanken nach Stallmist. Und wir alle – die vom Lehrer und den städtischen Jungen belächelten und beschimpften windischen Bengel –, wir stanken genauso wie unsere Väter und Mütter – nach Mangel und Armut.

Wir trugen im Winter wie im Sommer hölzerne Zokkelschuhe und geflickte Hosen. Der kleinere Bruder bekam sie immer vom größeren, wenn der ihnen bereits entwachsen war.

Daher stelle ich von meiner Kindheit an meine wenig geschätzte und von vielen Kärntnern verachtete »schiache« slowenische Muttersprache *vor* das »noble« Kärntner Deutsch. Einige nennen diese meine Haltung kommunistisch. Und ich freue mich immer darüber. Es zieht mich einfach zu den Unterdrückten. Und in Kärnten sind das vor allem die Slowenen, die sich nicht einschüchtern und assimilieren lassen.

Diese Haltung bringt hier nicht viele Freundschaften ein, im Gegenteil: da ich zusätzlich ein sogenannter Akademiker bin, nimmt man es mir in »meinen« Kreisen übel, daß ich diese slowenische Herkunft offen und unmißverständlich bekenne, als ob sie nicht wüßten, wie man eben seine Mutter und seinen Vater – normalerweise in aller Welt – bekennt, vorstellt.

»In meinen Kreisen« heißt in erster Linie unter jenen meiner ehemaligen Schulkameraden, die heute Richter, Ärzte, Lehrer und Ingenieure sind, ihre slowenische Muttersprache aber wohlweislich in keinem der im Laufe ihres Lebens auszufüllenden Formulare anführen, stünde sie ihnen doch in ihrem Heimatlande Kärnten bei ihrer Berufskarriere ernsthaft im Wege! Einer meiner Mitschüler brachte es durch Verleugnung dieser »schiachen« slowenischen Muttersprache sogar bis zum Landtagsabgeordneten. Als ihn eines Tages der Bundeskanzler seiner Couleur zu Hause besuchte, mußte die leibliche Mutter dieses feinen Abgeordneten für jenen Tag weg von zu Hause, zu Verwandten ins Nachbardorf, damit die »sprachliche Reinheit« dieses Bauernhauses gewahrt blieb . . . Daß die erwähnte Frau nur ihren slowenischen Dialekt sprach und sich Deutsch kaum verständlich machen konnte, das sollte der Bundeskanzler nie und niemals erfahren!

Slowenisch ist also die Sprache meiner gedemütigten Seele, meines seelischen Schmerzes und meines Geistes, der sich auflehnt gegen solche Demütigung und solchen Schmerz.

Slowenisch ist für mich Zuflucht, innere Emigration, Nestwärme und menschliche Geborgenheit – trotz der unheimlichen sichtbaren und unsichtbaren Repression, der es in meinem Heimatlande Kärnten ausgesetzt ist.

Oder vielleicht eben *wegen* dieser Repression?

Slowenisch ist für mich heute hier in Kärnten nicht nur ein Mittel zur Verständigung unter meinesgleichen – schließlich spreche ich auch Deutsch, und meine slowenischen Landsleute könnten mich auch in dieser Sprache verstehen: Slowenisch ist für mich zur Charaktersache geworden, zur Sache der persönlichen Freiheit, der menschlichen Würde . . .

Zum Lebenssinn schlechthin – eben *wegen* meiner geschilderten Erfahrungen, eben aus der Kärntner Situation heraus.

Am Slowenischen kann man in Kärnten vieles messen, wenn nicht alles, was im Leben eines Menschen auf dieser Erde wesentlich ist. Was ihn im Guten oder im Bösen determiniert: Aufrichtigkeit, Aufgeschlossenheit, Gerechtigkeitssinn, Anständigkeit – Nützlichkeitsdenken, Feigheit, Verschrobenheit und Falschheit, demokratische sowie nazifaschistische Substanz, Barbarei sowie Kultur.

Vor allem aber Hochmut und Ignoranz, Provinzialismus, kulturelle Indolenz genauso gut wie Charakterfestigkeit und Mut zum Anders-Sein-als-die-anderen, die da brüllen: Es gibt kein Slowenisch-Kärnten. Wer das nicht begreifen will, horuck – über die Karawanken!

Slowenisch ist also für uns Slowenen genauso wie für unsere deutschsprechenden Nachbarn ein verläßliches soziales Korrektiv schlechthin. Der wesentlichste Maßstab für unsere und ihre menschliche Wirklichkeit.

Für die assimilierten Slowenen aber ist es zum großen Teil das – nicht eingestandene – schlechte Gewissen, das niemals zum Schweigen kommt, jene ins Unterbewußtsein verdrängte urprüngliche Seele, die es zu verleugnen gilt – von Stunde zu Stunde, tagein, tagaus . . .

Auch vor den eigenen Freunden, vor den eigenen Kindern.

Auch das ist also Slowenisch: nationale, sprachliche Schizophrenie, geforderte oder einfach zugelassene Entfremdung des eigenen Ich.

Slowenisch ist eine soziale, wirtschaftliche, kulturelle Hypothek, die meine slowenischen Landsleute in Kärnten freiwillig auf ihr Leben nehmen. Es ist in der Öffentlichkeit meines Heimatlandes das rote Tuch, denn Kärnten wurde keineswegs richtig denazifiziert. Und es wird morgen schon Lebensgefahr bedeuten, wenn die österreichische Regierung weiterhin unverschämten Gesetzesbrechern öffentlich polizeiliches Geleit gibt, also die eigenen Gesetze zertrampeln läßt.

Darum erbarmt mich mein Slowenisch.

Darum werde ich dieses Slowenisch niemals verraten – und sollte ich abermals für weitere sieben Jahre ein arbeitsloser Lehrer in diesem Lande werden.

So ist mein Verhältnis zum Slowenischen.

Und mein Verhältnis zum Deutschen?

Es ist für mich die Sprache großartiger kultureller Aussagen und präziser philosophischer Erkenntnisse, aber auch der Inbegriff schändlichster Erniedrigungen, denn ich mußte in der Hitlerwehrmacht dienen, zuletzt gar noch in einer ihrer Strafkompanien in Ostpreußen, und das besagt alles.

Und ich muß mir heutzutage in meinem Heimatlande Kärnten die Begriffsverschleierungen und -verwirrungen anhören, die sich wohl in keiner anderen Sprache dieser Welt so verläßlich bodenständig anrüchig bilden lassen wie eben in der deutschen: »Heimatliebe«, »Heimattreue«, »Heimatdienst«, »gefallen für Volk und Vaterland« – nicht etwa für den Wahnsinn Adolf Hitlers und dessen Henkersknechte – oder »wir alle sind Kärntner« – welch epochale wissenschaftliche Entdeckung! Besagt sie vielleicht etwas anderes als: »Wir alle haben Nasen und Ohren . . .«

Und so weiter und so fort.

Deutsch ist für mich ein Mittel zur Verständigung mit jenen Landsleuten, die nur diese Sprache beherrschen. Aber wegen der Inhalte, die ich den Lesern in dieser Sprache vermitteln möchte, gibt es trotz ihrer grammatikalischen Richtigkeit kaum eine Verständigungsmöglichkeit. Ich erzähle ihnen von meinen Demütigungen, von meinen Bedrängnissen, von meinen Enttäuschungen und von der Existenzangst meiner slowenischen Landsleute, sie aber meinen, ich übertreibe, in Kärnten werde doch kein Slowene wegen seiner Muttersprache verfolgt. Wo gibt's denn so was!? – Belege ich meine Behauptungen mit stichhaltigen Beweisen, meinen sie, das seien eben Ausnahmen, die die Regel bestätigen, keineswegs ernst zu nehmende Fälle.

Ein satter Rabe glaubt einem hungrigen Raben nicht, lautet ein slowenisches Sprichwort.

Inhalte, die mich in Kärnten geistig und seelisch bewegen, dem Leser deutsch mitzuteilen, ist ein Sisyphusanliegen. Ist Literatur, die jene, für die sie geschrieben ist, kaum interessiert; die von Zeitungen und Zeitschriften, vom Österreichischen Rundfunk und Fernsehen wohlweislich totgeschwiegen wird; die von der staatlich finanzierten »Literatur und Kritik« mit zwei Zeilen abgefertigt wird: ». . . sende Ihnen Ihre Arbeiten zurück. Unsere Zeitschrift wäre wohl ohnedies nicht der richtige Platz dafür gewesen.«

Wo in Österreich ist wohl der richtige Platz für einen Kärntner Slowenen, der nur Unschickliches über dieses so gemütliche Land zu berichten weiß, und das obendrein gar in amtlicher deutscher Sprache?

Was fällt ihm denn ein!

Mein Verhältnis zur deutschen Sprache ist also getrübt. Ich habe aber einige innige deutschsprachige Freunde unter den geistigen Arbeitern dieses Landes. Ein beherzter, unnachgiebiger Demokrat unter ihnen ist Peter Turrini. Ein anderer heißt Helmut Scharf. Dem letzteren, der nicht – wie Turrini – in Wien, sondern in

Kärnten lebt, haben die »heimattreuen« Heimatdienstler recht unliebenswürdig in Aussicht gestellt, die Fenster seines Hauses demnächst einzuschlagen. Das hat er von seiner Symapathie für die Kärntner Slowenen. – Er ist nämlich auch *für* die zweisprachigen Ortstafeln.

Nun, mir haben sie telefonisch mitgeteilt: »Wir bringen Sie um, Sie Titoschwein! Verschwinden Sie rechtzeitig über den Loibl!« Bei Nacht um zwei Uhr. Und dann um drei noch einmal. Und in der nächsten Nacht wieder so . . .

Aber Kärnten ist nicht nazistisch.

Man will hier nur vom Slowenischen nichts hören.

Vor allem nicht in der Öffentlichkeit.

Im Rinderstall und auf dem Felde – das ist etwas anderes. Dort sollen sie in Gottes Namen quatschen, wie sie wollen . . .

Aber ich bitte Sie, versuche ich mein Slowenisch vor ihnen in Schutz zu nehmen, diese Bauern und Arbeiter zahlen doch auch jeder ihre Steuern! – Na und? Wenn es ihnen bei uns nicht paßt, können sie ja hinunter nach Jugoslawien verschwinden!

So sind die Inhalte, die in deutscher Sprache in meinem Kärntner Heimatland auf mich zukommen.

Tagein, tagaus.

Daher ist mein Verhältnis zur deutschen Sprache belastet, behindert, beeinträchtigt, wirr.

Wegen der Inhalte, die darin auf mich zukommen.

»Deutschland über alles« damals . . . »Kärnten über alles« heute . . . Im Ernst, auf großen Wahlplakaten.

Und: »Es gibt kein Slowenisch-Kärnten.«

So, also es gibt kar kein Slowenisch-Kärnten, dann gibt es auch mich gar nicht . . .

Kann denn mein Verhältnis zur deutschen Sprache in diesem Lande anders sein als stotternd, gehemmt?

Und argwöhnisch, scheu?

Wie ich ein »Gospod« wurde

Ich bezweifle, daß es etwas Beglückenderes gibt auf dieser Welt als jenen seelischen Zustand, in den man versetzt wird, wenn man etwas Bestimmtes lange, lange gesucht, es heiß ersehnt hat und es dann urplötzlich erblickt, ohne gerade in dem Augenblick daran gedacht zu haben. Schwammerlsucher, Fischer und Jäger, leidenschaftliche Botaniker und Ornithologen dürften dieses Gefühl der inneren Freude noch am ehesten kennen. Und je verschwiegener sie diese für sich bewahren, um so stärker steigert sich in ihnen jene wonnige Erregung.

Würden sie diese an die große Glocke hängen, wären sie sie auch schon los.

Daher tun sie klug daran, sich zu beherrschen und ihr Glas in aller Ruhe schön insgeheim bis zur Neige zu leeren.

Und trifft dann so ein Glücklicher einen Bekannten auf der Straße, der wissen möchte, woher denn eigentlich seine gute Laune, so tut er gut daran, vor ihm vielsagend zu lächeln, als wollte er ihm schonend beibringen: Hör zu, mein Lieber, es gibt da Dinge zwischen Himmel und Erde, die sind nicht für jedermanns Ohren und Augen.

Wetten – schlagartig verschafft er sich bei ihm Ansehen.

Es kommt natürlich vor, daß Menschen eine solche wonnige Erregung einfach nicht verkraften und sie deshalb irgend jemandem mitteilen müssen, da sie sonst vor innerer Spannung platzen würden. Auch heißt es im slowenischen Volksmund, geteiltes Glück sei doppeltes Glück. Eingestanden. Obwohl andererseits leider, leider auch das stimmt, daß die Menschen – infolge ihres unterentwickelten Bewußtseins – ihren Nächsten die Freude eher neiden als gönnen. Darüber werden wir am Schluß dieser Erzählung einiges mehr wissen, denn ihr Motiv ist so ein insgeheimes Freudenerlebnis, zart wie ein Hauch, wie der Duft eines Veilchens im feuchten Schatten einer hohen Mauer. Und brüchig wie das feinste Kristallglas.

Daher drängen wohl die Worte ans Tageslicht, die Feder aber zögert, sie dem weißen Papier anzuvertrauen.

Und doch: wenn der Autor schon ein gewisses Recht hat, abgeleitet aus der dichterischen Freiheit, die Nerven des Lesers mit Andeutungen zu strapazieren, so hat er selbstverständlich kein Recht, seine Geduld auf die Folter zu spannen.

Daher endlich zur Sache.

Es war im Wonnemonat Mai.

An einem Sonntag.

Frühmorgens, mit blauem Himmel und Sonnenstrahlen.

Meisen, liebenswerte Solistinnen, zwitschern jenseits der Straße den Obstgarten des Bahnwärters voll, als würden sie nur meinen Applaus erwarten. Denn alle meine Nachbarn schlafen noch. Auch ich bin eben erst vom tiefen Schlaf herübergeglitten in ein vorerst nebeliges Bewußtsein, das sich jedoch allmählich in eine leise Sehnsucht und bald danach in ein unbändiges Verlangen nach jener warmen gerechten Sonne steigert, die sich hinter meinen verhangenen Balkonfenstern übermütig anbietet. Wie ich sie liebe, diese Kärntner Sonne! Sie macht keinen Unterschied zwischen Heimattreuen und Entrechteten. Sie macht mir keine Vorwürfe, sie schreit mich nie an, sie leuchtet einfach und wärmt mich . . .

Also dann nichts als heraus aus den Federn und hinaus in ihre Umarmung! Ich schlüpfe in meine blaue Trainingshose und nehme in zwei drei Sätzen die Stufen hinab. Das Verlangen nach ihr ist an diesem Sonntag so stark, daß ich sogar auf die morgendliche Körperentwässerung verzichte. Gerade dieser höchstpersönliche, meinem Intimbereich entstammende Umstand aber ist nicht nur Ausgangspunkt, sondern auch Anlaß und gleichzeitig das Leitmotiv der vorliegenden Geschichte. Ich kann daher nicht umhin, ihn eigens anzuführen. Und hoffe sehr, daß mir der geschätzte Leser und schon gar meine geschätzte Leserin deswegen weder Leichtfertigkeit noch Geschmacklosigkeit vorhalten werden. Meine diesbezügliche persönliche Unschuld wird sich im Kern der Erzählung, ich hoffe in Kürze, eindeutig herausstellen.

Das Viktringer Bahnhofsgebäude liegt vom Haustor unseres Genossenschaftswohnblocks abgemessene fünfhundert Meter entfernt. Dreihundert davon werden von mir im Dauerlauf genommen, der Rest gemächlich abgegangen. Das ist meine kurze Rekreationsstrecke, polizeilich verboten – ein paar Schritte zum Bahnübergang, den Bahnkörper entlang, vorbei an zwei Holzlagerstätten, etwa der halbe Weg bis zur Sattnitz. Jenseits dieses Flusses endet meine lange Laufstrecke mitten unter den Holzhäuschen der Klagenfurter Schrebergärtner, deren ausgeprägter Sinn für kitschiges Verbrämen der Gemüse- und Blumenbeete kaum zu überbieten ist. Da gibt es ein kunterbuntes Durcheinander von germanischen Gartenzwergen aus rotem Ton mit hohen Zipfelmützen, Topfblumen in Schubkarren und auf Radspeichen, knallrote Fliegenpilze aus Gips und dergleichen Firlefanz.

Immer wenn ich verspüre, daß mein Energiehaushalt aus den Fugen gerät und ich vom bloßen Sitzen im Rükken versteife, nehme ich hopp, hopp, hopp diese längere der beiden Laufstrecken. Das tue ich klarerweise nicht erst, seit es amerikanisches Jogging im österreichischen Fernsehen gibt. Ich habe bereits als Gymnasiast bei Schopenhauer gelesen, daß jeder normale Mensch täglich mindestens zwei Stunden lang gehen sollte, denn unsere Vorfahren seien einmal Nomaden gewesen.

Jedoch zurück zum Viktringer Bahnhofsgebäude: schon von weitem verrät es jene unverwechselbare sezessionistische Bauart, wie man sie – so man mit offenen Augen durch die Welt zieht – in Sarajevo oder Ljubljana genauso antreffen kann wie in Prag oder Wien, von wo sie ihren Ausgang genommen hat: Gußeisen, wohlgeformt, als wäre es geschmiedet, Glas und Holz in nüchterner funktioneller Harmonie. Mit Spuren der Renaissance und des Klassizismus – ein letzter selbstbewußter Ausdruck der Wiener Herrlichkeit kurz vor dem endgültigen Zusammenbruch am Vorabend der gespenstischen »letzten Tage der Menschheit«. Sogar die gläsernen Windfänge am Bahnsteig muten einem verschwenderisch kunstvoll an im Vergleich zur eintönigen Architektur unserer Tage. Die Fassade geschmückt mit Profilen eines klassizistischen Ziergerüstes in Kränzen und Konsolen, kurzum, ein Gebäude mit einem Hauch von kaiserlichköniglicher Repräsentanz und Durchlauchtheit, hingestellt an den Anfang der Rosentaler Bahnstrecke zwei Jahre vor den ersten allgemeinen Wahlen zum Wiener Reichstag. Die gesamte Anlage wurde erst kürzlich sorgsam restauriert und neu gestrichen.

An diesem Sonntagmorgen ist sie wie ausgestorben. Keine Christenseele weit und breit. Kein Hund. Keine Katze.

Sonntags verkehren hier die Züge nicht mehr. Die Reisenden stopfen sich heutzutage lieber in ihre polternden Benzinkübel, und auf geht's zum fröhlichen Jagen, zur Straßenschlacht, wo es dann Blechsalat gibt, abgemacht mit Menschenblut.

Ich muß den Leser darauf aufmerksam machen, daß mein 500-Meter-Lauf allmählich zu Ende geht. Er möge meine letzten Schritte etwas genauer betrachten, um zu erkennen, daß sie mir bereits einige Schwierigkeiten bereiten. Es gibt kein schmerzhafteres und zugleich sehnsüchtigeres Verlangen, als wenn ein Mensch Wasser abschlagen sollte, er aber zu diesem Zweck um keinen Preis einen passenden Ort findet. Darüber können Reisende in fremden Städten wohl die schaurigsten Geschichten erzählen.

Ich für meinen Teil brauche mich an diesem Sonntagmorgen nicht zu beschweren. Mir werden in meiner Not entlastende Umstände zuteil, indem ich ungehindert durch eine sperrangelweit geöffnete Tür hineinrennen kann, über der auf einer Blechtafel große schwarze Buchstaben stehen – MÄNNER . . .

Kurz danach, als ich, den inneren Drang losgeworden, wieder ins Freie trete und nun einen ruhigeren Blick auf diese Tafel über mir werfe, bemerke ich zu meiner nicht geringen Verblüffung, daß unter den dicken schwarzen Lettern MÄNNER etwas kleinere, verblaßte stehen – oben HERREN, darunter GOSPODJE.

Ich bin wie vom Schlage gerührt.

Ich halte den Atem an.

Träume ich?

Habe ich Halluzinationen?

Ich taste nach meiner Stirn.

Befühle meinen Puls.

Normal.

Ein Kniff ins Ohr.

Schmerzt.

Ich träume also nicht. Und bin wohl auch nicht verrückt.

Ein vorsichtiger Blick auf die Kehrseite der Tafel. Was soll das?

Auch hier dasselbe Bild. Am oberen Rand HERREN, darunter GOSPODJE, beides übermalt mit großen schwarzen Buchstaben MÄNNER.

Ein Blick zur zweiten Tür. Auch dort die gleiche Blechtafel, in Gußeisen gefaßt und ebenfalls dreifach beschriftet: oben FRAUEN, darunter GOSPE und über beides großspurig FRAUEN.

Ein Irrtum ist ausgeschlossen: eine amtliche Übermalung.

Mit meinen eigenen gesunden Augen sehe ich sie –

echte zweisprachige Aufschriften. Blitzartig rollt in meinem Gedächtnis die Sprachen- und Nationalitätspolitik aller drei Epochen meines bisherigen Österreich ab: vom Bau dieser Bahnstrecke bis in unsere Tage.

Gewiß: ich stehe den goldenen alten Zeiten gegenüber von Angesicht zu Angesicht, meine glücklichen Augen freuen sich über zweisprachige Aborttafeln des seligen kaiserlich-königlichen Österreich. Ich habe ja darüber in der Geschichte meines slowenischen Volkes gelesen.

O Götter, habet Dank, daß ihr mich das erleben ließet!

Daß ich mich an diesem glanzvollen Bilde ergötze – und dies ausgerechnet in den Tagen unseres sprachlichen Stierkampfes, im Jahre des Herren eintausendneunhundertsiebzigundsechs . . .

Und sei es auch nur vor einer einzigen öffentlichen Bedürfnisanstalt im Süden von Klagenfurt . . .

Mächtig erklingt in mir ein dankbares Tedeum und drängt hinauf zum gütigen Himmel, der einen Hungrigen gesättigt, einen Durstenden gelabt hat. O Götter, nunmehr werde ich beruhigt meine Augen für immer schließen, wenn die Stunde kommt, die ihr mir als die letzte zugedacht habt . . . Nunmehr glaube ich, meine lieben Slowenen an der Gail und an der Drau, ihr meine glücklosen letzten Mohikaner, ihr meine geliebten Ritter von der traurigen Gestalt, nunmehr glaube ich und werde es glauben bis zu meinem letzten Atemzug, daß die alten Zeiten tatsächlich besser waren, als es die neuen sind – die unsrigen.

Welch ein Material, ich bitte euch! Was für ein Stahl! Was für eine Farbe! Siebzig Jahre, ich bitte euch! Die Erste Republik – jener kleine Rest des kaiserlich-königlichen Hochmuts –, hat sie den Slowenen im Lande Kärnten vor der Volksabstimmung nicht hoch und heilig versprochen, ihre nationale Gleichberechtigung herzustellen und zu wahren? Und hat sie nicht dieselben Slowenen nach der gewonnenen Abstimmungsschlacht miserabel betrogen? Hier am Viktringer Bahnhof ist ein Beweis für ihren Wortbruch . . .

Die Elende!

Da hat sie doch tatsächlich die beiden unschuldigen Hinweistafeln für die schlimme Not der Bewohner dieses Landes schnöde übermalt!

Der Zahn der Zeit aber hat die alte Zweisprachigkeit wieder enthüllt . . . Regen und Sonne, Schnee und Wind – Kampfgefährten der Kärntner Slowenen. Verbündete der Verachteten . . .

Eine aufregende Sonntagsmeditation. Aufregender als alles andere – für mich, der ich in diesem Lande als Sohn slowenischer Eltern immerfort Trübsal blase.

Ich komme nicht mehr zu mir.

Kaum in Worte zu fassen – diese gehobene Stimmung in meiner Brust, diese wonnetrunkene Seele eines unerwartet Beschenkten. Nur wer die nostalgischen slowenischen Volksweisen kennt, kann mich einigermaßen verstehen . . . Wie erstarrt verharre ich unter der Tafel mit der dreifachen Aufschrift, und es ist mir plötzlich, als ströme von ihr herab direkt in meine ausgedörrte Brust das Gefühl menschlicher Geltung, menschlicher Wertschätzung, menschlichen Ansehens, jenes Gefühl, das unsereiner in diesem Lande so bitter notwendig braucht wie das tägliche Brot. Unsereiner, dem dieses Gefühl im Laufe der Geschichte, sofern es da oder dort gegen den Strich der jeweiligen herrschenden Klasse an den Tag gelangt ist, tüchtig ausgetrieben wurde.

Ja, so stehe ich also da, an diesem freundlichsten aller freundlichen Frühlingsmorgen, vor einem öffentlichen Klosett im Süden Klagenfurts und rühre mich nicht von der Stelle . . .

Verzückt starre ich auf diese mir so vertrauten Buchstaben und streichle und verschlinge sie mit meinen verliebten Augen – jeden einzelnen von ihnen, dann wieder alle in einem Zug – GOSPODJE.

Ich koste sie gründlich aus – die urplötzliche Freude darüber, daß ich meiner selbst bewußt geworden bin; daß ich nun endlich einmal – in der Hauptstadt meines Landes – zu einem GOSPOD geworden bin . . . Und gleich dort nebenan meine GOSPE sehe . . .

Schon scheint es mir, als blinzelten mir die Buchstaben fröhlich zu, als lächelten sie glückselig darüber, daß ich sie endlich entdeckt habe . . . Ich komme und komme nicht los von ihnen.

Mein Herz sehnt sich hinauf zu ihnen, die so schüchtern über dem leeren Bahnhofsgelände schimmern. Geradeso, als träumten sie mit offenen Augen. Wie ein Landsmann, der nach langer, langer Wanderung zu den Seinen zurückgekehrt ist – und sei es als Fremder.

Und schon erfüllt mein Herz bittere Trauer, weil es nicht umarmen kann, was meine glücklichen Augen schauen.

Die Sonne steht schon hoch über Radiše-Radsberg,

über Lipizbach und Tutzach ... Ich aber noch immerfort zwischen den beiden Tafeln, mit zerzaustem Haar, barfuß, im blauen Trainingsanzug.

Da treten vor mein Auge alle ungezählten Frauen, wie sie durch diese historische Tür ein- und ausgingen, die »besseren« von ihnen vom Gewerbe- und Kaufmannsstande, in bebänderten Hüten mit Strohblüten und langen schwarzen Biedermeierkitteln, den Schlawanken, und die vom Bauernstande in breiten fliegenden Schößen und bunten Kopftüchern, den roten Schirm fest im Griff – für den Fall einer »bösen Stunde«, wie sie hier das Gewitter nennen ...

Ja, und alle die Herren mit ihren schmauchenden Tabakspfeifen und den stolzen buschigen Schnurrbärten, die Bauern aus Hodiše-Keutschach, Dvorec-Höflein, Zakamen-Stein, Potok-Bach ... Sie alle sehe ich, wie sie geduldig auf ihren Zug warten ...

Oh, wie ich bedaure, nicht schon damals unter ihnen gelebt zu haben!

Aber während ich so meinen ausgehungerten Gedanken nachhänge, durchfährt mich plötzlich eine leise, finstere Ahnung, entsprungen den Erfahrungen, die man als Slowene in Kärnten so sammelt: du mein Lieber, dieses Glück da steht auf schwachen Beinen. Angenommen, es beobachtet dich jetzt jemand, wie du da hinaufstarrst auf die Tafeln, und verdächtigt dich, du selbst hättest sie dazugemalt – deine slowenischen GOSPODJE und GOSPE ...

Und eilt zum nächsten Polizeiwachzimmer ...?

Dann lebewohl – dein leises Glück, deine stille Genugtuung.

Und es fröstelt mich bei der bloßen Vorstellung, es könnte so kommen. Dabei weiß ich nur zu gut, daß meine Begeisterungsergüsse lediglich romantische Trugbilder sind. Aber worauf baut nicht so ein Verachteter in einem solchen Lande seinen Lebenswillen auf? Man sage es mir! Oder ist es Selbsttäuschung, wenn jemand, dem die Liebste gestorben ist, mit ihrem Bild auf dem Grabstein spricht?

Nur wer das Teuerste seines Lebens verloren hat, kann vielleicht erahnen, wie mir bei diesen Gedanken geschah. Und möge auch die kulturelle Welt außerhalb unserer Staatsgrenzen über die gesellschaftliche Genügsamkeit von unsereinem staunen, der da so viele begeisterte Worte findet angesichts einer solchen Nichtigkeit, einer doppelsprachigen Klosettbezeichnung, wir Kärntner Slowenen sind eben hungrige Raben.[1]

Daher ersuche ich den Leser um Nachsicht, um das nötige Verständnis, eine solche Literatur nicht als überzeichnete, nicht als aufgebauschte Darstellung zurückzuweisen.

Denn schon längst habe ich den geringen Nutzen gerechten lautstarken Kampfes um meine Rechte in diesem Lande erkannt und mich zurückgezogen, eingehüllt und verschlossen.

Und suche nun in der Schlichtheit einer solchen Häusel-Poesie mein seelisches Gleichgewicht, meine stille, heimliche Freude.

Mein kleinwinziges, kleinwinziges Glück . . .

Die slowenischen Leser werden den Autor einer solchen Poesie schon verstehen. Das aber ist für ihn vorerst das wichtigste.

Und sie werden ihm nicht vorhalten, er übertreibe, wenn er ihnen noch gesteht, wie warm es ihm ums Herz ist seit jenem Morgen im Mai, lebt er jetzt doch in der andauernden Gewißheit, nur knappe fünfhundert Meter laufen zu müssen, um mitten in Klagenfurt – ein gospod zu sein.

Von Amts wegen.

Also ein richtiger GOSPOD.

Und daß er sich als solcher seine Natur erleichtern kann, wann immer es ihn dazu drängt.

Erleichtern und erlösen.

Von allem Übel.

Natürlich nur solange, wie man auf diese zwei schönsten Tafeln von Klagenfurt keine Stiere losläßt. Das aber wird weiß Gott noch am selben Tag geschehen, an dem die dreiundzwanzigste Nummer der Zeitschrift »mladje«, der ich hiermit mein Geheimnis anvertraue, erscheint. Damit erklärt sich nun auch von selbst die zögernde, weitschweifige Einleitung zu dieser Geschichte, in der der Autor eben dieses schöne Geheimnis nicht so recht preisgeben wollte.

Postskriptum

An Stelle einer Traueranzeige.

Die Redaktion der Zeitschrift »mladje« organisierte

1 Ein slowenisches Sprichwort lautet: Ein satter Rabe glaubt einem hungrigen nicht.

unmittelbar nach Erhalt des vorliegenden Manuskripts eine Pilgerfahrt zum Bahnhofsgebäude Viktring, um auch anderen slowenischen Landsleuten und deutschsprachigen Neugierigen Gelegenheit zu geben, diese einmalige, sinnvolle und sinnlich wahrnehmbare Kärntner Idylle gebührend nachzuerleben. Doch welches Bild bot sich uns dort? *Löcher!* Ganz gemeine, schamlose Löcher in der Mauer! Keine Spur mehr von den beiden Tafeln . . . Sie wurden bereits am 5. Juli im Jahre des Herrn eintausendneunhundertsiebzigundsechs aus der Wand gerissen.

Jemand mußte also den Autor an jenem Morgen im Mai doch beobachtet haben.

Und mußte zum nächsten Polizeiwachzimmer gerannt sein.

Beileidskundgebungen sind erbeten an die Redaktion von »mladje« oder besser gleich an die Adresse des Autors: Heinrich-Heine-Gasse 50, Celovec/Klagenfurt.

Es ist vollbracht

Diese schamlosen Löcher gähnten aber nur kurze Zeit in der Mauer. Eines Morgens waren dort plötzlich zwei neue Tafeln.

Nicht mehr im Jugendstil, sondern viereckige, nüchterne, harte HERREN.

Eben die Herren im Lande.

Die Herrenmenschen.

Und ihre DAMEN . . .

Seitdem schlage ich mein Wasser nur noch im WC meiner Wohnung ab.

Gott erbarme sich unsereines.

Die Saugeschichte

»Dob« heißt mein »glückliches, teures Heimatdorf, wo das Haus meines Vaters steht«.[1] Dort hat mich das fragwürdige »Licht der Welt« erblickt – in einer düsteren Rauchküche, ein Jahr und zwei Monate nach jenem merkwürdigen zehnten Oktober 1920, als das Königreich der SHS so schicksalhaft durch die Finger geschaut und die erste österreichische Republik nach dem unwürdigen Ende der seligen Monarchie doch wenigstens ein kleines Stück slawischen Territoriums mit ihrem staatlichen Zaun versehen hat – sozusagen als Erinnerung an die glorreichen Zeiten der Herrschaft über die Slawen und als Manöverraum für den späteren »Sieg in deutscher Nacht«.

Dob liegt südlich der Drau, an der Straße nach Lavamünd, eine Stunde Gehzeit vom Städtchen Bleiburg, dieses wiederum eine Stunde vom Fuße der Petzen: in ihrem felsigen Bauch friert arbeitslos schon seit vierhundert Jahren der geheimnisumwitterte Kralj Matjaž – König Matthias Corvinus –, der heiß ersehnte Freiheitsheld meines slowenischen Volkes.

Mein Dob wurde erst von den Österreichischen Bundesbahnen aus der ländlichen Anonymität herausgehoben: an der neuen Strecke Bleiburg–St. Paul im Lavanttal liegend, bekam es im internationalen Kursbuch den Namen AICH im JAUNTAL.

Fünfzig Jahre sind schon vergangen seit jenem seltsamen zehnten Oktober. Und nirgendwo in Österreich hat mein Aich einen amtlichen slowenischen Namen. Wenn man also die Sache nüchtern betrachtet, gibt es mein glückliches teures Heimatdorf gar nicht, denn welches Amt, welche Öffentlichkeit glaubt schon – beispielsweise – einem Menschen, daß er wirklich existiert, wenn er das nicht mit seiner Geburtsurkunde beweist, mit seinem Taufschein . . . Mit seinem Namen . . . Dieses freundliche Bauerndorf vegetiert – wie alle anderen slowenischen Dörfer in Kärnten – namenlos dort am Ufer der Bistrica – des Feistritz-Baches –, mit dem heiligen Sebastian im altertümlichen romanischen Kirchlein, mit farbenfrischer Ornamentmalerei an der Holzdecke, vier-

1 Fr. Prešeren: O Vrba, srečna draga vas domača . . . (Sonette des Unglücks).

hundert Jahre alt, und mit der ehrwürdigen Bohorič-Schrift auf den vierzehn Bildern des Kreuzweges.

Mitten in diesem Dorf wirtschaftet mein braver Schwager, vulgo Peter. Die ausführliche Lokalisierung des Dorfes Dob, das es nicht gibt, erhält also ihren ungewöhnlichen Platz in der Einleitung zur Saugeschichte nach gründlicher Überlegung, denn wo in Europa – außer in Österreich – handelt man mit einem Volk noch so saumäßig wie mit meinem slowenischen in Kärnten! In keiner anderen Geschichte dieses Buches könnte ich diese Sauerei, die Beschreibung meines unselig glücklichen teuren Heimatdorfes, passender und gerechter unterbringen als eben in dieser.

Nun aber zur Geschichte selbst: Mein Schwager wurde im letzten Krieg zur Wehrmacht eingezogen, und er wurde Zeuge des deutschen Patriotismus und der deutschen Gründlichkeit. Die Ernährung bestand dort vor allem aus Pellkartoffeln. Davon gab es immer genug; sie wurden den Landsern mittags und abends zugeteilt, tagtäglich, immer zur selben Zeit, auf die Minute genau, so daß mein armer Schwager davon verboten zunahm und sich schließlich mit einem vollen Zentner richtig schwer bewegen konnte. (Mein Schwager ist nicht besonders hoch gewachsen und hat eher zarte als grobe Knochen.) Daher wurde er von den französischen Partisanen mühelos gefangen genommen. Als schlauer Jüngling aus der Dorfmühle, der »seine Universitäten«[2] schon in den dreißiger Jahren beim »Barabern« absolviert hatte, zog er aber aus dieser traurigen Erfahrung mit den Wehrmachtskartoffeln die Lehre für sein ziviles bäuerliches Nachkriegsleben:

»Gib dem Schwein Kartoffeln mit Kleie und Fischmehl, Tag für Tag, immer zur selben Zeit, und es geht dir auseinander unter deinen Augen, sein Rücken glänzt, daß es eine Freude ist, es anzusehen.«

Diese seine soldatische Erkenntnis, übertragen auf die Schweinezucht, erweckt in mir freilich trotz ihrer positiven Folgen gemischte Gefühle, vor allem dann, wenn ich an die fürchterlichen Folgen denke, die mein armer Schwager in der französischen Gefangenschaft ertragen hat müssen. Nach zwei Jahren Hunger und Ruhr hinter Stacheldraht hat er sich halbtot nach Hause geschleppt, dem Schatten von Mann ähnlicher

2 Anspielung auf des Werk Maxim Gorkis: »Meine Universitäten«.

als einem Soldaten.

Wenn er von jemandem an die Kriegsjahre erinnert wird, bekennt er mit Wehmut, wie sehr er – alles wegen Hitler – damals körperlich heruntergekommen ist:

»Die Waage auf dem Speicher hat da kaum noch einen halben Zentner angezeigt.«

Von selbst spricht er nicht gern über die schiachen Zeiten, nur hie und da blitzt eine Erinnerung in ihm auf, vor allem, wenn er das warme Futter in der Schweineküche vorbereitet und wir beide vom duftenden Dampf eingehüllt werden. Dann stellen sich seine lockigen, ausgefransten graumelierten Haare im symmetrischen Halbkreis unter dem Scheitel leicht auf, so daß er aussieht wie ein Prophet aus dem Alten Testament. Und auch seine Worte sind in solchen Augenblicken biblisch versonnen und bitter:

»Was hätte ich damals für eine Schüssel von solchem Futter gegeben!«

Und mit beiden Händen faßt er in die dampfende Maische, hebt sie hoch wie zur Opferung und sieht sie einen Augenblick oder zwei verzückt an, während sie ihm zwischen den Fingern wie durch einen Seiher zurück ins Schaffel tropft. Wie das hochgehobene Schüsselchen einer Käthe Kollwitz über eingefallenen Gesichtern und hungrigen Augen, überlege ich. Dann schweigen wir einen Augenblick und tauchen die Hände wieder hinein ins duftende Kartoffeldampfbad, zerkleinern Rüben und Erdäpfel, schwitzen und unterhalten uns über Schweinerassen und künstliche Fütterung, über das Wachstum der verschiedenen Würfe, über die wilden Erstwerfenden, die den eigenen Wurf vernichten, und natürlich über die Preise. Unbeschreiblicher Reiz einer solchen Schweineküche! Draußen im Hof, angenommen, ein böses Schneetreiben, hier aber – im duftenden Dampf, der zum Schneiden dicht ist, bist du vollkommen beruhigt, gut aufgehoben, wohlig beschützt vom Bewußtsein, daß es genug Erdäpfel gibt fürs ganze Jahr, genug Rüben und Kleie für alle Würfe, und du schreitest von Mastbucht zu Mastbucht – »pfui, pfui, gesund bleiben« und spuckst sie an, der Reihe nach, wie gute alte Bekannte – mit innigen Wünschen, sie mögen bestens gedeihen bis zu ihrer Vollendung hin . . .

Diese ungewöhnliche Verbundenheit mit dem Schweinestall des Schwagers, diese wohlwollende Neigung zu allem, was irgendwie mit den Muttersäuen,

Mastschweinen, Ebern und Ferkeln zu tun hat, hängt mir sicherlich schon seit meiner Kindheit nach, seit jenen armseligen Zeiten, als es meinem Vater an Kautabak, meiner Mutter an Salz gefehlt hat. Damals, nach dem Ersten Weltkrieg, haben wir unsere hölzerne Rauchkammer, die schon lange in sich zusammenzustürzen drohte, niedergerissen und mit der Völkermarkter Hypothekenbank ein Haus aus Drautuff gebaut. Für diesen Fortschritt mußten wir allerdings einen hohen Preis bezahlen: alle Jahre bis hin zum Zweiten Weltkrieg arbeiteten wir auf den Feldern und Wiesen nur noch für Zinsen, Feuerversicherung und Steuern – verdammt, Bavh, aaap, Krevs, wirst dich bewegen oder nicht, wie der dahinschleicht, heute ein Schritt, morgen ein Schritt, der träumt wohl . . .

Zinsen, Versicherung und Steuern waren in meiner kindlichen Vorstellung drei furchtbare Drachen mit unersättlichen Schlünden, die in der Bezirksstadt Völkermarkt und in der Landeshauptstadt Klagenfurt nur mehr darauf lauerten, uns früher oder später auch noch das Brot aus der Tischlade wegzufressen, so wie sie unbarmherzig alle Eier aus unserem Hühnerstall, sämtlichen Rahm, die ganze Butter, alle Hennen und Hähne, Kälber und Schweine wegfraßen. Nur gut, daß sie uns wenigstens die Einbrennsuppe und den Heidensterz übrigließen – und die abgesahnte Milch. Und die Erdäpfel. Auf dem Kömmel hinter unserem Dorf hatten sie nicht einmal das.

In solcher Zeit verendete eines Winters unsere einzige, zum ersten Mal trächtige Zuchtsau – eine Woche vor dem Wurf. Heute noch sehe ich die Verwirrung und Verzweiflung in den Augen des Vaters. Und höre ihn, wie er flucht, während er hinter dem Misthaufen für sie die Grube gräbt:

»Der Teufel selbst hat mir das eingebrockt! Alles im Arsch für die Steuer!«

Als bald nach diesem bitteren Vorfall Lojzej, mein zwei Monate altes Brüderchen starb, sagte er:

»Gott hat ihn zu sich genommen, um ihm die Schinderei und das Hungern zu ersparen.«

Und meiner Mutter, die tränenüberströmt an der mit weißem Leinen überdeckten Totenbahre stand, auf welcher Lojzej, einer Puppe gleich mit elfenbeinernem Gesicht, gebettet lag, sprach er Trost zu:

»Beruhige dich doch, hörst du, Ivana, es gibt ja noch

genug hungrige Mäuler im Haus.«

Daß wir in solchen wirtschaftlichen Verhältnissen nur einmal im Jahr, gewöhnlich zu Silvester, ein mickriges Schwein für den Eigengebrauch geschlachtet haben, versteht sich von selbst. Und auch, daß die Mutter während des Schuljahres nach und nach mehr als die Hälfte vom Geselchten meinem hungernden Bruder, der als ältester in Klagenfurt – um ein »gospod«[3] zu werden – im Priesterseminar studierte, in Paketen zukommen ließ. Wenn sie einmal so ein Stück Selchfleisch gekocht hatte, beschnitt sie es von allen vier Seiten, um es von der harten, im Rauch schwarz gewordenen Kruste zu reinigen. Wir Jüngeren umstellten dabei den Tisch von allen vier Seiten, schauten ihr unter die Finger und schluckten Speichel. Schließlich teilte sie diesen »Abfall« auf fünf gleich große Häufchen, damit kein Streit unter uns entstand, schnitt jedem ein großes Stück Brot ab und überließ uns feierlich schönen Augenblicken.

Die Pakete für meinen Bruder im Klagenfurter Priesterseminar hinterließen in meiner Seele einen fabelhaften, unauslöschlichen Eindruck, so daß ich später auf den Wink eben dieses Bruders mit großem Interesse – gleichfalls um ein »gospod« zu werden – als Priesterseminarist in Klagenfurt zu studieren begann. Für das Mißlingen meines Versuches muß ich wohl die Wirtschaftskrise der späten dreißiger Jahre verantwortlich machen, denn mir konnte die Mutter nicht einmal mehr das kleinste Paket nach Klagenfurt schicken.

Aber nun zurück in den Schweinestall.

Sicherlich könnte irgendein Bösewicht diese meine Zuneigung zu den Schweinen als unmenschliche Eigenschaft im Sinne des geflügelten Wortes »gleich und gleich gesellt sich gern« auslegen; daher soll an dieser Stelle betont werden, daß diese meine Zuneigung sehr wohl begründet ist: wie alle anderen Haustiere, deren Existenz der Mensch als angenehm empfindet, können auch die Schweine nicht sprechen; daher kommt der Mensch mit ihnen leichter aus und streitet kaum mit ihnen. Und es gibt nichts auf dieser Welt, wovon ich fester überzeugt wäre: nur menschliche Verschlagenheit, menschliche Falschheit und Bosheit waren imstande, dieses nützliche Haustier so erbarmungslos anzuschwärzen, daß es zum

3 »Pfarrer« heißt im slowenischen Volksmund einfach »gospod«, d. i. Herr.

Synonym geworden ist für Unreinheit, Gefräßigkeit, Rücksichtslosigkeit, Selbstsucht und andere Unanständigkeiten.

Ich sagte schon, daß ich von Kindesbeinen an die Schweine habe gut leiden können und sie immer verteidigt habe, ungeachtet ihrer Hautfarbe oder Rasse. Mit einer einzigen Ausnahme: das Deutsche Edelschwein. Mit diesem hatte ich so meine Probleme. Auch von Kindesbeinen an. Eigentlich haben sich meine slowenischen Jauntaler Bauern nie so richtig für diese Rasse erwärmt. Sie war nicht genießbar und hat sich unter ihnen nicht bewährt. Man hat sie aufgegeben, noch bevor sie heimisch wurde. (Den letzten Eber dieser ausgesprochen glücklosen Rasse in Bleiburg ereilte bald nach dem letzten Krieg der Gehirnschlag. Aus Enttäuschung über das Kriegsende, sagen die einen, die anderen behaupten, aus Wehmut infolge der Vereinsamung und sexuellen Unausgeglichenheit.) Ob so oder so, ich sagte schon, alle anderen Schweine liegen mir am Herzen, oder genauer gesagt, LAGEN mir am Herzen, denn gerade gestern fügte ein seltsames Ereignis meinem armen Herzen eine Wunde zu, die nie mehr heilen wird; mein Vertrauen zum Schweinestall wurde erschüttert und ist endgültig die Drau hinuntergeschwommen. Mein seelisches Gleichgewicht ist dahin. Aber betrachten wir die Sache schön von Anfang an, damit die Geschichte nicht durcheinander kommt.

Wieder einmal hatte ich den heißen Asphalt, die Klagenfurter Schwüle hinter mir gelassen und mich aufs Land begeben, um dort Gesundheit und Kraft zu schöpfen. Wie immer half ich meinem Schwager bei seiner abendlichen Fütterung im Schweinestall. Ich tat das, weil es unverschämt ist, am Bauernhof gelangweilt herumzusitzen, während die Bauernleute hundert Tätigkeiten zu verrichten haben – im Stall, auf der Scheune und am Feld –, sowie der guten Laune des Schwagers wegen, die ja schließlich mir selbst zugute kam, indem pünktlich die besten Stücke aus dem Hühner- und Schweinestall aufgetischt wurden, wenn Onkel Janko auf Besuch kam.

Wie immer treten wir »auf die Minute genau« in den friedlichen Schweinestall. Beim ersten Knarren der Stalltür springen die Schweine auf und grüßen: die Zuchtsäue grunzen heiser und quieken durchdringend, gleich darauf quietschen die Mastferkel, während die Saugferkel atemlos gurgeln und pfeifen. Ich kann mir nicht helfen – dieses ohrenbetäubende Geplärre erinnert mich immer wieder an das Siegheil der aufgebrachten deutschen Massen in der unseligen Zeit Adolfs des Wahnsinnigen. Plötzlich Stille. Als hätte ein unsichtbarer Dirigent an der Stalltür die Stimmen abgeschnitten. Aber nur für zwei, drei Sekunden; offensichtlich wollen die Schweine feststellen, wie weit wir mit den Vorbereitungen ihres Abendessens sind. Sobald sie das Plätschern des Wassers vernehmen, brüllen sie mit doppelter Kraft los – ihr Grunzen und Quieken liegt jetzt um eine Terz höher, die einzelnen Stimmen durchdringend und ohrenbetäubend, wie ein Orchester gesprungener Pfeifen. Das Lärmen des Bleiburger Wiesenmarktes ist ein wohltuender sentimentaler Schlager gegen den Rock oder Free Jazz im Schweinestall meines Schwagers.

Darum beeilen wir uns nach Kräften. Der Schwager sammelt geschickt wie ein Taschendieb die Reste der letzten Ration und die Streu aus den Futtertrögen, um sie für die neue Ration zu reinigen, immer auf der Hut davor, nicht von einem der Schreier an der Hand geschnappt zu werden. Ein Schwein ist zwar ein Schwein, niemand streitet das ab, aber nicht so eines, daß es aus einem verschmutzten Trog fressen würde; zumindest mein Schwager verwöhnt sie in dieser Hinsicht.

Die größeren Schweine schießen nun die Holzplanken des Verschlages hoch, keifen und quietschen ihm unter die Nase, die kleineren, mit den Vorderfüßen im Trog, versuchen mit ihren Rüsseln die Planken über sich zu sprengen, lauern tückisch aufs Futter, drängen, beißen einander in die Ohren, quieken und pfeifen; meine Nerven sind am Versagen. Der Schwager, völlig verschwitzt, mit einem seligen Lächeln auf den Lippen, bemerkt:

»Sind eben Schweine.«

Schließlich schütten wir ihnen das Futter in die Tröge. Wie abgeschnitten – Ruhe im Schweinestall. Nur noch zufriedenes Schmatzen und Plätschern, ein rhythmisches Nicken mit zufriedenen Schädeln.

Da stellt sich der Schwager mit einem Prügel in der Hand zu einem der Tröge und wartet.

»Was soll das?«

»Wirst schon sehen.«

Ich blicke in den Verschlag: sechs Schweine, der Trog gerade groß genug für alle. In einer einzigen geraden

Reihe mit geringelten Schwänzen, mit gleichmäßig in den Trog gesenkten Schädeln sind sie einem lebenden weißen Floß ähnlich, ein Sinnbild klassischer Schweineharmonie im Zeichen eines vollen Troges.

Aber ach, plötzlich beißt einer seinen Nachbarn in den Rüssel, so daß dieser erschütternd aufbrüllt, resigniert und sich zurückzieht. Noch bevor der Schwager den Angreifer ausfindig machen kann, schnellt dieser mit seinen Vorderbeinen in den Trog, wälzt sich lang und breit über den Rücken hinein, so daß das Futter auf alle Seiten spritzt, bleibt mir nichts dir nichts darin liegen, spritzt die Seiche ins Futter und streckt den Schweinegenossen seine Klauen unter die Rüssel. Die quietschen durchdringend und starren bestürzt ins Leere, der Schwager aber, im Nu vor Zorn rot angelaufen, schlägt mit dem Stock aufs Schwein ein, auf seinen Rüssel, auf seinen Rücken:

»Da, da, du verdammtes Schwein, du elendiger Schuft! Du wirst dich nicht im Trog intabulieren, bei meiner Seel' nicht, du gefräßiger Schmarotzer, du!«

Das Schwein aber tut, als ob nichts geschehen wäre.

Ich kann meinen ruhigen, gutmütigen Schwager fast nicht wiedererkennen. Angesichts dieses ungewöhnlichen Ereignisses beginnt vor meinen Augen alles zu tanzen, die Knie werden mir plötzlich weich.

Ich zittere am ganzen Körper, als prasselten die Schläge meines Schwagers auf meinen Rücken nieder. Ich weiß nicht, was ich tun soll, ja ich weiß nicht einmal – wie Gogol sagen würde –, was ich mir denken soll.

Das selige Lächeln ist so spurlos aus seinem Gesicht verschwunden, als wollte es niemals wieder dorthin zurückkehren.

»Vielleicht fühlt sich der Kerl benachteiligt, was meinst du?«

»Zum Teufel benachteiligt! Es hat wieder einmal durchgedreht, das verdammte Schwein!« meint der Schwager, ohne die Augen und den Stock vom Missetäter im Trog abzuwenden.

Der hilflose Wutausbruch meines Schwagers angesichts der Gleichmütigkeit des Schweines trifft mich ins Herz, und mitfühlend löst sich meine Zunge:

»Mein Gott, was für ein häßlicher Anblick!«

»Weißt du,« wendet sich mir mein Schwager jetzt zu,

schweißbedeckt und mit unterlaufenen Augen, »ich sage ja nichts, ein Schwein muß gefräßig sein, sonst ist es nicht gesund; ein Schwein muß zum Trog drängen, sonst ist es nicht in Ordnung; ein Schwein muß blöd sein, sonst ist es kein Schwein.«

Er spuckt zornig aus.

»Aber sag' mir, ist es nicht zum Weinen, daß es seinen kümmerlichen Kern von Hirn so sündhaft dumm gebraucht? Ich könnte es erschlagen für diese Sauerei – so regt es mich auf! Seit ich wirtschafte, sag ich dir, war ein solcher Typ noch nicht in meinem Stall!«

Während der Schwager erschöpft diese Worte spricht – halb für sich, halb für mich – und den Stock für einen Augenblick ruhen läßt, schlürft das geschlagene Schwein mit stoischer Ruhe und blutendem Rüssel und putzt allmählich den Rest des Futters zwischen seinen Klauen auf.

Nur sein verschlagener Blick aus den Augenwinkeln zeugt davon, daß es dem Waffenstillstand nicht recht traut.

Was soll ich meinem Schwager erwidern? Womit könnte ich seine flammende Entrüstung über dieses asoziale Verhalten besänftigen, wo doch in mir selbst eine Welt zusammenstürzt und das Vertrauen den Schweinen gegenüber, das mich ohne Vorbehalte bis zu diesem schrecklichen Ereignis erfüllt hat, Stück für Stück zerrinnt. Oh, ich kann dich verstehen, und wie gut ich dich verstehen kann, mein Schwager, der Trog ist lang und breit genug für alle sechs Schweine – und dennoch ...

»Schwein bleibt Schwein«, seufzt der Schwager neuerlich.

Aus seiner Stimme kann ich hören, wie die Wut langsam nachläßt, nachdem ihm wieder diese alte Weisheit zu Bewußtsein gekommen ist. Sein prophetisches Haar erzittert leicht im elektrischen Licht des dunstigen Schweinestalls, und das selige Lächeln huscht kaum merkbar über sein Gesicht, so daß es wieder gutmütig scheint.

Aber auch in mir regt sich in diesem Augenblick etwas: die Beklemmung, die mich im stickigen, vom ätzenden Seich und säuerlichem Fischmehl durchtränkten Schweinestall erfaßt hat, weicht plötzlich aus meiner Brust.

Während ich ihn so betrachte, den Schurken von einem

Schwein, wie er daliegt im Trog – der Länge nach, unbeweglich wie ein Klotz, voller Selbstbewußtsein – und wie ihm vom stumpfen, zynischen Rüssel das Blut in den Trog tropft, erwärmt mir ein friedfertiger heilsamer Geistesblitz das Herz, so daß ich erleichtert aufatme, und sich durch meine Adern eine milde wohlige Genugtuung ergießt, hervorgerufen von einer plötzlichen himmlischen Eingebung: was für ein Trost, ja, was für ein Glück, daß Er den Menschen nach Seinem Ebenbild erschaffen hat!

Wespenparabel

Da war ich unlängst wieder einmal ganz parterre angesichts der politischen Brutalität und seelischen Abgestumpftheit der hiesigen Machthaber, denen weder durch gutes Zureden noch durch geharnischte Literatur bewiesen werden kann, daß wir Slowenen in Kärnten auch Menschen sind, daß wir auch eine Lunge haben, die atmen will, ein Herz, das schlagen will, einen Magen, der verdauen will, und ein Gehirn, das denken will. In Augenblicken solcher Hoffnungslosigkeit und Niedergeschlagenheit, ja einer geradezu ausweglosen Verzweiflung an der Species Homo sapiens öffne ich immer wieder die Lehre von der Tierwelt und stöbere darin nach möglichen Lösungen menschlicher Verwicklungen, versuche die dunklen Triebe des Menschen am Verhalten der Tiere zu messen und möglicherweise zu ergründen, zumindest seine krummen Wege zu erforschen und – falls sich keinerlei Erklärungen finden lassen – darin wenigstens die Bestätigung zu erhalten, daß die Dinge auf dieser Welt eben so sind, wie sie sind – schlecht.

Was soll's. Ich las das Kapitel über die Wespen und war nicht wenig erstaunt über das mir bis dahin kaum bekannte biologische Schmarotzertum dieser Angehörigen einer Überfamilie der Stechimmen mit Vorderflügeln. Eine wahrhaft aufregende Erscheinung!

Es geht um zwei Wespenarten, die sich in ihren Lebensfähigkeiten und Existenzbedingungen sehr gleichen: beiden dient das Holz als Wiege für ihre Brut. Die erste hat den vulgär klingenden Namen KIEFERNHOLZWESPE, lateinisch paururus iuvencus. Zum Eierlegen sucht sie sich einen kranken oder abgesägten Kiefernstamm irgendwo bei Sinča vas/Kühnsdorf mitten in der graugrünen Dobrowa, bohrt ihn an mit ihrer langen Legeröhre, die scharf ist wie eine Injektionsnadel, fliegt sodann aus zur Jagd auf eine Blattlaus, steckt diese in das angebohrte Loch, legt ihre Eier darauf und verstopft das Loch mit dem angesammelten Bohrmehl.

In diesem trauten Heim sollte sich nun das Ei in Gottes Namen und nach Seinem Plan in eine Larve entwickeln, die sich darauf langsam an die Oberfläche durchzubeißen und sich in ihrer weiteren Gestaltsumwandlung zu verpuppen hätte, um schließlich unter der Kärntner Sonne zu entschlüpfen, die Flügel zu entfalten und in ihrer ganzen Wespenpracht auf die Südhänge des sonnigen Djekše/Diex davonzusurren sowie in den Windschatten zur Heiligen Rosalia, in die Waldlichtungen des Rutarhofs von Werner Berg und auf Radiše, den Radsberg, um sich mit heimischem Nektar vollzusaugen.

Rechtlich gesehen ist die Kiefernholzwespe im ausgebohrten Stamm also die Erstbewohnerin, zu vergleichen mit einem Pionier, der unter schwersten körperlichen Anstrengungen seiner Nachkommenschaft den Lebensraum erkämpft hat.

Die zweite Vertreterin dieser Gattung heißt Holzschlupfwespe, lateinisch rhyssa persuasoria. Schon allein der Name deutet hin, daß sie, wenn schon nicht von höherer, so doch sicher von besonderer Geburt ist, weist er doch auf ihre außerordentliche Schlüpfrigkeit hin. Sie ist im Vergleich zur einfachen Kiefernholzwespe eine Art Überinsekt, das uns bestimmt etwas Bemerkenswertes, Ungestümes, Dramatisches, also geschichtlich Bedeutsames zu offenbaren imstande sein wird.

Und tatsächlich: die Schlupfwespe legt ihre Eier etwa eine Woche später als die Kiefernholzwespe, sie ist ja etwas nördlicher beheimatet. Vielleicht ist sie eben deshalb auch rationaler, systematischer, durchtriebener und abgefeimter als die Kiefernholzwespe. Mit der Feinfühligkeit eines Hellsehers und mit nachtwandlerischer Sicherheit setzt sie ihren zottigen, bezahnten Legebohrer gerade an der Stelle des Holzstammes an, wo sich bereits im ausgenagten Schacht – nichts Böses ahnend – die Larve der Kiefernholzwespe bewegt. Nun wehe dir, arme Kreatur! Deine Stunden sind gezählt!

Die Legeröhre der Schlupfwespe bohrt und gräbt sich hinein, Millimeter um Millimeter, einen Zentimeter, zwei Zentimeter tief. Das Ziel ist erreicht. Der spitze Stachel durchstößt jetzt das Larvenganglion, den Lebensnerv der sich entwickelnden Kiefernholzwespe.

Und schon im nächsten Augenblick spritzt ihr die Schlupfwespe mit der Legeröhre ihr Betäubungsmittel ein und macht sie auf diese Weise lahm. Sofort danach legt sie ihr Ei und läßt es mir nichts dir nichts durch die Röhre hinuntergleiten in das bewußtlose Wirtstierchen, also in die volle Speisekammer.

Zuerst zehrt die Schlupfwespenlarve nur vom Fett und Blut ihres Wirtstieres, so daß dieses den Schmarotzer nicht einmal spürt und nur etwas mehr fressen muß. Gegen Ende seiner Entwicklung aber verwandelt sich der kleine weiche Schlupfwespensaugrüssel in ein beißendes knochiges Mundwerkzeug. Mit diesem greift sie jetzt auch die Organe und Muskeln ihres Wirtstieres an und höhlt es letztlich bei lebendigem Leibe aus. Danach durchbricht sie noch die Schale ihres Opfers, verpuppt sich und fliegt nach ein, zwei Tagen auf und davon in ihr junges Wespendasein.

Nicht anders als die Schlupfwespe der Kiefernwespe das Leben zur Qual macht und es ihr letzten Endes auslöscht, trachtet auch eine gewisse Österreichische Scheinwespe, lateinisch pseudovespa austriaca, der heimischen Roten Wespe, lateinisch vespa rufa, nach dem Leben. Auch die Rote Wespe fühlt sich im österreichischen Untergrund heimisch, und ihre Lebensbedingungen sind nicht um ein Haar besser als jene der Kiefernholzwespe. Kaum wachsen aus ihren Eiern zarte rötliche Larven heran, schon werden sie von der schmarotzenden Österreichischen Scheinwespe aufgespürt, und diese legt dann ihre eigenen Eier hinein.

So weit, so gemein. Die erste Lebensphase der Österreichischen Scheinwespe ist dem Scheine nach als erfolgreich zu bezeichnen. Aber das dicke Ende steht noch aus, der aufregende Schluß: die zweite Phase ihres gewalttätigen, selbstherrlichen Lebens bestimmt die Österreichische Scheinwespe nicht mehr selbst, sondern ein dritter, ein schwarzflügeliger unerbittlicher Schmarotzer, eine Art Superwespe, habgieriger und unverschämter als jene selbst, genannt Riesenschlupfwespe, lateinisch ichneumon pisorius.

Die Leser mögen sich einmal dieses Drama von Leben und Tod vorstellen: In der armen Larve der Roten Wespe steckt die schmarotzende Larve der Österreichischen Scheinwespe, und in diese versenkt nun ihre Eier die Riesenschlupfwespe, so daß ein Parasit den anderen frißt. Na servus.

Das also ist die gepriesene wundersame Schöpfung!

Eine fesche Genesis!

Aber lehrreich.

Wer hätte das für möglich gehalten!

N. B. Wäre die Insektologie zu Karl Marx' Zeiten so entwickelt gewesen wie heute, und hätte der Mann seinen wissenschaftlichen Traktaten Parabeln vorgezogen, könnte eine Schilderung wie diese wohl kaum originelle Prosa genannt werden.

Eine merkwürdige Geschichte

Da traf ich unlängst einen Freund, der viel in der Welt herumkommt. Ich fragte ihn, ob er etwas Neues zu berichten habe.

Und ob, sagte er und erzählte mir folgende merkwürdige Geschichte:

Es geschah in einer Provinzhauptstadt an einem heißen Sommertag. Ich sitze gerade in einem Gartencafé, als ich plötzlich von der nahen Straßenkreuzung her eindringliche Hilfeschreie vernehme. Es reißt mich vom Stuhl, und ich eile in Richtung des Menschenauflaufs, der zusehends größer wird.

Verkehrsunfall. Passanten legen gerade einen blutjungen schwarzhaarigen Mann auf die zierliche Grünfläche vor der Friedrich-Schiller-Büste nahe an der Kreuzung. Seine Augen sind geschlossen, er gibt kein Lebenszeichen von sich. Ein Polizist untersucht seine innere Rocktasche nach einem Personalausweis, zieht aber dabei ein Reifezeugnis hervor, ausgestellt am selben Tag von der Direktion des Gymnasiums unweit von der Kreuzung. Eine Frau nimmt ein weißes gebügeltes Taschentuch aus ihrem Einkaufskorb und deckt damit sein blutloses Antlitz zu.

Im selben Augenblick quietschen die Bremsen auf der Kreuzung. Ich vernehme gleich darauf einen dumpfen Schlag und seh auch schon, wie es einen zweiten jungen Mann im Bogen durch die Luft wirbelt. Er landet auf dem Gehsteig und macht keinen Mucks mehr.

Die Passanten schreien nach Polizei und Rettung und laufen wie verrückt durcheinander, ich aber bemerke, o Gott, auf der gegenüberliegenden Straßenseite, wie sich bereits ein drittes und viertes Unglück anbahnt, denn dort kommen weitere Burschen und Mädchen, einzeln und in kleinen Gruppen, heran und schauen nicht wie üblich geradeaus, sondern über die Schulter hinweg nach rechts und bewegen sich wie im Finsteren tappend auf dem Trottoir vorwärts immer näher auf die Kreuzung zu, als habe jeder einen Hexenschuß im Nacken.

Die Passanten fühlen Erbarmen mit ihnen und versuchen sie vor dem drohenden Unheil auf der Kreuzung zu bewahren:

»Paßt doch um Gottes willen auf, sonst wird euch die Kreuzung zur Falle!«

Jede Warnung ist wie in den Wind gesprochen. Wie sollten sie aber auch mit derart verdrehten Köpfen sehen, ob von links Autos daherrasen oder nicht.

Die Schreckensbilanz ist unabwendbar: einundzwanzig junge Menschen getötet, Sirenengeheul tatüüü tatüüü und blaues Licht, ineinander verkeilte Autos und zerbrochene Auslagenscheiben, Abschlepp- und Totenwagen, Ordnungshüter, eine aufgebrachte Menschenmenge, was soll das, ein irrsinniger Massenselbstmord oder was? Eine Scheißerziehung heutzutage, schreit einer und gibt damit das Signal zum Sturm auf das naheliegende Gymnasium, aus dem die Bedauernswerten gekommen waren, aber die Polizei sperrt die Kreuzung ab und fordert die Passanten auf, in Ruhe den Ort des Grauens zu räumen.

Im nächsten Augenblick steigt aus einem schwarzen Mercedes auch schon die städtische Sonderkommission für Mord und Selbstmord: ein Oberpolizeirat, ein Oberlandesgerichtsrat und ein Obermedizinalrat, Facharzt für Unfallchirurgie.

»Ungewöhnlich«, sagt der Polizeirat.

»Absurd«, sagt der Landesgerichtsrat.

»Wir müssen der Sache auf den Grund gehen«, sagt der Unfallchirurg.

Und schon ziehen sie los – schnurstracks ins Gymnasium, das soeben mit Mühe und Not vor einem Volkssturm verschont geblieben ist. Schon auf dem Gang der Schule fällt der Kommission auf, daß die Schüler die Köpfe seitwärts – nach rechts – halten. Die kleineren sanft wie die Nonnen in Klöstern, die mittleren etwas entschiedener, die größeren schon recht energisch wie Rekruten beim Kommando »Rechts schaut!«

Anfangs glauben die Kommissionsmitglieder, die Schüler machen sich über sie lustig, aber schon bald werden sie eines Besseren belehrt, denn auch die Lehrer halten zum großen Teil die Köpfe nach rechts, ja, einige haben sogar links eine schwarze Augenklappe, und einer von ihnen, der gerade Gangaufsicht hat, ist gar ohne linken Arm.

»Schauen wir in eine Klasse«, schlägt der Fachmann für Unfallchirurgie vor, »wir müssen der Sache auf den Grund gehen.«

Sie gehen in die fünfte Klasse. Die Schüler erheben sich und stehen stramm, jedoch alle mit dem Gesicht zur Wand.

»Phänomenalistisch, würde ich sagen«, flüstert der Oberlandesgerichtsrat zum Unfallchirurgen, »Erscheinungsform eines unerkennbaren Dinges an sich.«

»Hm«, sagt der Oberpolizeirat nichts.

»Logisch«, sagt der Obermedizinalrat, »der Lehrer schaut ja zum Fenster, also auch nach rechts.«

Alle drei Kommissionsmitglieder treten nun ans Fenster, um dem Lehrer von Angesicht zu Angesicht gegenüberzustehen. Er ist ein schlanker photogener Mann mit einem Zahnpastalächeln und ohne linken Arm.

Der Oberpolizeirat ersucht ihn um ein Interview. Der Lehrer erwidert ihm schroff:

»Für Interviews ist der Direktor zuständig, wenn der abwesend ist, dann sein Vize.« Die schwarze Hornbrille auf seiner geraden Nase wird bei diesen Worten unruhig.

»Ihre Haltung reizt aber unsere Neugier, wie Ihre Schüler Sie wohl verstehen können, wenn jeder in seine Richtung schaut – die Schüler in die Wand und Sie durchs Fenster«, versucht ihn der Oberlandesgerichtsrat versöhnlich zu stimmen.

Der Lehrer schweigt verstockt. Sein Zahnpastalächeln ist einem eisigen Zug um die zusammengepreßten Lippen gewichen.

»Ei, ei, was ist denn das da hinten in der letzten Bank!« bricht der Oberpolizeirat das beklemmende Schweigen und weist auf einen Buben hin, dem das linke Ohr fehlt.

Angetrieben von Wissensdrang treten alle drei zu ihm und fragen ihn, wie denn das gekommen sei.

»Ich bin Vorzugsschüler.«

Der Kommission wird die Sache allmählich zu bunt. Da hängt doch tatsächlich auch die Landkarte an der Tafel verkehrt: wo sich darauf sonst der Norden befindet, ist jetzt der Süden, und rechts, wo normalerweise der Osten hingehört, ist der Westen. Den Osten gibt es darauf gar nicht.

»Eine verzwickte Geschichte«, sagt der Oberpolizeirat.

»Was heißt da ›verzwickt‹! Äußerst mysteriös ist sie, meine Herren!« sagt der Oberlandesgerichtsrat.

»Wir müssen der Sache auf den Grund gehen«, mahnt der Fachmann für Unfallchirurgie zur Sachlichkeit.

Dann denken alle drei nach.

»Würden Sie liebenswürdigerweise die Güte haben, uns zu erklären, wie das gekommen ist, daß Sie keinen linken Arm haben?« wendet sich der Unfallchirurg wieder an den Lehrer. »Wir sind eine Mordko ...«

»Das ist meine Privatsache«, schneidet ihm der Lehrer das Wort ab. Seine schwarze Brille zuckt unruhig, seine Wangen werden blasser.

Die Mitglieder der Untersuchungskommission sehen ein, daß sie von diesem Kerl keinen Aufschluß über das seltsame Phänomen zu erwarten haben, und begeben sich in die Direktion. Dort empfängt sie ein leutseliger Herr von kleinem, aber stämmigem Wuchs. Sie bemerken sofort, daß ihm das linke Auge fehlt, dafür aber richtet er sein rechtes durch ein dickes Monokel umso vertraulicher auf sie und sagt:

»Ich darf Sie willkommen heißen, meine Herren, nehmen Sie doch Platz!«

Die drei Herren versinken in weichen Polstermöbeln.

»Womit darf ich dienen?« fragt er mit salbungsvoller Stimme.

Die drei schauen einander an und stellen fest, daß keinem danach ist, als erster den Grund ihres unerwarteten Besuches darzulegen.

»Erlauben Sie«, sagt schließlich der Oberpolizeirat und langt nach einem dicken Heft in Großformat und harten Buchdeckeln mit dem Titel KONFERENZPROTOKOLLE, das wie bestellt auf dem runden Tisch vor ihnen liegt.

»Bitte sehr, soweit Sie keine schulfremden Personen sind.«

»Hier unser Untersuchungsbefehl vom Staatsanwalt«, sagt der Oberlandesgerichtsrat.

Der Oberpolizeirat öffnet mit gespielter Gelassenheit das Buch und blättert wie von ungefähr darin herum. Auf einer Seite verweilt er plötzlich und vertieft sich ins Lesen. Er kann dabei eine innere Erregung nicht verbergen. Je weiter er liest, umso mehr weiten sich seine Pupillen. Man merkt es ihm an, daß ihn der Lesestoff in Erstaunen versetzt.

»Ich traue meinen Augen nicht, lest doch hier! Protokoll einer Disziplinarkonferenz!« reicht er den beiden schließlich den Bericht über den Tisch.

Der Herr Direktor öffnet ein Fenster und schaltet den Ventilator der Marke Koprohag Super ein.

Die Mitglieder der Kommission stecken nun ihre Köpfe zusammen und lesen den im Telegrammstil verfaßten Tatbestand:

An dem und dem Tage habe der Schüler Soundso zum Professor Soundso »Esel« gesagt. Ein Sturm der Aufregung unter den Professoren im Konferenzzimmer. Sie erwägen, ob Karzer, ob Ausschluß. Der Lehrer Link widerspricht und schlägt eine wissenschaftliche Analyse des Falles vor, mit dialektischer Methode sozusagen, denn wo stehe es geschrieben, daß nicht auch in diesem ungewöhnlichen Disziplinarfall der unter Gebildeten allseits bekannte und oft genug bewährte Wahlspruch »Quot capita tot sententiae« eine nützliche Anwendung finden könnte, der betroffene Schüler sei schließlich bereits aufgestiegener Septaner. Und sine ira et studio betrachtet, stehe ja eigentlich nur Ansicht gegen Ansicht. An dieser Stelle, so die Randbemerkung des Protokollführers, wurde Link durch Zwischenrufe der Kolleginnen und Kollegen im Stile des österreichischen Parlaments unterbrochen: Quod licet Iovi non licet bovi, verstehst du das, Link? Principiis obsta sero medicina paratur, wir dürfen der Frechheit keinen Vorschub leisten! Pare ut imperes! Gehorche, dann darfst du später befehlen!

Aber Link spielt die Rolle des Advocatus diaboli für den inkriminierten Schüler unbeirrt weiter und meint schließlich, der vorgeschlagene Ausschluß des Schülers sei maßlose Übertreibung und Überbewertung seiner übereilten Feststellung, denn ungeachtet dessen, daß man das Recht für Erwachsene, genannt »Errare humanum«, schließlich auch einem Schüler zubilligen müsse, gebe er dem löblichen Lehrkörper zu bedenken, daß einerseits ein Vergleich mit dem sympathischen Tragtier dem Berufsansehen des betroffenen Kollegen in keiner Weise abträglich sein könne, im Gegenteil, habe sich doch Christus der Allmächtige, Sohn Gottes, höchstpersönlich von dieser Spezies nach Bethlehem transportieren lassen, und ...

»Nach Jerusalem, Genosse Link, bleib gefälligst bei deinem Marx«, wird der Verteidiger scharf zurechtgewiesen ...

Und andererseits, setzt dieser – den ideologischen Angriff geflissentlich überhörend – sein Plädoyer für den nicht anwesenden Aufrührer fort, andererseits sei schließlich alles relativ, es komme immer nur auf den Standpunkt drauf an, von dem aus die Dinge dieser Welt betrachtet würden und so weiter, kurzum sapienti sat, wer ihn verstehen wolle, der verstehe ihn.

Der Direktor entrüstet sich über Links pädagogische

Ansichten, jedoch nicht in dem Sinne des Wortes, daß er die Flinte ins Korn wirft:

»Das verbitte ich mir als Direktor dieser Schule. Sie, Link, sind ein gefährlicher Defensor diaboli, ich dulde Ihre anarchistischen Ideen an unserer Schule nicht mehr lange. Schauen Sie sich nach einer anderen Schule um!«

»Nun ja«, murmelt Link beschwichtigend, »eigentlich hätte der beschuldigte Septaner wirklich etwas mehr Manieren aufbringen und dem betroffenen Kollegen zumindest ›diplomierter Esel‹ sagen können, wozu habe dieser schließlich studiert und so weiter.«

Der Schriftführer der Disziplinarkonferenz hat weiter vermerkt, daß der Delinquent dem Professor auch die Zunge gezeigt habe. Der mit dieser ungewöhnlichen Aufmerksamkeit bedachte Kollege könne jedoch seinem Lehrkörper keine exakte Auskunft darüber geben, *wieviel* von diesem aus quergestreifter Muskulatur bestehenden beweglichen Organ der Mundhöhle ihm gezeigt wurde, ein Zentimeter, zwei Zentimeter oder gar fünf. Also tut man sich wirklich schwer, für den frechen Kerl eine *angemessene* Strafe zu erwirken.

Schließlich meldet sich jener Lehrer zu Wort, der außer dem Religionsunterricht auch für die politische Bildung verantwortlich ist:

»Der Unartige ist ein überzeugter Linkshänder. Er versteckt zwar das Gesicht hinter seiner Mähne, die ihm bereits bis zur Bank hinunterhängt, aber mich übertölpelt der nicht, ich habe ihn einige Male dabei ertappt, wie er mit der Linken geschrieben hat.«

Empörung unter den Lehrern:

»Ja hör einmal, warum sagst du das nicht gleich?«

Nun wird abgestimmt durch Heben der Hände für den Ausschluß des Schülers oder dagegen: Achtzehn dafür, Links Linke dagegen.

Der Direktor schließt nach drei Stunden die Konferenz und wünscht allen Mitgliedern des Lehrkörpers: Mahlzeit! Dann folgen unter dem Protokoll noch die verschnörkelten Signaturen des Schriftführers, des Direktors und in einer langen Reihe die der Lehrer.

»Nun denn, ein sehr lehrreicher Bericht«, sagt der Oberlandesgerichtsrat, »aber was sollen wir damit, er hilft uns nicht weiter.«

»Wir müssen der Sache auf den Grund gehen«, seufzt vor Ungeduld der Obermedizinalrat für Unfallchirurgie, steht auf und schaut sich ein wenig im großen Dienstraum des Direktors um. Plötzlich erblickt er auf einem der Bücherregale ein Buch aus seinem Fachgebiet: DIE LEHRE VOM MENSCHLICHEN KÖRPER. Er öffnet es und blättert darin, liest und blättert weiter, als suche er etwas Bestimmtes.

»Kreuzdonnerwetter«, ruft er plötzlich, »ich hab's.«

»Was haben Sie?« fragen die beiden Kollegen gleichzeitig.

»Die Herkunft dieser so mysteriösen dextritis epidemica perniciosa.«

»Ich hatte kein Latein in der Schule«, verzieht der Oberpolizeirat den Mund.

»Die Ursache des verderblichen Rechtsdralls dieser Schule«, klärt ihn der Oberlandesgerichtsrat auf.

»So ist es.«

»Erklären Sie doch, wie Sie das meinen«, rufen dann beide Untersuchungskollegen, zum Platzen gespannt.

»Schaut her! Seht ihr was?«

Beide Räte schauen ins Buch und sehen nichts.

»Muß ich euch erst mit der Nase darauf stoßen? – Bemerken Sie nichts, Herr Oberpolizeirat? Welche Seite haben wir hier?«

»Zweiundachtzig.«

»Gut, und welche ist die nächste?«

»Fünfundachtzig.«

»Na bitte, was schließen Sie daraus?«

»Daß im Buch ein ganzes Blatt fehlt, die Seiten dreiundachtzig und vierundachtzig.«

»Richtig. Ich sehe, Ihre Kombinationsgabe ist nicht ohne.«

»Na und? Was ist da dabei, wenn in einem Buch zwei Seiten fehlen?«

»Das sind nicht irgendwelche Seiten, Herr Kollege.«

»Konkreter, wenn ich bitten darf, Herr Obermedizinalrat«, wird der Oberlandesgerichtsrat nun ungeduldig.

»Schauen Sie sich doch das Inhaltsverzeichnis hier an: Seite dreiundachtzig Atlas, der Träger, vierundachtzig Epistropheus, der Dreher, zwei Halswirbeln also. Dämmert's schon?«

»Keineswegs«, sagt der Oberpolizeirat ungehalten.

»Verlieren wir keine Zeit mit Rätselraten, bitte«, sagt jetzt auch der Oberlandesgerichtsrat ärgerlich.

(Ehrlich gesagt, auch ich war an dieser Stelle der Erzählung schon sehr neugierig, worauf mein Freund wohl zielte, so daß ich ihn bat, sich kürzer zu fassen und zum Kern der Sache vorzustoßen.)

Der Unfallchirurg aber war gleichzeitig auch Professor an der Medizinischen Fakultät, erzählt mein Freund weiter, und außerdem Redakteur einer ständigen Radiosendung mit dem Titel »Lachen ist die beste Prophylaxe«, kurzum ein unterhaltsamer Kauz, der seine Vorträge immer irgendwie zu pfeffern verstand, damit auch die faulen Studenten im Hörsaal nicht einschliefen.

Also nimmt er sich auch für seine beiden Kollegen von der Untersuchungskommission Zeit.

»Ihr habt gesehen«, sagt er liebenswürdig, »in dieser Schule vermittelt man den Schülern ›Die Lehre vom menschlichen Körper‹ ohne den Dreherwirbel.«

»Absolut unverantwortlich«, sagt der Oberlandesgerichtsrat, »warum bestellt sie nicht eine komplette Ausgabe dieser ›Lehre‹?«

»Moment, meine Herren, die Durchsicht von Büchern fällt nicht in die Kompetenz unserer Kommission«, sagt der Unfallchirurg, »obwohl wenigstens in unserem Fach immer wieder die Rede von Vorbeugungen ist. Unsere Aufgabe, Herr Kollege, ist rein phänomenologisch wissenschaftlicher Natur.«

»Einverstanden«, sagen die beiden anderen Räte.

»Dann setzen wir uns doch, so im Stehen wird sich das nicht bewältigen lassen.«

»Mich werden die Herrschaften nun bestimmt vermissen können«, sagt der Direktor und geht in eine Klasse.

Und der Obermedizinalrat holt nun weit aus, ganz im Stile großer Professoren der Chirurgie:

»Als der Allmächtige, der Schöpfer des Himmels und der Erde, nach Seinem unerforschlichen Ratschluß . . .«

»Wischiwaschi, Herr Kollege, das ist nicht Wissenschaft, sondern Ideologie!«

»Die Herren gestatten, noch ist die Lehrmethode frei in diesem Lande«, läßt sich der Professor nicht aus der Fassung bringen, »als der Allmächtige also den Menschen erschuf, formte er aus gutem Grunde den ersten und zweiten Halswirbel anders als alle weiteren des Rückgrats. Der erste, Atlas genannt, hat den Kopf zu tragen. Seine Gelenkstruktur ist derart, daß sie dem menschlichen Kopf das Nicken ermöglicht, die Geste des Jasagens. Je schwerer ein Kopf, das heißt je mehr Substanz darin vorhanden ist, umso weniger verlangt es den Menschen, damit zu nicken. Ausgenommen die Saufbrüder und Diabetiker, die zur Schläfrigkeit neigen. Von einem Menschen, dem der Sinn nicht unbedingt danach steht, immerfort und jedermann zuzunicken, heißt es, er habe den Kopf am rechten Platz und sei ein aufrechter Mensch. Er ist den Jasagern gegenüber in doppeltem Vorteil: in verworrenen Lebenssituationen erfreut er sich einer besseren Übersicht und hat außerdem keine zu frühe Spondylose zu befürchten.

Je hohler aber ein Kopf, umso leichter nickt er ab und auf, auf und ab – bis zur Bewußtlosigkeit. Sie kennen solche Jasager, meine Herren, die sich nicht den Hirnkasten darüber zerbrechen, ob ihre Gesprächspartner recht haben oder nicht. Ihre Meinung ist verläßlich ein automatisches Nicken, sei es aus Berechnung, sei es um des lieben Friedens willen.

Daß aus einem derartigen Mißbrauch des Atlas urplötzlich Mißverständnisse, Ärger, ja sogar Feindschaften entstehen können, scheint solche Hampelmänner wenig zu kümmern, wie auch nicht die Tatsache, daß sie mit ihrer schäbigen Nickerei obendrein Katastrophen weltweiten Ausmaßes mitbewirken, wie beispielsweise den wahnsinnigen Krieg Hitlers mit all seinen Folgen.

In ihrem Alltagsleben aber haben solche Jasager den schönsten Frieden und werden im Beruf von ihren Vorgesetzten beachtet und geachtet. Im Kreis ihrer Familien fallen sie allerdings leicht aus der Rolle, plustern sich auf und schlagen Krach. Ihre Freizeit widmen sie normalerweise Topfblumen auf dem Balkon oder – wenn sie keinen eigenen Garten für Kaninchenzucht haben – der Philatelie. Am häufigsten sind sie anzutreffen unter Lehrern, Beamten, Landtags- und Nationalratsabgeordneten, und freilich unter den Soldaten. Diese nicken zwar nicht freiwillig, aber ihr ›Jawohl‹ – der großartige Kästner hat es klassisch geschildert: ›. . . und preßten noch in unsren Betten die Hände an die Hosennaht.‹

Den zweiten Halswirbel nennt die Lehre vom menschlichen Körper Epistropheus, zu deutsch ›Umdreher‹, weil er das Drehen des Kopfes ermöglicht. Aber ich sehe schon, ich muß den Herrschaften eine Skizze von den beiden Wirbeln machen . . .«

Und er zieht aus seiner Aktentasche einen Notizblock hervor und fängt an darauf zu zeichnen:

»So, das ist die Form des Atlas, auf diesem kleinen Vorsprung hier ist der herausragende Sattel, und darauf bewegt der Mensch den Kopf nach vorn und nach hinten, aber dieser Träger ist eingebaut in den Umdreher, sehen Sie, können Sie sich das vorstellen, meine Herren, das hier ist der gezahnte Fortsatz des Epistropheus, auf diesem bewegt der Mensch den Kopf nach rechts und links.

Wenn er ihn bewegen darf. Solange der Sprößling in der Wiege liegt, hat niemand etwas dagegen, ja, er wird sogar dazu angehalten, immerfort den Kopf zu drehen. Dafür sorgen in erster Linie seine verschiedenen Onkel und Tanten, die – besorgt um seine bedingten und unbedingten Reflexe – sich über die Wiege neigen und ihn bald da, bald dort zu kitzeln versuchen, wobei sie den ›koka leze‹-Reim aufsagen:

›Kriecht die Schlange, fließt die Drau,
beißt die Schlange, rinnt Blut, au!
Buc buc buc, buc buc buc . . .‹

und im Rhythmus dieser Verse mit dem Zeige- und Mittelfinger vom Nabel aufwärts schreiten bis zum Hals, um dort mit dem ›Buc‹ unter dem Kinn unmißverständlich anzudeuten, wie es beim Sauschlachten zugeht, ein recht hintergründiger, zwiespältiger Witz, aber das gehört eigentlich nicht mehr in die Anatomie, sondern schon in die Psychoanalyse. Ich will damit nur auf das Irrationale solcher Bewegungsübungen im Babyalter hinweisen, denn der kleine Wurm, dem in der Wiege solcherart die Lust, sich zu drehen, beigebracht worden ist, muß schließlich mit sechs Jahren zur Schule und in die Kirche. Da aber wird ihm schon auf dem Weg dorthin eingehämmert: Dreh dich ja nicht um! Schau ja zum Altar! Schau ja zur Tafel!

Also, meine Herren, bereits in dieser frühen Entwicklungsphase droht dem Epistropheus ernste Gefahr, daß er in seiner Bewegungslosigkeit erstarrt, verkümmert und später seiner Bestimmung nicht mehr gerecht werden kann.

Der Herrgott gab in seiner unendlichen Voraussicht dem Menschen auch zwei Ohren, je eines zur rechten und zur linken Seite des Kopfes, auf daß er höre von rechts *und* von links – Worte des Mitgefühls in seiner Trauer und seinem Unglück, Freudenschreie der Liebe, schmerzliche Seufzer der Sehnsucht, Vogelgezwitscher, das Säuseln des Windes in der Baumkrone . . .«

»Gestatten Sie, Herr Medizinalrat, könnten Sie nicht wieder zur Sache kommen«, unterbricht der Oberlandesgerichtsrat den emphatisch ausufernden Professor,

». . . das Säuseln des Windes in der Baumkrone, und

auf daß er auch höre das Hupen der Autos, das Quietschen ihrer Bremsen«, setzt der Professor nun seinen Vortrag sachlich fort, ohne sich vom Zwischenruf beirren zu lassen.

»Aber das Hören allein genügt im Leben oft nicht, der Mensch muß auch hinschauen, muß sehen, sich überzeugen, lauern doch die Gefahren auf ihn bald rechts, bald links, und der Allmächtige hat sicher gewußt, wofür er dem Adam im Paradies zwei Augen ins Gesicht gemacht hat, stand es doch in seiner Allmacht, ihm die Augen an die Schläfen zu stecken wie den Fröschen, er hat es aber nicht getan, denn dann hätte der Mensch den Epistropheus nicht nötig und könnte ruhig immer in eine Richtung glotzen wie auf den schauerlichen Bildern von Jože Tisnikar . . . Die Herren mögen mir diesen Exkurs in den Bereich der Sinnesorgane nicht übelnehmen, denn stehen sie auch nicht in direkter Verbindung mit den beiden Halswirbeln, scheinen sie mir im Zusammenhang mit der zu untersuchenden dextritis epidemica perniciosa doch sehr wesentlich, denn der Allmächtige erschuf den Menschen nach seiner Gestalt und gab ihm auch je zwei Hände und zwei Füße. Wie schwer bewegen sich Kriegsbeschädigte auf der Straße, denen Granaten und Bomben ein Bein abgerissen haben! Und wie traurig ist erst ein einarmiger Mann: er kann nicht einmal seine Schuhe anziehen, wie sollte er seine liebe Frau umarmen?

Um zum Schluß meiner Ausführungen zu kommen: Offensichtlich ist es also der Wille Gottes, daß der Mensch in seinem Leben nicht nur nach rechts schaut, sondern auch nach links, wie es halt kommt: ab und zu sieht er etwas Nützliches auf der linken Seite, ab und zu auf der rechten. Und so ist es auch mit den Lebensgefahren: bald lauern sie links, bald rechts. Quod erat demonstrandum. Meine Herren, ich darf meine Explikation mit dem Wunsch schließen, daß Sie sich zu diesem Thema noch zusätzliche Fachliteratur besorgen und sich selbst derart von der Wissenschaftlichkeit meiner Feststellungen überzeugen. Ich danke für Ihre Aufmerksamkeit!«

Soweit der Vortrag des Obermedizinalrates über den Träger und Dreher im direktorialen Amtszimmer des problematischen Gymnasiums. Während seiner Ausführungen werden der Oberpolizeirat und der Oberlandesgerichtsrat immer unruhiger, sehen einander öfters an und drehen den Kopf hin und her. Als der Obermedizinalrat schildert, wie bereits den Kleinen in der Kirche und der Schule eingehämmert wird, sich nicht umzudrehen, sondern zum Altar und zur Tafel zu sehen, schauen sie recht verwirrt und verwundert drein.

Der Polizeirat flüstert dem Oberlandesgerichtsrat ins Ohr: »Aber das ist doch natürlich.«

Sie werden zusehends ernster, und als sie aus der Schule gehen, halten beide den Kopf – nach rechts.

Der Obermedizinalrat und Fachmann der Unfallchirurgie bleibt auf dem Gehsteig stehen und schaut ihnen mit offenem Mund nach. Dann schließt er den Mund und dreht bedächtig den Kopf nach links und nach rechts, was ganz danach aussieht, als wolle er sagen: »Na, so was. Da soll man sich auskennen.«

Die Schildbürger hacken einander die Nase ab

Da war doch den Schildbürgern und Schildbürgerinnen in letzter Zeit die Nase so sehr im Wege, daß sie darüber schon richtig mißmutig waren. Und so sagten sie dann: Alles schön und recht, die göttliche Vorsehung hin oder her, aber jener Weise muß erst geboren werden, der unsereinem die Nützlichkeit dieser abscheulichen Extremität klar machen könnte, mag auch Er selbst sie dem Menschen mitten ins Gesicht gepflanzt und Nase genannt haben – diese zwei finsteren behaarten Löcher, immerfort wie ein Brunnen laufend, schaut euch doch einmal eure Gschroppn genauer an, in was für einem merkwürdigen Rhythmus ihnen bald aus dem einen, bald aus dem anderen Loch, bisweilen gar aus beiden gleichzeitig, zwei bleiche Regenwürmer voller Neugier hervorgucken – wie aus aufgeweichter Erde nach einem Landregen.

Und dann auch noch das schmerzliche Anrennen gegen alles und jedermann – mit diesem kläglichen, knorrigen Vorbau! Und darüber hinaus dieses unanständige An-der-Nase-Herumführen, dieses boshafte Unter-die-Nase-Reiben, dieses aufdringliche Auf-die-Nase-Binden, dieses beschämende Mit-langer-Nase-Abziehen, dieses freche Lange-Nase-Drehen, dieses arrogante Nase-hoch-Tragen, dieses eingebildete Naserümpfen, dieses listige Würmer-aus-der-Nase-Ziehen – und all die weiteren unzähligen herausfordernden, all die erniedrigenden Unziemlichkeiten, die diese ungelenke Gurke zu jeder Zeit an jedem Ort verursacht!

So sinnierten die Schildbürger untereinander und ärgerten sich über alle Maßen. Und die Schildbürgerinnen gaben ihnen recht in allem und jedem.

Ihr Bürgermeister hatte ihr Gespräch mit großer Anteilnahme belauscht und ergriff nun das Wort:

»Bitter ist eure Rede, meine armen Schildmitbürgerinnen, meine armen Schildmitbürger, aber leider ist sie wahrhaftig Wort für Wort. Oh, ich wäre weiß Gott glücklich, machte uns dieser ekelhafte Auswuchs im Gesicht nicht so große Not! Aber das Schlimmste dabei ist wohl der Umstand, daß man an unserer Nase sieht, wer wir sind. Ja, und infolge dieses Zurschaustellens erlauben sich unsere Gegner immer wieder, auf unserer Nase herumzutanzen, uns alles vor der Nase wegzuschnappen, uns die Faust unter die Nase zu halten et cetera et cetera ... Ich sage euch, meine lieben Mitschildbürgerinnen und Mitschildbürger, daß auch ich meinen widerlichen Schnorchel davon schon voll habe! Seht doch die schieche Beule drauf! Kein Tag vergeht, an dem er nicht irgendwo irgendwie anstößt und blutet ... und überhaupt ... da gibt es welche, die behaupten, mein Horizont reiche nicht über meine Nase.«

»Bravo! Bravo!« bliesen einmütig alle Schildbürger aus ihren auf und ab hüpfenden Schildknorpeln, die im Volksmund Adamsäpfel heißen.

Da meldete sich schließlich der Vertreter der schildbürgerlichen Saufkumpanei zu Wort:

»Alles schön und recht, was ihr da sagt, meine Leidensgenossen, aber bedenkt wohl, wie schwer es erst unsereiner hat! Ist die Prahlmieze, diese ausgschamte, nicht eine glänzende Verräterin!? Ihr müßtet einmal meine Alte hören, wie die mich angeht, immer wenn ich aus der Schenke komme, einerlei, ob meine ausgedorrte Seele dort ein Viertel oder fünf Viertel aufgetankt hat. Ihr werdet fragen, warum eigentlich? Weil sich dieses Chamäleon, dieses ausgekochte, dann immer in eine blaue Gurke verwandelt!«

»In eine blaue Gurke, ja, das Luder, das verräterische!« brauste es nun unter den Saufbrüdern auf.

Da erhob sich ein Mordswirbel, denn nun meinten die Schildbürgerinnen, einhellig aufbegehren zu müssen.

Dann sprach abermals ihr Bürgermeister:

»Wißt ihr was, wenn ihr dafür seid, so schneiden wir sie doch ab, und wir haben endlich Ruhe! Niemand wird mehr sehen, wer wir sind. Niemand wird mehr mit dem Finger auf uns zeigen, niemand wird uns schief anschauen!«

Und die Schildbürger und Schildbürgerinnen sahen einander fragend an.

Da sagte plötzlich der Fika vom Heini:

»Los, Kameraden, Messer schleifen!«

Und alle Schildbürger und Schildbürgerinnen waren dafür.

Da sagte der Vora vom Gimpel:

»Wißt ihr was, fürs Abschneiden ist sie ja zu hart.«

Und alle Schildbürger und Schildbürgerinnen gaben nun seinen Worten recht.

Da sagte der Lipa vom Fatzke:

»Wißt ihr was, hinein in den Schraubstock damit und – schnipps! hacken wir sie ab!«

Und alle Schildbürger und Schildbürgerinnen fanden, dies wäre ein gescheites Wort – schnipps! hacken wir sie ab! Und sie hackten einander – schnipps! – die Nase ab im Schraubstock.

Als erster war der Bürgermeister an der Reihe – des guten Vorbilds wegen. Ihm folgten alle aus seinem Stamm.

Nun war aber da, wo eben noch die Nase geragt hatte, nur noch ein Loch, und sie wußten plötzlich nicht mehr, ob sie die Richtigen waren oder nicht. Und sie wußten nicht, was sie sagen sollten. Und wußten nicht, zu wem sie was sagen sollten. Und wußten demnach nicht, ob sie überhaupt etwas sagen sollten, wo sie ja nicht mehr wußten, wer von ihnen der Richtige war, hatte doch früher jeder seine eigene Nase gehabt, jeder sein trennendes Merkmal sozusagen, der eine seine verwarzte Nase, der andere seine knollige, der dritte seine Sattelnase, der vierte seine Adlernase, beim fünften war sie aufgestülpt gewesen auf »Hej Slovani«[1], beim sechsten traurig hängend auf »Nmav črez jizaro«[2], die siebente war stumpf, die achte spitz, die neunte rot, die zehnte blau . . . und so weiter und so fort, eine jede war anders.

Jetzt aber gähnten dort, wo früher Nasen waren, nur noch Löcher. Lauter gleiche Löcher! Daher wußte keiner mehr, ob er der Richtige war oder nicht. Und da waren sie nun ziemlich traurig, als sie so einander ansahen. Und sie wendeten sich alsbald voneinander ab und gingen nach Hause, einer nach dem anderen.

Da waren aber die Schildbürgerinnen und Schildbürger nach einiger Zeit weiß Gott noch trauriger, als sie bemerkt hatten, daß ihnen die Atemluft nun gleich aus dem Loch im Gesicht herauspfiff, und das Nasenwasser wie ein Springbrunnen in alle Richtungen spritzte, anstatt wie früher geziemend abwärts ins Taschentuch zu rinnen.

Das sagte der Fika vom Heini zum Vora vom Gimpel: »Du, Vora«, sagte er, »hör einmal, ich glaub', wir haben da einen Bock geschossen – das mit der Nase haben wir dumm angestellt.«

Da sagte dieser:

1 Nationalhymne der Slowenen, aufmunternde Melodie.
2 Volkshymne der Kärntner Slowenen, resignierende Melodie.

»Du, Fika, hör einmal, ich bin aber nicht der Vora vom Gimpel.«

Da sagte jener, der sich in Vora getäuscht hatte: »Mach keinen Witz, und ich bin nicht der Fika vom Heini . . . Aber daß wir einen Bock geschossen haben, kannst du nicht bestreiten . . .«

Das sagte derselbige, der nicht der Vora vom Gimpel war:

»Das haben wir wohl.«

Und sie hingen beide den gleichen traurigen Gedanken nach. Und sagten dann nichts mehr.

Da dämmerte allmählich auch dem Bürgermeister schon etwas, und er brummte vor sich hin:

»Um Gottes willen, was hab ich da nur angerichtet! Jetzt, wo wir sie abgehackt haben, wissen die anderen erst recht, wer wir sind.«

Und es ging von nun an im Lande der Schildbürger nur noch bergab. Nicht nur, daß sie zusehends die Orientierung verloren, da sie nicht mehr der Nase nachgehen konnten, und nicht nur, daß sie sich einander entfremdeten, auch andere Leute in ihrem Lande gingen ihnen mehr und mehr aus dem Weg, denn die Armen hielten nun ihre Winde nicht mehr zurück, sobald sie Blähungen hatten – wozu manche ungehobelten Leute zu sagen pflegen, daß sie drauflosfurzten – und umgaben sich solchermaßen mit gar nicht angenehmen Düften – wozu dieselben ungehobelten Leute sagen würden, daß sie stanken wie Ziegenböcke.

Selbstverständlich konnten sich Außenstehende diesen veränderten Umständen keineswegs anpassen, andererseits aber nahmen sie diese bemerkenswerte Veränderung den Schildbürgern gar nicht übel: die Hascher konnten jetzt doch nicht mehr riechen, wie fürchterlich sie rochen. Man sagt, eben das habe sie äußerst betrübt sowie der Umstand, daß sie jetzt sozusagen alle aus dem gleichen Loch pfiffen, was ihnen früher auf der Nase geschrieben stand. Dazu wurden sie dann auch noch als »Naseschnipser« verspottet.

Der Bürgermeister des nun nasenlosen Schildbürgerstammes ging schließlich nicht mehr unter seinesgleichen, zumal er frische Beulen auf der Stirn und auf dem Kinn trug. Das kam davon, daß ihm sein Nasenpuffer nicht mehr zur Verfügung stand.

Am bittersten aber traf die Schildbürger und Schildbürgerinnen die plötzliche, erschütternde Erkenntnis, daß von nun an keiner von ihnen mehr stolz[3] sein konnte, hatten sie doch – nasenlos – alle das Gesicht verloren. Wie sie sich auch bemühten, sich reckten und streckten und die Hälse blähten, ohne Nase gelang es ihnen nicht ...

Mit Bestürzung stellten sie den unheilbaren Schaden fest. Ihr Stolz war dahin für immer und ewig.

Dem Bürgermeister ging dieser Verlust sehr zu Herzen. Eines schönen regnerischen Abends sprach er zur Frau Schildbürgermeisterin:

»Der Teufel soll mich holen, jetzt hab ich erreicht, daß jedermann an diesen Löchern erkennt, wer wir sind.«

»An diesen Löchern, ja, an diesen elenden«, seufzte Frau Schildbürgermeisterin.

»Ich geh daran am Ende noch zugrunde«, stöhnte der Bürgermeister halblaut vor sich hin, während es durch sein Loch im Gesicht in regelmäßigen Abständen leise zischte und fadendünn die Wangen hinunterrann.

Frau Schildbürgermeisterin nickte nur hoffnungslos.

Und tatsächlich erhängte sich der Schildbürgermeister schon am nächsten Morgen auf dem ersten Baum. Ohne auch nur ein Wort zu sagen oder aufgeschrieben zu hinterlassen. Gerade in dem Augenblick, da von der Kirche das Grußläuten erklang.

Seine hinterbliebenen unglücklichen Landsleute erkannten ihn an der Nase, die ihm Frau Schildbürgermeisterin an einem dünnen Faden um den Hals gehängt hatte, halt der Auferstehung wegen. Da sagte einer aus dem Schildbürgervolk, vielleicht war es der Lipa vom Fatzke:

»Die Trauer hat ihn verwirrt, die Trauer, da er es war, der gesagt hat, wir sollten sie uns abhacken.«

Und die Schildbürger und Schildbürgerinnen begruben ihren Bürgermeister nicht. Vor lauter Mißmut ließen sie ihn auf dem Baum hängen.

Und trauerten ihm nicht nach.

Und beteten nicht für sein Seelenheil.

Und stellten ihm kein Denkmal auf.

3 Im Slowenischen ein Wortspiel: nos = Nase, ponosen = stolz.

Ballade vom Begräbnis des Herrn von Puchs

Bleichgrün in der Himmelschwärze
hängt der Mond, und eine Kerze
leiht ihr Licht der Szenerie
trüb und traurig wie noch nie.
An der grauen Friedhofsmauer
steht das Volk in stolzer Trauer.
Dort liegt Herr von Puchs am Boden,
ohne Mucks im Kärntner Loden,
eingesargt und ohne Schnaufer,
einst ein wackrer Held und Raufer.

Jetzt ans offne Grab heran
tritt ein Abwehrkampfkumpan:
braun gewandet, Invalide,
grüßt er mit dem Stummelgliede:
– Kamerad, du Schutzpatron
unsrer Heimat, treuer Sohn!
Du, der furchtlos und verwegen
warfst dem Serben dich entgegen,
da ihn, der als Stier sich brüstet,
nach der Kärntner Kuh gelüstet,
riefst die Kärntner zu den Waffen,
hast die Abwehrfront geschaffen ...
Daß von deinem treuen Haufen
dir ein Teil davongelaufen,
hält nicht stand vor der Geschichte,
ist Erfindung böser Wichte.
Selbst der Heimatdienst bezeugt,
daß man hier die Wahrheit beugt.
Für die Abwehr fremder Horden
gab er dir den höchsten Orden.
Bald gelang dir's, deutsches Sehnen
bis nach Veldes auszudehnen
und den Partisanenwichten
hohe Galgen zu errichten.
Da Slowenisch dir vertraut,
– freilich sprachst du es nicht laut –
kamst du leicht zu allen Daten,
die Gestapo zu beraten.
Sei gerühmt von Firn zu Firn,

Herr von Puchs, du unser Hirn!
Ob gepriesen, ob beschissen,
werden wir dich stets vermissen.

Bleichgrün in der Himmelschwärze
hängt der Mond, und eine Kerze
leiht ihr Licht der Szenerie
trüb und traurig wie noch nie . . .

Ein SS-Major nun dreist
ihm den deutschen Gruß erweist.
Sein Kommando schallt: – Habt acht!
(Und zu Puchsens Ehre kracht
eine Salve himmelhoch.)
– Aufgespürt in jedem Loch
hast, von Puchs, du Russen, Polen,
soll sie doch der Teufel holen!
Diese Bolschewiken, Wanzen,
die sich überall verschanzen!
Doch von einer Clique verhetzt,
hat man arg dir zugesetzt,
dich verleumdet und bespien,
Zetermordio geschrien.
Klagt dich nicht ein Heer von Schreibern
an des Mord's an Russenweibern,
die zu Tausend du erschossen
und verscharrt hast mit Genossen?
Freilich, das sind leere Reden,
galt Gehorchen doch für jeden.
Hirngespinste! Recht betrachtet,
hast du Schweine nur geschlachtet.
Mögen diese Linken raunen,
in die Welt hinausposaunen:
Puchs ließ im KZ aus Knochen
der Gehenkten Seife kochen.
Uns bist du von hohem Adel,
Ritter ohne Furcht und Tadel!
Deiner werden wir gedenken,
und auf dich die Blicke lenken.

Bleichgrün in der Himmelschwärze
hängt der Mond, und eine Kerze
leiht ihr Licht der Szenerie
trüb und traurig wie noch nie . . .

Jetzt als nächster, sapperment,
pflanzt sich auf ein Corpsstudent,
pflanzt sich auf vor den Popanzen,
feixt und läßt den Säbel tanzen.
– Herr von Puchs, so ruft er aus,
focht so manchen harten Strauß
als ein echter Karantane
und als Rosenberg-Germane,
Immer noch aus Faß und Krug,
steigt sein Geist mit jedem Zug.
Ja, sein Opfer war vermessen,
bleib' sein Vorbild unvergessen!
Mögen andere ihn schelten,
Wotan wird es ihm vergelten!

Bleichgrün in der Himmelschwärze
hängt der Mond, und eine Kerze
leiht ihr Licht der Szenerie
trüb und traurig wie noch nie . . .

Nun singt in der Abschiedsstunde
noch die Kreuther Sängerrunde.
Förster Schmalzl kluger Weise
lenkt die Stimmen laut und leise,
die Tenöre und die Bässe
klagen wie zur Trauermesse.
Holzknechtbuaben – laut Recherchen –,
die das Deutsche gut beherrschen,
ihrem Brotherrn zu Gefallen
Rosentaler Nachtigallen.
Schmalzl als ein Demokrat
Extrawürstel sich verbat:
– Hier in Österreich – zum Teufel! –
sind die Tschuschen nur ein Häufel.
In den Schulen und Kasernen
hat man darum Deutsch zu lernen.
Wollt ihr in den Waldrevieren
eure Stellen gar verlieren?
In den Chor, die Wut verbeißend,
mischt der Wind sich herzzerreißend.

Bleichgrün in der Himmelschwärze
hängt der Mond, und eine Kerze
leiht ihr Licht der Szenerie
trüb und traurig wie noch nie . . .

Ein Reporter stumpf und dumpf
strickt an seinem Zeitungsstrumpf,
nimmt sich Puchsens Tod zu Herzen.
Seine Gegner anzuschwärzen,
war von jeher er bestrebt:
Lebt man denn, wenn Puchs nicht lebt?
Er beschließt, ihm treu zu bleiben,
einen Großbericht zu schreiben
über das, was hier geschah,
mit Trumtrum und mit Trara.

Bleichgrün in der Himmelschwärze
hängt der Mond, und eine Kerze
leiht ihr Licht der Szenerie
trüb und traurig wie noch nie . . .

Leider war beim Leichensegen
nicht das Kapital zugegen,
also sprang – zum guten Schein –
schließlich ein Minister ein
und vertrat mit Zunftgrimasse
gut die Schwerverdienerklasse.

Bleichgrün in der Himmelschwärze
hängt der Mond, und eine Kerze
leiht ihr Licht der Szenerie
trüb und traurig wie noch nie . . .

Nun mit Weihrauchfaß und Wedel
tritt der Pfaffe, fromm und edel,
schwipp und schwapp schnell hin zur Gruft.
Süßer Rauch erfüllt die Luft.
– Libera nos domine,
und das Volk mit Ach und Weh,
sekundiert dem wackren Streiter,
Pater noster, und so weiter.
– Herr von Puchs – von hohem Stand,
liebte Gott und Vaterland.
Gottes Gnade hat vergolten,
was wir ihm zu Lebzeit zollten,
denn er stiftete in Kreuth
für die Kirche ein Geläut.
Wenn es tönte im Gestühle –
Wasser war's auf seine Mühle,

Segen ruhte auf den Wäldern,
Stall und Vieh und weiten Feldern.
Jetzt, da er in Gottes Hut
in der engen Truhe ruht,
hat er uns vermacht sein Teil,
betet für sein Seelenheil!

Bleichgrün in der Himmelschwärze
hängt der Mond, und eine Kerze
leiht ihr Licht der Szenerie
trüb und traurig wie noch nie.
An der grauen Friedhofsmauer
steht das Volk in tiefer Trauer,
weint und wimmert, seufzt und klagt,
niemals war es so verzagt . . .

Da – mit Knarren und Gekreische
sieht man – wahrhaft und im Fleische –
aus den festgefügten Brettern
Herrn von Puchs ins Freie klettern:
Erst die Finger, dann die Nase
und – empfangen mit Emphase –
Arm und Bein – in kurzen Pausen –,
jetzt der Kopf – schon ist er draußen!
stramm und keck, kein Leichnam mehr.
Geht's mit rechten Dingen her?
Scharrt und pustet wie ein Werl.[1]
Seht ihn an, den Teufelskerl!
Lautstark grüßen die Kumpane,
rufen »Heil!« und schwenken Fahnen.
Herr von Puchs jedoch fürwahr
klopft den Staub von Hemd und Haar,
reckt sich, blinzelt, schnappt nach Luft,
eh' er wie ein Feldherr ruft:
– Kärntner, ruft er, euer Chor
drang erschütternd an mein Ohr.
Ja, ich seh's, ich mache kehrt,
weil des Führers ihr entbehrt.
Fort die Schaufel, Totengräber!
Fort das Rauchfaß, Pomp funebre!

1 Maulwurf.

Rasch versiegt der Tränen Lauf.
Der Reporter schreibt es auf.
Und getrieben von Erregung,
setzt der Zug sich in Bewegung –
Puchs voran, in Reih und Glied,
hinter ihm der Invalid':
seiner Orden Bimmel-Bammel
folgt die Herde wie dem Hammel.
Doch zu schnell ist ihm der Schritt,
und nur mühsam kommt er mit,
braun das Herz und braun die Tracht,
finster ist die Kärntner Nacht.
Stummelarm und Bein versagen,
Atem stockt, schon würgt der Kragen,
und er rudert – wie erblindet –
und kein Helfer, den er findet . . .
Wie bleibt er auf Vordermann?
– Puchsens Pesthauch führt ihn an . . .

Aus dem Slowenischen übersetzt von Helmut Scharf

Diese Ballade wurde von Joschi Hanak vertont und vom Internationalen Dialekt Institut (IDI-Österreich) mit anderen Liedertexten des Autors auf der Kassette KOROŠKA UNERWÜNSCHT/KARNTN LEI ANS (Nr. 9) aufgenommen.

Gespräch in der Gebärmutter einer Kärntner Slowenin

Hörspiel

Es ist, um sich an dem eigenen Nabelstrang aufzuhängen!
Kurt Tucholsky, Colloquium in utero

Manj strašna noč je vo črne zemlje krili, ko so pod svetlim soncem sužni dnovi!
France Prešeren, Krst pri Savici

(Weniger fürchterlich ist die Nacht im Schoß der schwarzen Erde, als es Sklaventage sind unter der hellen Sonne.)

Anleitungen für die Regie

Der Autor vermeidet es mit Absicht, außer allgemeinen Situationsschilderungen der Regie auch noch detaillierte Geräuschkulissen vorzuschreiben, da er ja aus der ungewöhnlichen Struktur dieses Hörspiels heraus die jeweilige Vision der Rundfunkrealisierung beziehungsweise des Regisseurs nicht vorausahnen kann.

Daher wird der Regisseur sich selbst umschauen müssen, was ihm aus dem Geräuscharchiv seiner Rundfunkanstalt nützen könnte. Eines wird er allerdings strikt zu beachten haben: daß – trotz der deutlichen Lokalisierung des Stückes in Kärnten – nicht vorwiegend die nationale Diskriminierung der Slowenen Kärntens durch gewisse »patriotische« Heimatverbände (Kärntner Heimatdienst) herauszuhören sein wird, sondern eher die allgemein menschliche, Kafkasche Bedrängnis des hilflosen Individuums schlechthin, die Existenzialangst des »umweltgefährdeten« (in jeder Hinsicht, auch in nationaler natürlich) Menschen.

Dem Regisseur bleibt es auch anheimgestellt, sich zum inneren Dialog der Zwillinge einen intimistischen äußeren Monolog der Mutter in der Art von James Joyce stellenweise zurechtzulegen. Dieser dürfte allerdings in keiner Beziehung zum Dialog der Zwillinge stehen. Die Geräuschkulissen wären in diesem Fall zur Unterscheidung der beiden Ebenen sehr sorgsam auszuwählen.

Auf jener Stelle, wo vom Singen in der slowenischen Rundfunksendung die Rede ist – und auch sonstwo –, könnten zur Untermalung des gesprochenen Wortes (das heißt zum deutschen Text) überhaupt slowenische sentimentale Volkslieder verwendet werden. Reiz der Zweisprachigkeit!

Zur Aussprache der slowenischen Zischlaute:

Slowenisch/Deutsch

c	=	tz (z. B. in Fri*tz*)
č	=	tsch (in Deu*tsch*)
z	=	stimmhaftes »s« (in *s*ie, *S*onne)
ž	=	stimmhaftes »sch« (in *J*ournal)
s	=	stimmloses deutsches »s« bzw. »ß«
š	=	»sch« (in *sch*ön)

ERSTES GESPRÄCH

(Die Mutter sitzt vor dem Fernsehapparat. Mojca und Anzej ruhen gemütlich im Bauch und unterhalten sich. Mojca blinzelt ab und zu wie eine Puppe aus Tarvis vor sich hin.)

ANZEJ *(preßt sein Öhrchen wie ein kleines Stethoskop an die Wand der Bauchhöhle):* Pssst! Kannst du denn nicht ein bißchen leiser schnauben, Mojca. Jetzt hör' ich sie wieder.

MOJCA *(gähnt gelangweilt):* Aber geh! Hat's dich schon wieder, was? Gestern Visionen . . . heute Stimmen. Du machst mich noch verrückt . . .

ANZEJ *(entschieden, zornmütig):* So halt schon endlich den Schnabel, Kruzitürken!

MOJCA: Auuu-weeh! Paß doch auf! Du streckst dich, als wärst du allein hier!

ANZEJ: Was hast denn jetzt schon wieder?

MOJCA: Du mit deinen Zehennägeln! Da, hast mich schon wieder aufgekratzt. Die sind ja schon viel zu lang!

ANZEJ: Pssst! Mußt du wirklich in einem fort schnattern? Wie soll ich denn hören, wie sie einander bearbeiten!

MOJCA: Wer denn wohl? Sag, wen hörst du?

ANZEJ: Moment, bitte, Moment! *(hört angestrengt an*

der Bauchwand) Ich hab's . . . Der Bischof ist's – und der Minister.

MOJCA: Und wo bearbeiten sie einander?

ANZEJ: Wo denn schon? Im Fernsehen natürlich.

MOJCA: Und weswegen bearbeiten sie einander?

ANZEJ: Wegen solcher Fälle, die so liegen wie du und ich . . .

MOJCA: Und was sagen die beiden?

ANZEJ: Der Minister ist für die Fristenlösung.

MOJCA: Und was ist das?

ANZEJ: Ich glaube das, was wir zwei schon verpaßt haben – ein früher Aufbruch von hier . . Bevor drei Monate verstrichen sind . . .

MOJCA: Und wohin?

ANZEJ: Ins Dunkel des Nichts, woher wir gerufen worden sind.

MOJCA: Dann bin ich froh, daß wir die Frist verpaßt haben. Ich möchte von hier nicht wieder ins Nichts, sondern ins Leben . . . *(Nach einiger Zeit)* Und was sagt der Bischof?

ANZEJ: Der ist gegen einen zu frühen Aufbruch. Er sagt, die Kirche wird für unsereinen zahlen, wenn Mama kein Geld hat.

MOJCA: Na siehst du! Ich hab mir's ja gleich gedacht. Und du so ein Skeptiker!

ANZEJ: Und du so eine Naive! Du müßtest den Minister hören! Die Kirche hat in der Geschichte schon Gelegenheit genug gehabt, Müttern zu helfen, hat sie aber lieber am Schandpfahl festbinden lassen – die Bankertmütter – und hat Werg abgebrannt auf ihren Händen! Ich trau der Kirche nicht.

MOJCA: Anzej, du bist ein Liberaler.

ANZEJ: Na und? – Was meinst, was du bist?

MOJCA: Neugierig, wie es draußen aussieht.

ANZEJ: Ich gar nicht.

(Sie drehen einander den Rücken zu und schlummern ein.)

ZWEITES GESPRÄCH

ANZEJ *(wieder das Öhrchen stethoskopähnlich an die Bauchwand pressend):* Pssst!

MOJCA: Was hörst denn heute wieder?

ANZEJ: Pssst! Radio Klagenfurt, sie bringen die slowenische Sendung . . . Achtung, Achtung, Staatsbürger! Sensation auf dem Kongreß für Transplantationen in

Villach ... Das menschliche Hirn durch fleißiges Training austauschbar ... Erfolgreiche Versuche an Jungochsen ... Hauswirtschaftsschülerinnen haben temperamentvoll Marias unbefleckte Empfängnis gespielt. Lilie über dem Morast mit großem Erfolg dramatisiert ... Der Ferkelring der Kärntner Slowenen über ganz Kärnten ausgedehnt ... Epochale Entdekkung der Universität für Bildungswissenschaften in Kärnten: In der Wissenschaft gibt es keine Windischen ... Verantwortlich dafür zeichnet der Prorektor ... Mi smo mi – wir sind wir ... Unsere Drau ist eine eigene Frau ... Mamica zlata ... Kaj nam pa morejo – morejo – morejo ... Eine Kantate steht zur Debatte ... Sie sind für Rom ... Sie beten für ein Wunder auf dem Zollfeld ... Sie beschwören den Herzog Hotimir im Kampf gegen den russischen Kommunismus. Sie sind allerhand ... *(Dreht sich sichtlich enttäuscht zur Mojca)* Ich sag dir, die sind durchtrieben, die haben einen Firlefanz, einen doppelsprachigen Rosenkranz! So kriegen die den Herrgott auf ihre Seite!

MOJCA: Na, hör mal!

ANZEJ *(setzt das Gespräch für sich selbst fort):* Ihr Maß ist voll, schreien sie. Das ist ja toll, krepieren soll der Hund ... Sie zahlen nur noch Messen für den Tod ihrer Unterdrücker ... Sie wollen keine Tritte mehr in ihre Hintern, sie sind schon allzu blau, verschwinden soll auch diese Kommunistensau ... Sie wollen kein Unrecht mehr erleiden ... Sie werden immer weiterkämpfen ... Sie werden immer entschlossener kämpfen, versichern sie. Sie wollen alle fortschrittlichen österreichischen Kräfte unterstützen ... Sie werden treu die demokratische SPÖ wählen, sie werden noch treuer die christliche ÖVP wählen, die junge FPÖ ist ja wohl auch für die Slowenen ... Die Gailtaler sitzen unter ihnen hoch zu Roß: sie führen ihn an – den Reigen unter ihrer Linde. Mit Pauken, Zitherspiel und Tamburizzen. *(Zu Mojca gewendet)* Ich sag dir, Mojca, alles ist so zwitterhaft da draußen, weiß der Teufel ... *(Nach einiger Zeit etwas ungehalten)* Pssst! Wackle nicht fortwährend mit dem Popo! – Jetzt wird wieder gesungen ... Auf der Nostalgiewelle ... Mámica mojá ... vom Jammertal und vom Jauntal ... Mi angelci smo mali ... von Engeln und von Spatzen ...

MOJCA: Spotter!

ANZEJ: Wo bleibt da die Aufklärung?

MOJCA: Geh, laß mich an die Wand, ich möchte sie auch hören.

ANZEJ: Wart ein bißchen, gerade hat einer einen intellektuellen Rülpser von sich gegeben ... Der Arme. Jetzt bedenken sie ihn mit Arschtritten ... Die eigenen Leute ... Und Anzej heißt er obendrein ... Na, Servus!

MOJCA: Laß mich schon hin, hörst du!

ANZEJ: Keine Eile, Schwesterchen! Du wirst sie schon draußen zu hören bekommen – die Cliquenbrüder mit ihren Claqueuren.

MOJCA: Du tust aber ziemlich gelehrt!

ANZEJ: Und du wirst draußen dazulernen!

MOJCA: Ich bin wirklich neugierig, wie's da draußen zugeht.

ANZEJ: So, daß du nicht einmal einen slowenischen Kindergarten haben wirst.

MOJCA: Na und? Dann bringt mir eben meine mamica slowenische Lieder bei ...

ANZEJ: Einen Schmarren bringt sie dir bei, damit du's weißt, die gehen ja beide in den Dienst. Weil sie die Kinder lieben. Weil sie ihnen alles kaufen, was man im Supermarket kriegt. Aber Zeit für Kinder bekommt man dort keine, eeeh!

MOJCA: Ich geh aber trotzdem hinaus, damit du's weißt, eeeh!

ANZEJ: Geh nur, geh, wer hindert dich daran! Mich kriegen sie jedenfalls nicht heraus, und wenn sie einen Strick um meine Fersen binden und daran einen Traktor einspannen, um mich herauszuholen, damit du's weißt. – Was denkst du eigentlich, die haben auch Schlachtfelder draußen, worauf man totgemacht wird, und Atombomben, die einen verbrennen.

MOJCA *(ihm gut zuredend):* Geh, sei doch kein Kindskopf, Anzej, mit wem soll ich denn da draußen spielen?

ANZEJ *(gereizt):* Ist mir scheißegal, mit mir sicher nicht. Du glaubst wohl, ich bin ein Trottel und laß mich draußen in Kärnten demütigen, nur weil ich »Anzej« bin. Fällt mir im Schlaf nicht ein. Eher häng ich mich an der Nabelschnur auf wie der Max von Tucholsky!

MOJCA: Zahlt sich nicht aus, du würdest es nicht überleben ... *(Nach einer Weile)* Du brauchst draußen ja nicht zu sagen, daß du Anzej heißt.

ANZEJ: Ja, was soll ich dann sagen – da draußen, was?

MOJCA *(überlegt, dann vorsichtig, um ihn nicht zu verletzen):* Hm ... was ... was weiß ich ... du sagst ihnen einfach, du heißt ... nun – vielleicht – Siegfried – oder Helmut – oder Ekke – oder noch besser – Adolf – und du hast deine Ruhe, und es wird dir wohlergehen auf Erden ...

ANZEJ *(schnaubt erzürnt):* So siehst du aus! Daß du dich nicht schämst, mir so etwas vorzuschlagen! Du meinst wohl, ich soll da draußen zu Kreuze kriechen oder gar um Entschuldigung bitten, daß ich überhaupt herausgekommen bin ... Entschuldige schon, du bist echt eine Tausendfüßlerin, eine schleimige! Schon jetzt so labil.

MOJCA *(Verstellt sich duckmäuserisch, bedeckt ihre schönen blauen Äuglein mit den weißen Lidern, um ihr Mündchen setzt sich ein selbstbewußtes Lächeln.)*

ANZEJ *(nach kurzem Nachdenken):* Du Kriemhilde du, bist wirklich reif für Kärnten, Mojca, mach nur, daß du fortkommst! Und putze und plustre dich auf – jeden Tag ein anderes Dirndl! Mich zieht dieses Kärntner Land kein bißchen an ... *(läßt ein hörbares Fürzchen fahren.)*

MOJCA: Du bist grob, Anzej ... Du solltest nicht so rücksichtslos sein ... Du weißt doch, daß wir keine Klimaanlage haben ... *(Nach einer Weile des Schweigens)* Du wirst dich noch wundern, wie du hinausrutschen wirst – nach Kärnten ... Gleich nach mir, sag ich dir ... eeeh!

ANZEJ *(läßt seine Beinchen mit aller Kraft gegen Mojcas Bauch schnellen, so daß diese aufheult. Dann murmelt er etwas – über die Ration, die nun als Abendessen die Röhre herunterkomme):* So, jetzt aber Ruhe, jetzt wird gespeist ... Da hat sogar ein Hund seinen Frieden ...

MUTTER *(spürt Stöße auf beiden Seiten des Bauches und erblaßt):* Am Ende sind's Zwillinge ... Das würde mir noch fehlen ...!

DRITTES GESPRÄCH

ANZEJ *(horcht wieder an der Bauchwand, dann freundlich zu Mojca):* Ich bitte dich, Mojca, lieg etwas ruhiger, wenn's geht, ich kann ja nichts unterscheiden.

MOJCA: Was willst du denn heute unterscheiden?

ANZEJ: Eine Diskussion gibt's. Gespannt. Biologen,

Ökologen, Soziologen. Eben hat Professor Konrad Lorenz das Wort.

MOJCA: Was sagt er denn?

ANZEJ: Was soll er denn schon sagen! Wie viele Jahre es noch Leben geben wird auf der Welt!

MOJCA: Was erzählst du da?

ANZEJ: Hast schon richtig gehört. Das Leben auf der Erde geht dem Ende zu ... Die Gefräßigen sind schuld daran, weil sie keinen Boden haben ...

MOJCA: Was sagen die anderen?

ANZEJ *(mit trauriger Stimme):* Daß auf der Erde die Vögel tot vom Himmel fallen. Vor lauter giftigen Gasen in der Luft. Und daß die Bäume vertrocknen, daß sie keine grünen Blätter mehr tragen. Daß der Frühling nimmer kommen mag ... Daß die Wiesen mit kaputten Autos zugedeckt sind und mit rostigen Kühlschränken.

MOJCA *(nervös):* Du lügst.

ANZEJ: Und daß die Fische tot an den Ufern der Drau liegen ... Und daß man den Menschen die Haut von den Knochen schält.

MOJCA: Wer schält sie denn?

ANZEJ: Der Weiße Riese, ein ungeheuerlicher weißer Riese ... Weißer als weiß, weißer geht's nimmer ...

MOJCA *(zuckt zusammen, dann wieder etwas beherzter):* Und was noch? Was hörst du noch?

ANZEJ *(horcht angestrengt):* Daß den Menschen die Knochen immer weicher werden ... Daß die Kinder keine Zähne mehr kriegen, keine ersten, keine zweiten ... Und daß die Leute Geigerzähler tragen anstelle von Armbanduhren.

MOJCA: Was sind denn Geigerzähler?

ANZEJ: Totenuhren. *(Setzt mehr für sich als für Mojca fort)* Bäh! Bäääh! Schweinerei! Phosphate, Nitrate ... Nitrate, Phosphate ... alles hinein in die Bäche, alles hinein in die Flüsse, und die Flüsse in die Meere ... Minamata ... Minamata ...

MOJCA *(unterbricht ihn):* Was ist das – Minamata?

ANZEJ *(ungeduldig):* Frag die Japaner, wenn du einmal draußen bist! *(Horcht angestrengt)* Nur damit die Profite wachsen ... Die Kläranlagen sind zu teuer, schreien die Fabrikanten, ihre Bankkonten werden immer fetter vor lauter Profiten ... Die Minister sind stolz auf die wirtschaftliche Konjunktur ... Auf die Vollbeschäftigung. ... Auf die Sozialpartnerschaft . . . Kohlenmonoxyd in der Luft, Schwefel in der Luft, Blei im Salat, Blei in Fußgelenken, Blei in Handgelenken der Schüler . . . Arsen in Äpfeln . . . Quecksilber in Fischen . . . Quecksilber in Menschen . . . Filter kosten zuviel, schreien die Fabrikanten . . . Menschenlungen sind billiger . . . Der Lungenkrebs ist gratis . . . Asthma ist gratis . . . Lungenemphysem ist gratis . . . Ödem ist schmerzlos . . . Hinein ins Grab . . . Alles Leben ins Grab . . . Bääääh! Nur damit die Profite wachsen . . . Bäääh, Mojca, was sind das nur für Onkel da draußen!

MOJCA *(dem Weinen nahe):* Hör auf, Anzej!

ANZEJ *(zur Mojca gewendet):* Daß du's weißt, Mojca, diese Wohltäter da draußen haben das Brot vergiftet. Das Wasser stinkt, Autos des Roten Kreuzes rasen nach jeder Mahlzeit kreuz und quer . . . Sirenen heulen . . . Magenvergiftungen . . . Magenauspumpen . . . Bäääh . . .

MOJCA: Echt. Anzej? Oder willst du mir nur Angst einjagen?

ANZEJ: Entschuldige, aber du bist eine Ziege. *(Mojca tut, als hätte sie Anzejs ungehobelten Vergleich mit dem nützlichen Haustier überhört, blinzelt ein wenig mit den blauen Äuglein, Anzej hingegen senkt traurig den Kopf. Schließlich schlummern beide ein.)*

LETZTES GESPRÄCH

(Die Mutter schreitet ziemlich schnell, die Zwillinge werden im Bauch tüchtig hin und her geworfen.)

ANZEJ: Kruzitürken, die haut mir noch alle Knochen zusammen. Man weiß nicht, wo man sich anhalten soll . . . Das ist ja schlimmer als in einem Butterfaß.

MOJCA *(wie aus einer lärmenden Situation heraus):* Ich hör nicht, was du sagst.

ANZEJ: Wenn sie nur schon stehenbliebe . . . Egal wo . . . *(Die Mutter bleibt stehen)* Na, endlich. *(Horcht an der Bauchwand)* Madonna, Mojca, die sind ja alle verrückt . . . Pst! Ob's ein Stierkampf ist . . .? *(Aufgeregt)* Nein, eine Demonstratiooon . . . Auf dem Hauptplatz. Einen Lindwurm haben sie umg'schmissen . . .

Die einen sind *für* das Heimatland, die anderen *dagegen. (Er wiederholt die Losungen, wie er sie gerade auffängt.)* Kärnten frei von Slowenen . . . Kärnten unge-

teilt deutsch ... Mati-domovina-bog ... Einen kleinen Adolf her ... Einen großen Adolf her ... *Smrt*[1] fašizmu! Borci so norci! *Sima* heißt Winter ... Kyrillos und Methodios waren slawische Banditen ... Jezus pomágaj ... *Jesus* hilf uns! Jesus ist aus Holz. *Jesus* kann nicht vom Kreuz ... *Jesse*[2] ist die Wurzel ... Aus Jesse kam die Art ... *Jesse* ist unser Prophet! Jesse ist unser Führer . . . Jesse, wisch ihm eine! Wo gibt's noch eine slowenische Tafel! Scheißslowenen! Mati božja . . . Heimatdienst, auf, auf, zum fröhlichen Jagen . . . Sturm . . .! Laßt die Stiere von der Kette . . . Horuck über die Karawanken – Horuck alle Tschuschen, Banditen . . . Heil Hitler! Uslini ga po gobcu . . . Kärnten frei . . . Ein Volk, ein Reich und einen kleinen Adolf!
(Aufgeregt zu Mojca) Gummiknüppel zischen und sausen, Sturzhelme dröhnen vor Schlägen, Knochen krachen . . . Ein Lautsprecher bellt: Vandal-Spray her! Vandal-Superspray hilft sofort! Vandal-Spray . . . Vandal-Spray . . . Ein Megaphon posaunt: AKTION SAUBERES KÄRNTEN . . . AKTION SAUBERES KÄRNTEN . . . AKTION SAUBERES KÄRNTEN . . . Weg mit dem Ungeziefer! Wir wollen eine saubere Heimat . . . Mati-domovina-bog . . . Ich kann nicht mehr gut unterscheiden, was sie schreien . . . die Stimmen sind ganz dumpf, die haben wohl Gasmasken aufgesetzt . . . Jetzt hör ich nur noch den Lautsprecherwagen: VANDAL-SUPERSPRAY ÜBER SLOWENISCH-KÄRNTEN! VANDAL-SUPERSPRAY HEUTE ZU NIEDRIGEREN PREISEN . . .!
(Ein plötzlicher Ruck wirft Anzej auf den Rücken.) Hoppla, siehst du, Mojca, die Mutti hat schon die Nase voll, sie reißt schon aus . . . Hopp, hopp, hopp . . . den Gehsteig entlang . . . Mir wird schlecht . . . Mir dreht sich noch der Magen um, wenn das so weiter geht . . . Wie in einem Raumschiff. *(Die Mutter stürzt plötzlich, fällt mit dem Bauch auf den Gehsteig und schreit vor Schmerzen auf.)*

1 »smrt« spricht man wie »Smart«, nur einen Halblaut anstelle des »a«! Das »S« in Sima stimmhaft sprechen!
2 Jesse = slowenenfeindlicher Kommunalpolitiker im zweisprachigen Škocjan/St. Kanzian im Jauntal.

MOJCA *(aufgeschreckt):* Jéssas-Mária-und-Jósef . . . was ist denn jetzt passiert! Die brüllt ja wie am Spieß! Mich hat's aber auch erwischt, daß mir schwarz vor den Augen ist. *(Im nächsten Augenblick blitzt es kurz auf in der Finsternis des Mutter-Ganges, der ans Licht der Welt führt, und Mojca rutscht hinaus auf den Klagenfurter Gehsteig.)*

ANZEJ *(etwas verwirrt nach dem Expreßabgang der Mojca, zu sich):* Na, jetzt hat sie, was sie haben wollte, nicht einmal für ein »srečno« hat sie Zeit gehabt . . . *(Er zwinkert nun ins Aufleuchten des Kärntner Tages im Muttergang. Es läuft ihm kalt über das gekrümmte Rückchen. Im selben Augenblick hört er draußen vor dem Eingang einen Sanitäter die Mojca ausschimpfen:)*

SANITÄTER: Wieder eine Tschuschin mehr!

(Seine Händchen und Füßchen verkrampfen sich. Aber auch sein Herzchen krampft sich zusammen, so graut es ihn vor dem Kärntner Licht . . . Die behaarten Finger des Sanitäters tasten in der Nähe seines Köpfchens. Er vernimmt die dumpfen Worte:)

SANITÄTER: Da ist ja noch einer . . .

(Sein Magen dreht sich um. Gleich darauf trifft ihn der Herzschlag an Ort und Stelle.)

SANITÄTER *(hält den winzigen verkrampften Leichnam auf seiner schaufelförmigen Handfläche):* Wasser her, schnell, Wasser her . . . Im Namen des Vaters, des Sohnes und des Heiligen Geistes, ich taufe dich auf den Namen – Siegfried . . . *(Anzej kümmert sich weder um das kalte Wasser noch um den Namen, sein Köpfchen hängt starrsinnig zur Seite, die Äuglein sind fest zugedrückt, die Öhrchen spiralförmig in sich gedreht, die Fingerchen zum Fäustchen zusammengepreßt.)*

Klagenfurt, 25. 2. 1974

Dieses »Hörspiel« wurde im Experimentaltheater GLEJ in Ljubljana (Saison 1974/75) in der Regie von Dušan Jovanovič aufgeführt.

Kärntner Kuhbarett

REQUISITEN: Ein Tischtelefon mit Verstärkeranlage für das Gegengespräch
PERSONEN: Landeshauptmann von Kärnten – LH
Meteorologe vom Lokalen Wetterdienst für Kärnten – M
Journalist einer Südtiroler Zeitung – J
Kärntner Slowene von Škocijan/St. Kanzian in Südkärnten – K. Slow.
Bundeskanzler – BK
Bundespräsident – BP
Diözesanbischof von Kärnten – DB
Major der Spezialeinheit der österreichischen Polizei, genannt »Kobragriff« – MÖP
Zwanzig Kobramannen
ORT DER HANDLUNG: Škocijan/St. Kanzian im Jauntal, Kärnten
ZEIT DER HANDLUNG: Achtziger Jahre des 20. Jahrhunderts

1. Szene

LH *(nachdem er aus dem schwarzen Mercedes K 1 ausgestiegen ist, zum Südtiroler Journalisten, der mit seiner Umhängekamera umständlich aus dem Fond des Mercedes steigt):* So, da wären wir an Ort und Stelle. Jetzt können Sie sich persönlich ein Bild machen über die Gleichberechtigung der Slowenen mit den übrigen Österreichern.

J: Danke sehr. Wo ist sie – die Gleichberechtigung, damit ich mir ein Bild mache von ihr?

LH: *(schweigt)*

J *(schaut verlegen zu den herumstehenden Einheimischen):* Ich möchte mir ein Bild machen von ihr, wo ist sie?

K. Slow.: Hier, wo ich stehe.

J: Ich seh sie nicht.

LH: *(schweigt)*

K. Slow.: Sie können sie nicht sehen, es gibt sie nicht mehr.

J: Das versteh ich nicht.

K. Slow.: Das ist so: früher war da eine doppelsprachige Ortstafel, die vom früheren Landeshauptmann.

LH: *(preßt die Lippen und schweigt)*

J: Und was ist los mit ihr?

LH: *(schweigt)*

K. Slow.: Darauf war die Gleichberechtigung.

J: Und warum gibt es sie jetzt nicht mehr?

LH: *(schweigt)*

K. Slow.: Das ist ja das Komische daran.

J: Ich versteh nicht, was da komisch sein soll? Die Tafel oder die Gleichberechtigung?

LH: *(schweigt)*

K. Slow.: Die Gleichberechtigung auf der Tafel natürlich.

J: Warum sollte die komisch sein?

K. Slow.: Sobald die Tafel umfällt, macht auch sie sich von der Tafel los und verduftet sich.

J: Und warum ist sie umgefallen? So eine Ortstafel steckt mit der Stange doch tief in der Erde?

K. Slow.: Das wohl.

J: Na und?

LH: *(schweigt)*

K. Slow.: Einfluß von außen. Sturm.

J: Da komm' ich nicht mit. Ein so starker Sturm?

K. Slow.: Ja, ein Sturm besonderer Art, bis dahin noch nie dagewesen. In die Geschichte eingegangen als Kärntner Ortstafelsturm.

LH: *(schweigt)*

M: Wenn ich als Meteorologe vom Standpunkt der Wissenschaft her dazu etwas bemerken darf . . .

J: Ja, bitte?

M: Kärnten, das südlichste Bundesland unserer Republik, liegt im Bereich verschiedenster klimatischer Inversionen, bedingt vor allem durch die hohe Gebirgswand der Karawanken. Wenn zum Beispiel vom Süden her, von der Adria, warme Luftmassen gegen den Norden strömen, ziehen sie über die Karawanken hinweg, weswegen sich in den Kärntner Tälern – zusätzlich noch durch die Ausstrahlung der Schneedecke – sogenannte Kälte-Seen bilden. Der langen Rede kurzer Sinn: ich meine, möglicherweise sind die Karawanken auch mit diesem Ortstafelsturm in ursächlichen Zusammenhang zu bringen . . .

J: Schon gut, aber dann stellt halt die Tafel wieder auf, damit die Gleichberechtigung zurückkommt!

LH: Kommt nicht in Frage.

J: Warum nicht?

LH: Ich bin der demokratisch gewählte Landeshauptmann und habe die gegebenen klimatischen Inversionen dieses Landes zu respektieren.

J: Das versteh ich nicht.

LH: In Anbetracht der Dinge, wie sie uns eben von der meteorologischen Wissenschaft eröffnet worden sind, sind weitere Ortstafelstürme in Kärnten nicht auszuschließen, aber auch das gesunde Volksempfinden unserer Landsleute stellt solche in Aussicht. Ich frage Sie, Herr Journalist, welcher Landeshauptmann es sich erlauben dürfte, Steuergelder für immer wieder umgeworfene Ortstafeln flüssig zu machen?

J: Aber wie soll ich mir nun von der Gleichberechtigung ein Bild machen?

K. Slow.: Geht nicht ohne Ortstafel.

LH *(zum Major der Kobrapolizisten):* Gibt's da ein amtliches Telefon in der Nähe?

M: Jawohl, Herr Landeshauptmann, gleich da drüben am Gendarmerieposten.

2. Szene

LH *(in der Wachstube der Gendarmerie, hebt den Telefonhörer ab, wählt die Telefonnummer und wartet):* Hallo! Wer ist am Telefon? – Hier spricht der Landeshauptmann von Kärnten . . . Gut, ich warte . . . Nein! So lange geht's nicht . . . Sagen Sie ihm, es sei dringend! *(Wartet etwa eine Minute)*

BK: Einen Augenblick, lieber Landeshauptmann, einen ganz kurzen Augenblick, bitte, bis ich meinen Besuch verabschiede . . . *(Nach etwa einer weiteren Minute)* So, nun bin ich wieder am Telefon, lieber Landeshauptmann . . . Ich bitte schön . . .

LH: Meine Verehrung, Herr Bundeskanzler, entschuldigen Sie die Störung, bitte . . .

BK: Wieder die Slowenen?

LH: Jawohl. Sie haben einen guten Riecher, schon wieda diese Slowena, dieses falsche Volk. Hier in St. Kanzian, wo der bekannte Sturm die doppelsprachige Ortstafel umgeworfen hat, steht nun eine Frage im Raum. Die Slowena behaupten, daß mit dieser Tafel im Dreck jetzt auch die Gleichberechtigung auf und davon ist. Und mochn so ein Geschrei um sie, daß man's sogar bis Südtirol obe gehört hot. Do ist jetzt a Journalist von Bozen herauf kummen und will mi deswegen in die Reißen nehmen. Er mant, wir solln die Tofel wieda aufstelln, doß er sich nocha a Bild mochn konn von der Gleichberechtigung – für sei Zeitung.

BK: Auf keinen Fall! Herr Landeshauptmann, hören Sie mich? –

LH: Jawohl, ich höre Sie gut, Herr Bundeskanzler, gonz richtig, ich hab ihm ja auch gesagt – wegen der Kärntner Perversion, oda wie dos schon haßt, Sie wissen jo, das Klima in unsrem Bundesland . . .

BK: Mit größter Vorsicht, das ist eine prekäre Frage, für diesen Sonderfall bin ich schon der Meinung, wir sollten im Hinblick auf die Meinung des Südtiroler Journalisten mit aller Deutlichkeit eine andere Meinung vertreten . . . Das heißt unter den gegebenen Umständen, so meine ich, sollten wir unbedingt die Meinung der meiner Meinung nach allein kompetenten, unverzüglich zu bildenden Kommission von Sturm- und Drangexperten abwarten, die dann ihre vom wissenschaftlichen Standpunkt her fundierte Meinung dem meiner Meinung nach allein zuständigen Dreiparteienbund in Kärnten weiterleiten sollte, von dem nach Meinung Eures Klagenfurter Sicherheitsdienstes innerhalb Österreichs die Meinung vorherrscht, er bilde sich verläßlich seine eigene politische Meinung zwischen den Extremisten auf beiden Seiten . . .

LH: Das stimmt schon, lieber Bundeskanzler, aber was sagen Sie zum TANJUG-Korrespondenten? Der für den Laibacher »Delo« schreibt. Der verarscht uns Kärntner nach Strich und Faden, entschuldigen Sie bitte den Ausdruck!

BK: Wo? In Ljubljana? Keine Angst . . . Journalistenmache . . . Politische Dampfplauderei . . . Die brauchen Kredite von uns und keine Ortstafeln in Kärnten . . . Was der schreibt, ist Sand in die Augen der Kärntner Slowenen . . . Da unten ist alles in Butter. Das Slowenenproblem in Kärnten ist ein Streit des Augenblicks . . . Wohl aber sind jene Rotzbuben in der Eisenbahnhalle von Klagenfurt zu fürchten, ich hab sie im Fernsehen beobachtet, sie haben die Schalterbeamten auf slowenisch belästigt. Denen sollte man auf die Finger klopfen und sie genau beobachten lassen! Und um Gottes willen, ihre Fotoapparate requirieren lassen, damit die keine Bilder machen – von der sogenannten Brutalität unserer Exekutive! So eine Fotografie kann für uns viel Unheil stiften draußen in der weiten Welt!

LH: Jawohl, lieber Bundeskanzler, ich habe verstanden: auf die Finger klopfen und die Fotoapparate requirieren. Wird gemacht. Und vielen Dank für das aufmunternde Gespräch . . . Freundschaft!

(Zum daneben stehenden Gendarmen) Holen Sie mir den Südtiroler Journalisten herein!

J *(tritt in die Wachstube):* Ja, bitte sehr, Herr Landeshauptmann?

LH: Wien ist auch gegen eine Wiederaufstellung der Ortstafel. Der Bundeskanzler wird eine Sturm- und Drangexpertenkommission ins Leben rufen, bis dahin geruhen Sie sich zu gedulden, Herr Journalist!

K. Slow. *(der nun auch in die Wachstube getreten ist, zum Journalisten):* Haben Sie sich noch immer kein Bild gemacht?

J: Ich bin dabei. *(Zum Landeshauptmann)* Und was meint die katholische Kirche über die Gleichberechtigung, die sich verduftet hat? Bei uns heißt es, der Heilige Vater habe eine große Freude mit der Kärntner Diözese, die Slowenen seien da im Hostienkonsum absolute Spitze, gleich hinter den Polen. Und der Bischof von Kärnten sei begeistert vom Miteinander der beiden Sprachen . . .

K. Slow.: Eben.

LH: Was heißt da eben?

K. Slow.: Der müßte auch die Tafel wieder aufstellen helfen.

LH *(zum Journalisten):* Wollen Sie, daß ich nun auch noch mit dem Bischof über die Tafel spreche? – Gut, bleiben Sie hier. *(Wählt die Telefonnummer des bischöflichen Synodalausschusses SKUPNA KOROŠKA/GEMEINSAMES KÄRNTEN)* Wer ist dort? . . . Hier der Landeshauptmann aller Kärntner . . . Wer sind Sie, bitte? *(Gegenstimme)* Päpstlicher Ritter . . .

LH: Nein, danke, nicht mit Ihnen, ich möchte mit Seiner Exzellenz, dem Herrn Diözesanbischof persönlich . . . Paßt, ich werde warten . . . *(Nach ein paar Augenblicken)*

3. Szene

DB: Der allmächtige Herr segne Sie, Grüß Gott, Herr Landeshauptmann . . . Was liegt Ihnen am Herzen?

LH: Griaß Gott, Exzellenz, ja, was schon, wenn nit wieda diese Slowena . . . diese Extremisten . . . Jetzt hobn de ma a noch an Südtiroler Journalisten aufg'holst, steht do nebn mir –. Is ka doppelsprachige Ortstafel mehr da und will sich der Kerl unbedingt a Bild davon mochn. Ich glaube, den reitet der Teufel . . .

DB: Für Exorzismus hat unsere Kirche Fachleute in Bayern, verehrter Herr Landeshauptmann . . .

LH: Schon, schon, aber dos mit da Tofl, Exzellenz, wie könnt ma dos gemeinsam drahn, zur ollgemeinen Befriedigung holt . . .

DB: Ach, 's ist wohl ein Elend mit diesen Ortstafeln. Die machen uns das Leben zur Hölle. Auch die Kirche sehnt sich nach dem Frieden in diesem schönen Lande.

LH: Sie wissen ja, Exzellenz – der Herrgott hat g'lacht, wie er Kärnten hat g'macht . . .

K. Slow.: Wie er *auf* Kärnten hat g'macht, wäre treffender.

J: *(findet die Variante auf das Kärntner Volkslied sinnvoll und notiert sie)*

DB: Herr Landeshauptmann, wenn ich Ihnen einen Ratschlag geben dürfte . . .

LH: Ich bitte Sie darum, Exzellenz . . .

DB: Was wäre, wenn Sie in Ihre sonntäglichen Ansprachen im Radio Klagenfurt hie und da Maximen unserer heiligen Kirche einbauten, Erfahrungen lehren uns, daß sie auf die Massen beruhigend wirken, einschläfernd, und Sie wissen ja: wer schläft, sündigt nicht. Wenn die dann aufwachen, sind sie zahm und friedfertig. Sie erinnern sich, Herr Landeshauptmann, so wie Sie's damals im Konzerthaus getan haben, geht's nicht gut . . . Da haben Sie dann auf einmal den ganzen Saal gegen sich – die Pfiffe sind mir durch Mark und Bein gegangen. Die heilige Kirche faßt das anders an: wir verleugnen ihre Opfer des Nazifaschismus nicht, sondern lesen für sie Totenmessen . . . Die Slowenen sind ein gläubiges Volk und sind uns dafür dankbar. Und sind uns treu und werden uns treu bleiben, auch wenn alle Deutsch-Kärntner uns den Rücken kehren.

LH: Also gut, diktieren Sie mir ein paar zünftige Stichwörter. *(Nimmt Notizblock und Kuli aus der Rocktasche und schreibt – halblaut vor sich hin murmelnd)* Al – les ist in Got – tes Hän – den – Be – ten wir für ein fried – liches Zu – sam – men – le – ben – Für To – le – ranz – und ü – ben wir uns in der Lie – be . . . Das find ich gut, danke, Exzellenz – Make love not war. Ich überleg mir nur, ob wir damit nicht zu sehr in die Nähe der Hippies abrutschen, ich meine mit der Aufforderung zu Liebesübungen . . . Ach so, selbstlose Liebe zum Nächsten. Das ist allerdings etwas ganz Neues für meine Partei . . . Vergelt's Gott, Exzellenz.

DB: Ist schon recht, Herr Landeshauptmann, ich werde Sie mitsamt Ihrer unglücklichen Tafel in mein Gebet schließen . . . Und kommen Sie doch gelegentlich einmal zu einer Mensch-ärgere-dich-nicht-Partie in mein Palais . . . Ausgezeichnetes Psychotraining . . . Ja, im Ernst . . .

LH: Ich bin entzückt, Exzellenz, sehr gerne . . . Ich weiß, daß Sie trainieren . . . Hab Ihr Meisterspiel im Österreichbild gesehen . . . Nur ist jetzt mein Kopf voll von Slowenischvokabeln . . . Muß ich, wir stehen vor Wahlen. ›Dober dan‹ und ›prekleti hudiči‹ kann ich schon – und das Volkslied »Zima huda je odšla« – Der schlimme Winter ist nun fort, ganz reizend, sag ich Ihnen. Sie, Exzellenz, machen darin noch bessere Fortschritte, können schon das ganze Očenaš . . Richtig so, Exzellenz, Gelobt sei Jesus Christus! *(Zum Journalisten)* Haben Sie's jetzt gehört, auch die Kirche bemüht sich um die Gleichberechtigung aller Kärntner!

J: Ich bin Atheist.

LH: Typisch.

J: Wären Sie so liebenswürdig und würden noch ein letztes Telefonat riskieren – mit dem Bundespräsidenten, wie wohl *er* die Ortstafellage im Straßengraben einschätzt.

LH: Mit *dem* verkehr ich nicht. Er pflegt mein Amt in der Landeshauptstadt zu übergehen und stellt immer wieder mit den Extremisten direkte persönliche Verbindungen her.

K. Slow.: Donn lossen Sie, bitte, holt mich mit ihm telefonieren.

J: Sehr gut, ja, lassen Sie den betroffenen Slowenen mit ihm telefonieren!

4. Szene

K. Slow.: Griß Gott, Frailain . . . *(Gegengesprächsanlage setzt aus. Ein Gendarm sieht nach.)* Do ist da Ogradnikov Korej . . . Sind da Herr Präsident wohl z'Haus? . . . Beim Parteitog der FPÖ? Dos ist oba schod . . . Wi manen Se dos? . . . Wiaklich woar? . . . Dos war oba schen . . . Jooo, da Herr Präsident wissen schon, sogen S' ihm nur – da Korej, mit dem er in Tainach unten zommen Brudaschoft getrunken hot – und da Firstbischof von

Klognfuat wor a dabei und da Herr Rektor, jo, jo, domols noch da hailigen Meß fia die toten Kärntna Slowena ... Na, na ... ka Meß mehr ... Is nua wegen ana zwasprochign Tofl ... miaß ma des besprechn ... Donkschen, Frailain, wer i schon woarten ... *(Nach einer Weile)* Griß Gott, Herr Präsident, jo, da Korej is wieda do, a san S' wohl gsund ... *(Gegengesprächsanlage funktioniert wieder)*

BP: Ja, danke schön, Herr Karl Ogradnik, was gibt's denn heute Neues?

K. Slow.: A zwasprochige Tofl war im Dreck, Herr Präsident, und die Gleichberechtigung is holt a obagrutscht – und weg is sie – anfoch vaschwunden – kana waß wohin. Hob i ma gedocht, tuast den Herrn Präsidenten onruefen, dea tuat uns gean helfen, könnt ma vielleicht die Gleichberechtigung wieda findn.

BP: Ja, mein lieber Herr Karl, mir tut das Herz weh, natürlich bin ich dafür, daß man den Minderheiten Sonderrechte einräumt, ich denke dabei natürlich in erster Linie an solche Rechte, die man anständig befestigen sollte, damit sie nicht herunterfallen und verschwinden ... Jedoch über das Wie und Wo kann ich in meiner Funktion als Staatsoberhaupt leider nicht befinden ... Lieber Karl Ogradnik, teile allen meinen geliebten slowenischen Landsleuten mit, sie sollten auf keinen Fall verzagen und sollten jenen geistigen Werken treu bleiben, die unserer Republik Österreich in West und Ost großes Ansehen verschafft haben, ich meine den Sinn für das Wahre, das Gute und das Schöne, und ich meine unsere österreichische Gemütlichkeit und Friedfertigkeit in dieser Welt voller Feindschaft und Materialismus ...

K. Slow.: Schon richtig, Herr Präsident, i wer ihnen schon olles sogn ... Nur die Tofl, Herr Präsident, wos moch ma mit da Tofl? Kenntn Sie nit wieda obakumman noch Kärnten, doß ma olle zomm die Gleichberechtigung suachn gehn ... waß Gott, wo de herumlottert ...

BP: Nein, Karli, das führt zu weit ... Ich bitte Dich, nichts für ungut, das kannst Du von mir wirklich nicht verlangen ... Du weißt ja, ich darf mich nicht in die Alltagspolitik einmischen ... Übt euch nur schön in Geduld, meine lieben Slowenen, der Herrgott ist auf eurer Seite, wenn ihr schön zusammenhaltet ... Wie ist denn das Wetter jetzt dort unten im Süden? Hier regnet es in einem fort ... Triffst Du noch manchmal den Herrn Fürstbischof? Ein feiner Herr! Und der Herr Rektor! So ein netter Kumpel! Grüß beide schön von mir! Ich denke oft daran, wie wir uns den Barbera zu Gemüte geführt haben! Exquisit! . . . Was sagt denn der Herr Fürstbischof zur umgefallenen Ortstafel?

K. Slow.: Wir solln zum hailigen Anton beten, dea is füer valorene Sochn . . .

BP: Recht hat er, Karli, das Gebet stärkt den guten Willen des Menschen. Noch etwas, Karli, wie ist denn das mit den slowenischen Schülern am Bahnhof in Klagenfurt ausgegangen? Ich hab was gelesen, daß sie provozieren. Können die wirklich nicht gut Deutsch?

K. Slow.: Oba wo, de kennan bade Sprochn.

BP: Dann sag ihnen, lieber Karli, sie mögen im Interesse des inneren Friedens doch wenigstens vor den Bahnhofschaltern deutsch sprechen, solange halt, bis man die Gleichberechtigung wieder findet. Du verstehst mich bestimmt, Karli? Paßt das so?

K. Slow.: Vasteh. Donkschen, donkschen, und kumman S' holt wieda amol obe zu uns, werma donn wieda Zell Pfarre foahrn . . . Und wieda Stootswoppn, fuane auf dem Mercedes, werdn die Nazi wieda gonz grien von Eifasucht . . . Werma sena schon zagn, wo da Taifl dos Loch hot. Mi smo mi! Mia sama mia! Noch amol donkschen, Herr Präsident! Und tuan S' gsund blaibn! – Wiedaschaun!

LH *(zum Journalisten):* Nun, haben Sie sich jetzt endlich ein Bild gemacht von der Gleichberechtigung der Kärntner Slowenen?

J: Ich glaube, ja.

K. Slow.: Von da Kärntna Scheiße, in der de Slowena sitzn . . .

J *(notiert, halblaut vor sich hinbrummend):* »Von der Kärntner Scheiße . . .«

LH *(den K. Slow. anschreiend):* Was erlauben Sie sich eigentlich? Sie Extremist, Sie! Das ist ein Angriff auf unsere Staatshoheit! Auf unsere Landessouveränität! *(Mißmutig, mit rot angelaufenem Gesicht, zum Major der Kobrapolizisten)* Exekutive, raus aus dem Gebüsch! In Handschellen legen! Da hört sich ja alles auf! Eine Kärntner Scheiße lasse ich mir von Ihnen nicht auf den Kopf schmeißen!

MÖP: Los, Männer, zeigt, was ihr könnt! *(Zwanzig Kobramannen stürzen sich auf den K. Slowenen, bilden eine Straßensperre, Kobragriffe werden angewendet, und er wird in einen fensterlosen Polizeiwagen getra-*

gen. Blaues Licht auf den Dächern der Polizeiwagen. Kolonne fährt ab. Der schwarze Mercedes mit der Kenntafel K 1 fährt ebenfalls ab.)

Zeit: *(bleibt stehen.)*

Fragen eines Kindes in Kärnten

Jahreszeiten

Frühling

Der Vater und sein Sohn Francej fahren mit dem Traktor aufs Feld.

»Vati, warum hast den Zeigefinger naß gemacht? Warum hältst du ihn in die Luft?«

»Damit ich feststelle, woher der Wind kommt.«

»Warum willst du das wissen?«

»Damit du richtig sitzt.«

»Warum soll ich denn richtig sitzen?«

»Damit es nicht auf dich kommt.«

»Was wird denn auf mich kommen?«

»Das, was ich jetzt versprühen werde.«

Der Vater setzt Francej auf den Ackerrain und drückt ihm ein Bilderbuch in die Hand. Dann klappert er mit dem Traktor über den Acker und hüllt sich in einen Nebel ein, der aus der versprühten Brühe entsteht. Nach getaner Arbeit wischt er sich das Gesicht und die Hände mit einem Handtuch ab und kniet nieder auf den Ackerrain zum Buben. Dieser ist ins Buch vertieft. Als er des Vaters gewahr wird, fragt er ihn:

»Vati, wie heißt diese Blume?«

»Welche?«

»Die da – die rote.«

»Die heißt Mohn.«

»Wo wächst denn so ein Mohn?«

»Auf Kornfeldern.«

»Wie heißt denn die da?«

»Welche?«

»Hier, die blaue.«

»Die heißt Kornblume.«

»Vati, wo wachsen denn solche Kornblumen?«

»Auch im Getreidefeld.«

»Und wo ist dieses Getreide?«

»Das wird erst wachsen. Im Sommer dann wirst du es sehen.«

»Wo denn?«

»Hier und dort und überall auf den Äckern . . .«

Sommer

Der Vater und Francej fahren mit dem Traktor aufs Feld.

»Vati, was wirst du denn heute machen?«

»Mähen.«

»Was denn?«

»Getreide.«

»Wirst du auch den Mohn im Getreide mähen?«

»Nein.«

»Warum denn nicht?«

»Weil keiner da ist.«

»Warum ist keiner da?«

»Weiß ich nicht.«

»Wirst du auch die Kornblumen im Getreide mähen?«

»Nein.«

»Warum denn nicht?«

»Weil keine da sind.«

»Warum sind denn keine da.«

»Weiß ich nicht.«

»Vati, warum hast du gesagt, daß sie im Getreide wachsen werden?«

»Hm.« *(Der Vater schweigt)*

Herbst

Der Vater und Francej fahren mit dem Traktor aufs Feld. Der Vater setzt den Sohn auf den Ackerrain und klappert mit dem Traktor über das Stoppelfeld dahin. Er pflügt die Erde um für eine neue Saat. Francej spielt mit großen Blechdosen, die auf dem Ackerrain herumliegen. Auf den Dosen ist ein kleiner Bub abgebildet. Er hält eine Blume in der Hand und lacht. Nach getaner Arbeit setzt sich der Vater auf den Ackerrain zum Buben.

»Vati, wie liest man denn diese Buchstaben hier auf der Schachtel?«

»Der erste Buchstabe hier ist ein ›L‹, dann kommt ›I‹, dann ein ›N‹ und der letzte ist ein ›Z‹, also L – I – N – Z.«

»Und die hier?«

»P – f – l – a – n – z – e – n – s – c – h – u – t – z.«

»Vati, warum hat denn der Bubi auf der Schachtel eine Blume in der Hand?«

»Weiß ich nicht.«

»Warum lacht er denn so?«

»Weiß ich nicht.«

»Warum weißt du das nicht?«

»Darum.«
»Warum darum?«
»So.«

Winter

Francej wurde in die erste Klasse Volksschule eingeschrieben. Die Lehrerin lehrt die Kinder buchstabieren und lesen: D–E–R M–O–H–N I–S–T R–O–T U–N–D W–Ä–C–H–S–T I–M K–O–R–N–F–E–L–D ... D–I–E K–O–R–N–B–L–U–M–E I–S–T B–L–A–U U–N–D W–Ä–C–H–S–T A–U–C–H I–M K–O–R–N–F–E–L–D ...

Francej begehrt auf:
»Stimmt nicht, Frau Lehrerin!«
»Was stimmt nicht, Francej?«
»Daß sie wachsen.«
»Wie weißt du denn, daß sie nicht wachsen?«
»So.«
»Warum sollten sie denn nicht wachsen?«
»Weiß ich nicht.«
»Dann halt den Mund und stör nicht den Unterricht!«
»Hm.«

Das neue Haus

»Vati, was mischst du da?«
»Beton.«
»Für was?«
»Für das neue Haus.«
»Warum denn für das neue Haus?«
»Weil das alte zu klein ist.«
»Warum zu klein?«
»Weil ihr *drei* Geschwister seid. Ihr bekommt dann jeder ein Zimmer.«
»Ich möchte aber nicht ein Zimmer für mich. Ich habe Angst, wenn ich allein bin ...«

»Vati, warum baut der Nachbar kein neues Haus?«
»Weil er kein Geld dazu hat.«
»Warum hat er denn kein Geld?«
»Weil er alles verputzt.«
»Warum verputzen wir es nicht?«

»Vati, warum sind diese Löcher da?«
»Fürs Beton.«
»Warum wird hier Beton sein?«
»Für den Zaun.«
»Warum muß hier ein Zaun sein?«
»Damit die Hühner vom Nachbar nicht mehr auf unserem Rasen spazieren.«
»Warum dürfen unsere spazieren?«
»Werden auch nicht mehr lange.«
»Warum nicht?«
»Wir werden sie abschlachten und verkaufen.«
»Warum denn?«
»Damit kein Hühnerdreck mehr herumliegt.«
»Wo werden wir dann die Eier herkriegen?«
»Im Konsum kaufen.«
»Wie werden dann die Nachbarskinder zu uns spielen kommen, wenn ein Zaun dasteht?«
»Werden eben nicht mehr kommen.«
»Warum nicht?«
»Weil uns der Nachbar neidisch ist.«
»Auf was?«
»Auf unser neues Haus.«
»Vati!«
»Ja?«
»Ich bin auch neidisch.«
»Worauf?«
»Auf die Nachbarskinder ...«

Katzen

Ende November. Ein regnerischer Tag mit kühlem Wind. Hier und dort tänzelt eine einsame Schneeflocke vom Himmel.

In der Küche ist der Ofen warm. Daneben eine Bank. Darauf sitzt Stanko mit einem Bilderbuch in der Hand.

»Mama, hat der Stiefelkater wirklich ein weißes Häuschen im Wald?«
»Sicher.«
»Und hat dieses Häuschen wirklich ein rotes Dach?«
»Natürlich.«
»Und sind im Haus wirklich Stellagen für rote und blaue Stiefel?«
»Natürlich.«
»Und kann der Stiefelkater wirklich mit den Kindern reden?«

»Sicher, wenn's im Buch so steht.«
»Wo hat er denn reden gelernt?«
»Weiß der Himmel wo.«
»Mama, werden auch unsere kleinen Kater im Stall einmal reden können?«
»Vielleicht. Wenn du viel mit ihnen sprichst.«

Stanko bringt den jungen Katzen im Stall Reste vom Abendessen aus der Küche. Er spricht der Mutter-Katze gut zu:
»Iß nur, Muca Maca, damit du viel Milch bekommst für deine Kleinen . . .«
Der Vater flüstert der Mutter etwas ins Ohr. Stanko versteht nur das Wort »Drau«. Dann geht er mit der Mutter zurück in die Küche. Nach einiger Zeit geht die Mutter die Kühe melken. Stanko eilt hinter ihr her, um der Muca Maca Milch einzuschenken.
»Mama, wo sind denn die kleinen Katzen hin?«
»Ich weiß nicht, Stanko. Sind sie nicht im Nest?«
Die alte Katze miaut traurig und sucht überall ihre Jungen.
»Warum lügst du, Mama? Wo ist der Vati?«
»Ich weiß nicht. Er wird schon kommen.«
»Das stimmt nicht. Er ist mit dem Auto weggefahren. Er hat die kleinen Katzen mitgenommen. Er wird sie umbringen.«
»Die Mutter schweigt. Eine Träne ist auf ihrer Wange.
»Wie weißt du denn das?«
»Die Nachbarsleute haben ihre auch in die Drau getragen!«
Er schluchzt und zittert am ganzen Körper. Schließlich sinkt er erschöpft in die Streu.
Nach einiger Zeit fragt er mit gebrochener Stimme: »Wie soll ich ihnen jetzt das Reden beibringen, Mama?«

Die Tropfsteinhöhle

Eine Lehrerfamilie in Griffen. Der erste Frühlingstag. Die Mutter bereitet Stundenbilder vor für den Unterricht am nächsten Tag. Der Vater ist Schuldirektor. Er sitzt vor dem eingeschalteten Fernsehapparat. Der Sohn Gottfried spielt Domino.
»Vati, warum lachst du denn?«
»Weil's zum Lachen ist.«
»Was denn?«

»Wart ein bißchen. – Diese Ministerpläne! Alle Tropfsteinhöhlen Österreichs sollen als Atombunker eingerichtet werden. Gegen die Atomraketen.«

»Was sind Atomraketen?«

»Der Tod für Menschen und Tiere.«

»Ha ha ha ...«

»Was gibt's da zu lachen?«

»Du hast ja gesagt, daß es zu lachen ist.«

»Hör zu, Gottfried, ich habe nicht gesagt, daß Atomraketen zum Lachen sind.«

»Was denn dann?«

»Das, wie alle Griffener in unsere Tropfsteinhöhle laufen, wenn von Sizilien her die erste Atomrakete über uns hinwegpfeifen wird, um Wolfsberg zu treffen.«

»Werden die Slowenen auch hineinlaufen?«

»Gewiß. Der Heimatdienst wird wohl keine Zeit haben, es ihnen mit einem Volksbegehren zu verwehren.«

»Werden die Kühe und Schweine und Hühner auch hineinlaufen?«

»Für die wird's sicher keinen Platz mehr geben.«

»Aber für die Micky Maus schon?«

»Die gibt's ja in Wirklichkeit gar nicht. Die lebt ja nur in deinem Buch.«

»Werden außerhalb der Höhle alle Tiere sterben?«

»Alle.«

»Wo kriegen wir dann die Milch her? Und die Eier? ... Sagt das Fernsehen das nicht?«

»Nein.«

»Warum nicht?«

»Weil die in Wien das nicht wissen.«

»Vati, wer hat denn unsere Höhle im Schloßfelsen gemacht?«

»Niemand. Die hat sich selbst gemacht.«

»Wer hat denn früher darin gewohnt?«

»Höhlenbären und Höhlenlöwen.«

»Wann war denn das?«

»Vor langer, langer Zeit. Da war die Saualm noch ganz von Eis bedeckt, auch im Sommer. Und Menschen hat es bei uns überhaupt noch keine gegeben.«

»Wo sind denn jetzt diese Bären und Löwen?«

»Sie sind von Höhlenhyänen gefressen worden.«

»Wie kannst du das wissen, Vati? Du hast gesagt, damals hat es noch keine Menschen gegeben.«

»Man hat in der Höhle ihre abgenagten Knochen gefunden.«

»Auch Knochen von Menschen?«

»Auch. Und Holzkohle und Asche. Also mußten später auch Menschen drin gehaust haben.«

»Haben auch ihre Knochen die Hyänen abgenagt?«

»Weiß ich nicht. Vielleicht haben aber die Menschen jene Hyänen totgeschlagen und ihre Knochen abgenagt.«

»Vati, wie lange werden wir in der Höhle bleiben müssen?«

»Bis draußen der Tod weg ist.«

»Wird das lange dauern?«

(Der Vater schweigt)

»Wenn aber der Tod nicht weggeht?«

»Werden wir alle in der Höhle sterben.«

»Werden dann wieder Hyänen kommen und auch uns abnagen?«

»Weiß ich nicht. Ich glaub nicht.«

»Und dann werden andere Menschen unsere Knochen finden?«

»Schwerlich.«

»Warum?«

»Weil es keine Menschen mehr geben wird.«

Die Hölle

Slowenisches Bauernhaus in Kärnten. Karwoche. Die Mutter hat im Stall zu tun. Der Vater hat ein Gipsbein und liest in der Küche eine Zeitung. Die Kinder Jozej und Mojcka spielen Lego.

»Vati, wer hat unserer Oma den Kopf abgeschnitten?«

»*Wem?*«

»Unserer Oma.«

»Wer hat dir denn *das* erzählt?«

»Der Šoštar Mihej.«

»Wann?«

»Gestern beim Kugerlscheiben.«

»Das war Hitler.«

»Warum denn?«

»Weil er ein böser Mensch war.«

»Hat er wirklich Onkel Anej im Ofen verbrannt?«

»Ja.«

»Und auch viele Juden?«

»Ja.«

»Recht hat er gehabt.«

»Wieso recht?«

»Die Juden waren noch bösere Menschen.«

»Hat dir das auch der Mihej gesagt?«

»Ja. – Die haben ja Jesus ans Kreuz geschlagen.«

»Wo hat denn der Mihej *das* her?«

»In der Schule hat er's gelernt.«

»Aber nein, Jozej, das waren ja nicht dieselben Juden, die dann Hitler verbrannt hat. Die Kreuzigung war ja schon viel früher.«

»Gell, Vati, der Jesus war Gott?«

»Ja, das war er.«

»Und ist vom Himmel herunter auf die Erde gekommen?«

»Ja.«

»Hat er wirklich zaubern können?«

»Das heißt nicht ›zaubern‹, sondern Wunder wirken.«

»Hat er wirklich Wunder gewirkt?«

»Klar.«

»Warum hat er sich nicht unsichtbar gemacht, dann hätten ihn die Juden nicht erwischt?«

»Weil er seinem Gott-Vater hat folgen müssen.«

»Warum?«

»Weil der Vater über dem Sohn ist.«

»Hat er seinen Sohn nicht mögen?«

»Das schon, aber er hat am Kreuz sterben müssen, damit die Menschen nicht in die Hölle kommen.«

»Was ist denn in der Hölle?«

»Zähneknirschen.«

»Was ist dann, wenn einer keine Zähne hat, so wie der Opa?«

»Das weiß ich nicht.«

»Ist sonst noch was in der Hölle?«

»Ein fürchterliches Feuer.«

»Und kein Wasser?«

»Keines.«

»Ist der Onkel Anej in dieser Hölle ganz verbrannt?«

»Ganz. Nur eine kleine Schachtel Asche haben sie uns von ihm geschickt.«

»Wo ist denn jetzt diese Asche?«

»Wir haben sie auf dem Friedhof begraben.«

»Ist der Jesus für ihn nicht auf dem Kreuz gestorben?«

(Der Vater schweigt)

»Warum hat er müssen in der Hölle sterben?«

»Das kannst du jetzt noch nicht verstehen.«

»Warum nicht?«

(Der Vater zaudert, sodann recht unwillig)

»Das fragst lieber den Herrn Katecheten.«

(Jozej nach einiger Zeit verängstigt)

»Gell, Vati, Jesus war damals schon tot, wie sie den Onkel Anej in der Hölle verbrannt haben?«

»Hör zu, Jozej, Jesus ist ja nicht tot, er ist ja im Himmel.«

»Aber der Hitler ist schon tot?«

»Der noch viel weniger.«

»Wo lebt er denn?«

»Bald da, bald dort in der Welt.«

»Auch bei uns in Kärnten?«

»Hier noch am liebsten.«

»Wann wird er denn sterben?«

»Am Sankt-Nimmerleins-Tag«

»Wann, sagst du?«

»Wenn ihn alle Kinder in Kärnten so häßlich finden wie du.«

Gespräch über den Krieg

»Gell, Vati, wenn ein König den anderen beleidigt, gibt es Krieg?«

»Wie kommst du denn *darauf?*«

»Im Fernsehen war eine Geschichte von den Königen Schlauch und Bauch.«

»Schon, schon, aber heutzutage gibt es nicht mehr viele Könige.«

»Wer macht denn heutzutage Krieg?«

»Politiker.«

»Nicht mehr Soldaten?«

»Die haben den Krieg nie mögen. Die werden einfach in den Krieg geschickt.«

»Gell, Vati, Kanonen sind im Krieg gefährlich?«

»Und ob sie gefährlich sind.«

»Und im Krieg sind immer zwei Feinde?«

»Immer.«

»Ist der Herrgott auch dort?«

»Auch.«

»Warum?«

»Der ist ja überall.«

»Mit welchem Feind hält er denn?«

»Weiß ich nicht, Jozej.«

»Vielleicht sind aber im Krieg zwei Götter, dann hat jeder Feind seinen eigenen?«

»Vielleicht.«

»Welcher Feind siegt denn dann?«

»Weiß der Teufel.«

»Sicher der, der den schlimmeren Gott hat?«

»Sicher.«

»Vati, warum sind denn Kriege?«

»Weiß ich nicht. Die waren immer schon und werden wohl immer sein.«

»Gell, die Kriege sind sehr teuer?«

»Ja, das sind sie.«

»Wer zahlt sie denn?«

»Die Bauern und die Arbeiter.«

»Du auch?«

»Auch.«

»Warum tust du das?«

»Weil ich muß.«

(Jozej schaut verdutzt)

»Gell, Vati, die Bomben sind noch gefährlicher als die Kanonen?«

»Ja, noch gefährlicher.«

»Hast du schon eine gesehen?«

»Ich nicht, aber der Opa.«

»Opa, wie schaut denn eine Bombe aus?«

»So, daß dich Gott davor bewahre!«

»Hast du schon eine gesehen?«

»Gesehen hab ich sie nicht, dafür aber gehört, wie sie Häuser zerschlagen und Menschen getötet hat.«

»Gell, die Neutronenbombe ist noch gefährlicher? Der Pušnik Lencej hat gesagt, daß sie die Menschen zu Asche verbrennt, die Kanonen und Panzer aber ganz läßt.«

»Stimmt.«

»Vati, wenn so eine Bombe auf unser Dorf fällt, würde sie mich tot machen? Und mein Bärli würde um mich weinen?«

»Gewiß.«

»Und wenn du mit dem Traktor auf dem Acker bist, bleibt dann von dir nur noch die Armbanduhr neben dem Traktor?«

»Und mein Ehering.«

»Und wenn Mutti beim Sparherd kocht, bleiben nur ihr Ehering und ihre Ohrringe zurück?«

»Der Herrgott bewahr uns davor.«

»Und selber können wir uns nicht? Wer wird dann um uns weinen, wenn alle tot sind?«

»Keiner.«

»Gell, wenn keiner Feind ist, dann gibt es auch keine Bomben?«

»Gewiß.«

»Und warum sind Feinde auf der Welt?«

(Der Vater zaudert)

»Und du, Opa, was glaubst du, warum Feinde sind auf der Welt?«

»Weil die Menschen nicht denken.«

»Aber du, Opa, und du, Vati, ihr denkt schon?«

(Der Großvater und der Vater schauen einander verwirrt an. Dann sagt der Großvater zum Vater leise)

»Von wem das Bürscherl wohl diese Fragerei hat?«

Hob ma a Gfrett . . .

»Mutti, wos host denn jetza dem Vati gsogt, doßa so locht?«

»Dos vastehst du nit, mei Schatzi, dos woa Slowenisch.«

»Wos is denn dos – Slowenisch, ha?«

»Mei Muattasproch.«

»Is de nit aa füa di Kinda?«

»I waß nit, Voda, tatast nit du ihm dos eaklean?«

»Ollewal lei i! Oft amol kumm i ma vua wia Kompjuta, dea wos olle fuks Minuten wos Gscheides ausespuckn muaß. A manst, muaß dos wiaglich sein?«

»Longs Umaredn is nix. Hob i jo grod vuagestan von dera Frogerei im Feansehn gheat, hot a Professor an Vuatrog gholtn, hob i den Noman vagessn, hota gsogt, meine lieben Väter und Mütter, hota gsogt, wonn eichre Kinda, de wos no nit ind Schuel gehn tuen, wos frogatn, muaß senan ajeda Voda a genaue Ontwuat gebn, sunsta weans vaklemmt und bleibn noacha teppat.«

»A so hota gsogt?«

»Jo mei, deafst ma scho glabn.«

»Olsdann guat, wonns wiaglich sein muaß, jetzta hea amol zua, Burschi: die Mutti hot dia jo scho gsogt, doß sie ›Muattasproch‹ haßt und nit ›Kindasproch‹. Tua sche zuahean und sche liab sein.«

»Dos glab i da oba nit, Vati, du tuast jo mita Mutti aa Slowenisch redn! Donn muaßi jo aa ›Vodasproch‹ haßn.«

Der Vater murmelt etwas für sich hin, dann sagt er voller Ärger zur Mutter:

»Jetza host es, Muatta, i wear bled; wos eppa dei Professor vom Feansehn jetza sogat, wonna do warat, dea mochat a feines Gsicht, wo dei Schatzi die gonzn Sprochn in an Hefn zommischt. Hob i da nit ollewal gsogt, red niamma Slowenisch mit mia. Tamma Teitsch redn oda Pappn holtn, preklet hudič.«

Dinosaurus

Ein Arbeiter der Zellulosefabrik »OBIR« spricht nach der Schicht mit seinem kleinen Sohn Marko, Schüler der Volksschule. Dieser fragt ihn:

»Vati, wer hat denn die zweisprachigen Türschilder in unserer Schule abmontiert?«

»Der Herr Bürgermeister.«

»Warum denn?«

»Weil er Angst hat.«

»Wovor?«

»Vor dem Kakadé.«

»Was ist denn das? Ein Papagei?«

»Nein. Ich habe nicht Kakadú gesagt, sondern Kakadé. Das ist ein Drachen.«

»Warum hat der Bürgermeister Angst vor ihm?«

»Weil er slowenische Worte frißt, wo immer er sie findet.«

»A so. Deshalb hat sie der Bürgermeister versteckt.«

»Deshalb, ja.«

»Vati, wie schaut denn dieser Drachen aus?«

»Wie ein Dinosaurus: ein winziger Kopf auf einem riesengroßen Rumpf. Und ein langer dicker Schwanz, den er hinter sich her zieht.«

»Ist er sehr stark?«

»Sehr.«

»Stärker als Martin Krpan?«

»Stärker.«

»Noch stärker als Kralj Matjaž in der Petzen?«

»Noch stärker.«

»Warum denn?«

»Weil der Kralj Matjaž immer nur schläft und schnarcht, während der Kakadé immer wacht.«

»Welche Farbe hat er denn, rot oder grün?«

»Braun.«

»Wie ein Bär?«

»Eher wie ein Kuhfladen.«

»Wo lebt er denn?«

»Bei uns in Kärnten.«

»Warum vertreibt ihn denn niemand?«

»Weil alle Angst haben vor ihm.«

»Warum erschießt ihn dann niemand?«

»Er darf nicht geschossen werden, weil er unter Naturschutz steht.«

»So wie Almrausch, Edelweiß und Enzian?«

»Genau.«

»Vati, kann dieser Drachen auch sprechen – so wie der Zmaj Tolovaj?«

»Ja.«

»Was sagt er denn?«

»Ich Teitscher, ich nix vastehn.«

»Wird er auch in unser Dorf kommen?«

»Ist schon da.«

»Hast du ihn gesehen?«

»Er macht sich unsichtbar.«

»Wie weißt du dann, daß er schon hier ist?«

»Ich fühle ihn. Er schleicht sich um unsere Häuser und nimmt uns die Kinder weg.«

»Können wir uns nicht schützen vor ihm?«

»Doch, indem ihr eure Muttersprache liebt.«

»Und wie soll ich das tun?«

»So, daß du in der Schule eifrig Slowenisch lernst und mit deinen Schulkameraden auch auf der Straße slowenisch sprichst.«

»Und dann wird uns der Drachen nicht überfallen?«

»Keineswegs, dann seid ihr stärker als er.«

»Und dann wird der Herr Bürgermeister die zweisprachigen Türschilder in unserer Schule wieder anbringen?«

»Genau.«

Bombengeschichten

Die Nougateisbombe

Marko Petučnik, mein Freund und weitläufiger Verwandter, ein alter Antifaschist, zur Hitlerzeit zwangsmobilisiert, Strafbataillon und so fort, schwerkriegsbeschädigt, im Zivilleben Metallarbeiter mit Matura, keine Vorstrafen, erzählte mir unlängst eine merkwürdige Geschichte, von der ich wirklich erbaut bin. Er beteuerte mir hoch und heilig, seine pazifistischen Ansichten endlich durch eine edle, fast tapfere Tat bewiesen zu haben.

Er habe heuer in der Vorsaison in einem Eins-a-Hotel des Landes Salzburg logiert. Dieses liegt wohl im neutralen Österreich, letzteres aber bedauerlicherweise im bomben- und granatbrünstigen NATO-Europa. Aus diesem Umstand sei ihm im besagten Eins-a-Hotel etwas recht Ungewöhnliches widerfahren.

Das betreffende Hotel wolle er vorsichtshalber mit einem Decknamen versehen, wenn mich das nicht störe. Er werde es »Hirschfänger« nennen, denn er ersehne sich nichts weniger, als infolge einer ihm zur Last gelegten Geschäftsstörung vor irgend so einen Bezirks-Kadi zitiert zu werden. Das Hotel heiße also Hirschfänger und sei ein ganz normales Hotel, ein Alpenhotel halt, das sich in nichts von anderen Alpenhotels unterscheide: es habe eine resche und fesche Chefin, ausgestattet mit bemerkenswerten unverhohlenen Rundungen, so ein dirndlknuspriges weibliches Wesen halt. Große Fenster im Speisesaal, mit normalen unabkömmlichen Schmeißfliegen auf den geputzten Scheiben, die verzweifelt versuchen, ins Freie zu fliegen. Und etwas muffige Luft in seinen schalldichten Gängen mit ewigem Licht und Eins-a-Spannteppichen. Und natürlich Eins-a-Gelsen bei Nacht, zwei Stück pro Zimmer . . .

Und doch, in einem unterscheide sich dieses Hotel Hirschfänger von anderen Alpenhotels: obwohl es im weltberühmten österreichischen Gasteiner Tal stehe, sei es in erster Linie für seine bundesdeutsche Saucenküche berühmt, ein Umstand, der ihm zugegebenermaßen einige unerwartete Unannehmlichkeiten bereitet habe, genauso wie der exquisite Qualitätsanspruch eins a, der gleich neben dem mächtigen Portal aus Schmiedeeisen auf einer Messingtafel in Goldlettern prange und dem normal gescherten Staatsbürger einen obligaten französischen Speisezettel »à la cuisine nouvelle« zum Knacken auferlege.

Dieses Hotel, so Marko Petučnik, beherberge wie alle anderen normalen Hotels des Gasteiner Tales Kurgäste des weltberühmten Radonheilstollens im Radhausberg, der Ultima ratio aller aufgeklärten Orthopädie aus Ost und West, von der dieses heißeste Loch der Welt, genauer gesagt dessen chefärztliche Verwalterin – die solchermaßen gleichfalls weltberühmte Dr. Beate Sandri –, mit Bechterew jeder Provenienz, mit Spondylose und Spondylarthrose, mit jeglicher Insuffienz und Impotenz beliefert werde. Nachdem auch das bundesdeutsche Wirtschaftswunder bisher kein Wundermittel gegen solche gar nicht wundervolle Abnützungserscheinungen ausfindig machen konnte, erfreue sich dieses heißeste Loch der Welt vorrangig bundesdeutschen Zuspruchs, und demgemäß werde auch das Hotel Hirschfänger jahraus jahrein von bundesdeutschen Kurgästen belagert. Ein österreichischer Gast darin sei so etwas wie ein weißer Rabe. Und genau als solcher habe er, Marko Petučnik, sich im Hirschfänger gefühlt.

An dieser Stelle möchte ich als Autor dieses authentischen Berichtes wahrheitsgetreu noch eine Erklärung abgeben: Marko Petučnik stammt aus Kärnten und heißt in Wirklichkeit gar nicht so. Auch ihn habe ich vorsichtshalber mit einem Decknamen belegt, denn er leitet in diesem südlichsten Bundesland Österreichs ein ANTIFA-Komitee, seine Identität muß also aus durchsichtigem Grunde geheimgehalten werden. Der KHD[1] hatte ihm im letzten Jahrzehnt volkssturmartig das Rückgrat angeknackt, so ließ er sich dann vom Hausarzt eine Einweisung für den Radonstollen schreiben, um dasselbe darin gehörig zu restaurieren und seine Nerven gegen alle noch zu erwartenden heimatlichen Stürme zu stärken.

Hätte er das Unheimliche, das im Hotel Hirschfänger auf ihn wartete, kommen sehen können, wäre er, so beteuerte er mit einer Mischung aus Scheu und unverhoh-

1 Dachorganisation einiger deutschnationaler heimatumsorgender Vereinigungen

lenem Ärger in der Stimme, wohl lieber wirbelsäulengeknickt in seinem slowenischen Dorf im Rosental geblieben. Aber was soll's, meinte Marko Petučnik, machte eine resignierende Handbewegung und rezitierte ein altes slowenisches Sprichwort: Nach dem Hagel Sturm zu läuten, ist zu spät.

Hier nun seine Erzählung:

Es geschah gleich am ersten Tag meines Kuraufenthaltes im Hirschfänger. Ich saß allein an meinem eins-a-gedeckten Mittagstisch und versuchte mit geziemender Geduld den babylonischen Speisezettel zu dechiffrieren. Verschiedene, offenkundig recht leckere Menüs priesen sich mir an – so zum Beispiel Bouillon mit Schöberl, Beinfleisch in Dillsauce (von welchem Tier das Bein, stand nicht dabei), Cordon bleu mit Sauce vinaigre, dazu Stürzkartoffeln und pikanter Kochsalat, als Nachspeise gespritzte Krapfen (womit gespritzt, stand nicht dabei) – oder ein Ausweichmenü: englisches Rumpsteak mit geknoblauchter Kräuterbutter und Pommes frites, oder Verschwiegener Schwedenteller mit heißer Liebe als Nachspeise, oder Stroganoffgulasch, oder Verdeckter Russentopf (ohne heiße Liebe zu den Russen) mit einer Malakofftorte sowie einer leckeren Nougateisbombe, letztgenannte natürlich als Nachspeise.

Na, servus, da hast es jetzt, überlege ich leise und angstvoll für mich.

»Schon etwas ausgewählt, der Herr?« fragt mich ein großgewachsener junger Kellner mit schwarzem gelockten Haar und romantisch zurasiertem Schnurrbart unter der heiteren Nase.

»Russentopf«, sage ich, als Slawe von Kärnten politisch bewußt, jedoch mit verhaltener Stimme, da am Nebentisch zwei blondgraue Männer sitzen, beide mit strengem Generalsblick, Hünen von Gestalt, neben sich goldringbehangene grauhaarige Ehegattinnen, die demutsvoll ihre untergeordneten Blicke auf sie richten, – »aber ohne Bombe, wenn's möglich ist, Herr Ober!«

»Aber die Nougateisbombe gehört zu Ihrem Menü, mein Herr.«

»Das ist es ja, Herr Ober, was mein Mißbehagen weckt und mein Mißtrauen.«

Der Ober dreht sich wortlos um und verschwindet, ich

aber glaube, ein eindeutig hintergründiges Lächeln in seinen schönen Augen bemerkt zu haben. Ein eisiger Schauer läuft mir plötzlich den Rücken hinunter, den angeknackten. Ich hole meine Lesebrille aus dem Etui, setze sie sorgfältig auf meine Nase und sehe sicherheitshalber ein zweites Mal hin auf den Speisezettel, nun noch genauer und schließlich ganz genau, in der stillen Hoffnung, mich vielleicht doch geirrt zu haben, aber nein, sie ist da, die Bombe, ja, so gut wie bombensicher, wie man es heutzutage lebensbedrohend auszudrücken pflegt, vorläufig noch auf meinem Speisezettel, verdammt, aber mit offensichtlich bombensicherer Zielsetzung, in recht kurzer Zeit auf meinem Teller zu landen und mich zu zerschmettern ... Dann gute Nacht, lieber Marko!

Inzwischen kehrt der schöne Kellner mit flottem Schritt zurück zu meinem Tisch, das Suppenschüsselchen auf drei Tellern tragend, und lächelt schwer durchschaubar. Er stellt meine Schöberlbouillon mit gebotener Eins-a-Höflichkeit vor mich hin und sagt artig:

»Wünsche guten Appetit, mein Herr!«

So also, denke ich, jetzt wird der Kerl auch noch zynisch. Oder klang es eher frivol – das mit dem guten Appetit auf die lauernde Bombe aus Nougateis? Hol mich der Teufel, wenn der nicht so etwas wie ein Doktor-Burger-Lächeln um den Mund hat, so eine hierzulande immer häufiger auftretende Mischung von eiskalter Attentäterironie und echter Siegeszuversicht vor Präsidentschaftswahlen. Sein Lächeln macht mich nun vollkommen unsicher.

Ich spüre, wie im Speisesaal etwas Ungewöhnliches, Gefährliches, wohl Unwiderrufliches in der Luft liegt. Meine Pulsation wird plötzlich heftiger, eine widerliche Hitze umklammert meinen Hals, ich öffne ruckartig den Reißverschluß meines Pullis, um leichter zu atmen. Es hilft wenig. Ich werde immer unruhiger, versuche jedoch gleichzeitig kühlen Kopf zu bewahren, und rede mir ein – wie schon so oft in letzter Zeit bei uns in Kärnten –, möglicherweise und höchstwahrscheinlich und ganz sicher ist es wieder einmal nur meine Paranoia, die mir seit dem Volkssturm auf die zweisprachigen Ortstafeln zu schaffen macht, ja, hoffentlich ist es nur der übliche Verfolgungswahn, beobachte dich um Gottes willen genau, damit du es herauskriegst, und so fort, bis mir, offensichtlich psychosomatisch bedingt, ein Schöberl aus meiner heißen Bouillon steckenbleibt, unverrückbar, etwa in der Mitte des Weges zum Magen. Ich ringe nach Luft, stemme mich gegen den Tisch, erblicke mit Entsetzen im Geiste meinen bläulichen Erstickungstod, das würde mir noch fehlen und dem KHD so passen, Erstickung und Bombenanschlag, ein Doppelexitus sozusagen.

Deutlich sehe ich das schadenfrohe Massengrinsen meiner heimatlichen Wotan-Anbeter in Kärntens Valhöll und verarge es mir richtig, in diesem Hirschfänger Logis genommen zu haben, bis mir buchstäblich in letzter Sekunde noch ein rettender Gedanke durch den Kopf schießt – autogenes Training, Marko, wie konntest du es nur vergessen, stimuliere doch in aller Ruhe die Peristaltik der Speiseröhre, und ich tue es, mein lieber Freund, stell dir das vor, wohl blau angelaufen wie eine bosnische Zwetschke, was ich wie durch einen Schimmer von den geschockten schlohweißen Gesichtern ablesen kann, die sich voller Sorge mit aufgerissenen Augen zu mir herunter neigen. Und richtig, es hilft tatsächlich.

Wie herrlich, denke ich, wie gut, daß du es gelernt hast, dir selbst zu helfen! Ich fühle, wie sich das Schöberl langsam nach unten bewegt, atme leicht durch und denke mir dabei: so, jetzt aber Schluß, mein Lieber, jetzt aber keinen Bissen mehr. Das geht bestimmt nicht mit rechten Dingen zu, dieses Schöberlschlucken sollte für mich wohl nur ein Vorgeschmack sein, so wie der Nikolaustag den Kindern einen Vorgeschmack des Weihnachtsfestes gibt.

Und dann weiß ich selbst nicht, wie ich den Speisesaal verlassen habe und in mein Zimmer im dritten Stockwerk gelangt bin. Ich erinnere mich nur, daß ich immerfort laut vor mich hingesprochen habe, etwa so:

»Ihr da unten, hört ihr, ich hab euch durchschaut, ihr Agenten des KHD! Ihr verkappten Terroristen, ihr!«

Und ich habe die Tür meines Zimmers 62 verschlossen und die zu meinem Petunienbalkon mit einer Kette verriegelt. Dann lege ich mich angezogen auf das weiße Bettleinen, um mich zu beruhigen.

Das will mir nicht gelingen, wohl aber versinke ich bald in eine Art Wachtraum voller Phantombilder, die mir den Schweiß auf die Stirn treiben: ich sitze eingeklemmt zwischen Stuhl und Tisch, der Kellner mit dem verhängnisvollen zynischen Lächeln starrt mich unentwegt an, mit der linken Hand ein Tablett haltend, darauf eine schneeweiße steifgebügelte Serviette – und darauf – die Bombe! Ein grünes, eiförmiges Gebilde, etwa in der Größe einer Handgranate. Der Kellner nimmt sie behutsam zwischen Daumen und Zeigefinger seiner rechten Hand, mich immer noch eiskalt anlächelnd, und hält sie mir unter die Nase. Das kann ja schön werden, fährt es mir blitzartig durch die Knochen.

Ja, sehr schön, bewegt sich plötzlich übergroß und dreidimensional der breite Mund des regierenden römischen Papstes über mir, läßt aber keine Stimme vernehmen. Sein Gesicht ist sehr blaß. Auf seiner Soutane eine rote Blutspur.

Ja, sooo schön, taucht gleich darauf kreischend Reagans aufgerissene Cowboygoschen auf. Der Präsident ballert trommelrevolverfrisch aus beiden Hüften auf mein Herz zu. Ich wundere mich, daß mich keine seiner Kugeln trifft. Ich denke mir, das ist eigentlich gut, ich komme womöglich heil davon.

Dann höre ich – wie aus ganz großer Entfernung – Menschenstimmen. Allmählich stelle ich einen Menschenauflauf vor meiner Zimmertür fest. Jemand klopft darauf:

»Herr Petučnik, machen Sie doch die Tür auf, hören Sie uns, Herr Petučnik! Ist Ihnen schlecht? Machen Sie keinen Blödsinn! Niemand will Ihnen was antun, Herr Petučnik! Kommen Sie doch zu Tisch, Herr Petučnik! Setzen Sie Ihr Mittagsmahl fort, Herr Petučnik! Oder möchten Sie es lieber aufs Zimmer bekommen!«

»Zum Teufel, nein!« schreie ich aus vollem Halse, »laßt mich in Frieden, elendes Mörderpack!«

Nun wird auf dem Gang vor meiner Zimmertür etwas geflüstert. Bald darauf huscht ein Schatten an den Scheiben meiner Balkontür vorbei. Außerhalb meines Blickwinkels läßt die Chefin des Hotels, wahrscheinlich dicht an die Holzvertäfelung des Balkons gepreßt, ihre geschäftssüße Fremdenverkehrsstimme vernehmen:

»Hallo, Herr Petučnik, können Sie mich hören?! Was ist nur los mit Ihnen! Es tut uns schrecklich leid ... Glauben Sie uns, es ist ein reines Mißverständnis!«

»Ich glaube es nicht«, antworte ich gereizt.

»Ja, was möchten Sie denn sonst?«

»Ihren Küchenchef.«

»Wofür?«

»Für ein Abrüstungsgespräch.«

Die Hotelbesitzerin verstummt. Wieder höre ich leise Stimmen, mein Zimmer scheint inzwischen richtig belagert zu werden, von beiden möglichen Seiten – vom Gang her und vom Balkon.

Ich gerate in große Sorge, was dann, wenn die mir die Nougateisbombe durch die Scheibe der Balkontür schleudern! Ich versuche, die Belagerer mit einem freundlicheren Ton in der Stimme loszuwerden, und sage laut und deutlich:

»Ihr da draußen, darf ich um Eure geschätzte Aufmerksamkeit bitten?«

»Ja«, vernehme ich verschiedene Frauen- und Männerstimmen.

»Schert Euch um Gottes willen zum Kuckuck, aber wirklich, und laßt mich in Ruhe! Ich bezahle schließlich mein Zimmer und möchte jetzt ruhen.«

Nun räumen sie Gott sei Dank den Gang und den Balkon. Ich werfe mich neuerdings aufs Leinenzeug und wünsche nichts sehnlicher, als für zwei, drei Stunden zu entschlummern, um zu seelischen Kräften zu gelangen, die mir die neu entstandene Lage zu überblicken helfen würden.

Plötzlich reißt mich das schrille Klingeln meines Zimmertelefons in die Höhe. Ich hebe behutsam ab. Am anderen Ende die bekannte süße Fremdenverkehrsstimme:

»Verehrter Herr Petučnik, verzeihen Sie, wenn ich Sie vielleicht aus dem Schlaf gerissen habe, aber der Küchenchef wäre jetzt bereit, sich mit Ihnen in Verbindung zu setzen.«

»In was für eine Verbindung! Das würde ihm so passen! Sagen Sie ihm, Frau Chefin, ich will mich mit ihm auseinandersetzen!«

»Ganz wie Sie meinen, Herr Petučnik. – Nun, möchten Sie es lieber sehen, daß er zu Ihnen aufs Zimmer kommt oder . . .«

»Nein. Um Gottes willen nicht aufs Zimmer!«

»Dann lieber per Telefon?«

»Lieber.«

Jetzt höre ich ein Witzeln, Wispern und Kichern, fast so etwas wie eine Bombenstimmung. Nach den sonstigen Geräuschen zu schätzen, war ich nun wirklich mit dem Küchentelefon verbunden. Mir soll's recht sein, denke ich und warte.

Nach ein paar Sekunden meldet sich eine Bombenmännerstimme, vorerst mit einem Verlegenheitsräuspern, dann jedoch deutlich artikulierend:

»Ja, hier-spricht-Josef-Braumüller, sind-dort-der-Herr-Petučnik-am-Telefon?«

»Ja wer denn etwa? Was haben Sie mir zu bestellen, Herr Braumüller?«

Nach ein paar spannungsgeladenen Sekunden, in denen ich im Geiste atemlos an seinen Lippen hänge und vor innerer Spannung – sogar ohne seine Nougateisbombe – zu zerplatzen drohe, folge ich hingerissen seiner erstaunlichen Erklärung:

»Ich habe mich bei Ihnen wegen der Nougateisbombe zu entschuldigen, Herr Petučnik, tut mir echt leid, sie ist mir aus Versehen auf den Speisezettel gerutscht. Ich habe sie dort schon ausradiert.«

»Kann ich mir gut vorstellen, Sie Kujon Sie, Papier ist ja geduldig, aber ich will es nicht sein, hören Sie, Herr Braumüller, oder glauben Sie etwa, ich bin Ihr Trottel?«

»Ich schwöre Ihnen, verehrter Herr Petučnik, ich schwöre Ihnen bei allem und jedem, Sie werden von keiner Bombe mehr bedroht. Kommen Sie doch herunter, wir wärmen Ihnen sofort Ihr Mittagsmenü auf.«

»Sie können Stein und Bein schwören, mein lieber Chefkoch, ich traue Ihnen trotzdem nicht über den Weg.«

»Was verlangen Sie dann von uns?«

»Totale Abrüstung, flankierende Maßnahmen!«

»Wie darf unsereiner das verstehen?«

Verdammte Scheiße, ärgere ich mich, dieses Flankieren ist ja auch aus dem blöden Militärdeutsch, heißt ja wohl von der Seite beschießen! Idiotisch so was!

Am anderen Telefonende lautes Durcheinanderreden, etwas wie eine Bombenverwirrung, woraus ich schließen kann, daß ich in der Küche des Hirschfängerhotels wohl oder übel einen regelrechten Interessenkonflikt vom Zaune gebrochen habe. Mir soll's recht sein, denke ich und warte. Dann läßt die Bombenstimme des Chefkochs folgendes verlauten:

»Verehrter Herr Petučnik, die Küche unseres Einsa-Hotels ist bereit, Ihnen anstatt Ihres Russentopfs jegliches Extramenü gemäß Ihren höchstpersönlichen Extrawünschen zu bereiten, unter einer einzigen Bedingung, daß Sie belieben mögen, Ihr Zimmer zu verlassen, sich zurück in unseren Speisesaal zu begeben und es dortselbst einzunehmen.«

Die versuchen es jetzt mit der sentimentalen Welle, denke ich mir halblaut, zieht aber nicht bei mir, vorsichtig ist besser als bombengeschädigt oder bombentot, mein lieber Marko! So sage ich denn mit berechnet kühler Stimme:

»Das mit Ihrem Radiergummi, Herr Braumüller, gut, ich akzeptiere es, Sie haben die Bombe vom Papier wegradiert, aber mich interessiert es, ob Sie sie auch aus Ihrem Gehirn entfernt haben.«

»Hab ich, Herr Petučnik, hab ich wirklich.«

Seine Stimme klingt nun tatsächlich entschärft. Möglicherweise meint es der Kerl doch ehrlich mit mir? Offenbar ist sein Sinn wirklich nicht mehr danach mich umbringen zu wollen. Ich sage zu ihm:

»Gut, Herr Braumüller, ich habe mich entschlossen, Ihnen zu vertrauen, aber sagen Sie mir, was ist dann mit der Schwedenbombe auf Ihrem Speisezettel? Ich bekomme einen Brechdurchfall, wenn ich nur daran denke, nun – was ist?«

Sprechpause und Flüstern am anderen Ende der Telefonleitung.

»Hallo! Was ist, Herr Braumüller?«

»Wird eingefroren, Herr Petučnik.«

»Zu wenig. Sie muß entschärft und vernichtet werden, verstehen Sie mich, Herr Braumüller? Klaftertief unter die Erde damit, Herr Braumüller!«

»Wird gemacht, Herr Petučnik, klaftertief unter die Erde, ganz wie Sie wünschen, Herr Petučnik, aber da ist noch etwas, Herr Petučnik, dürfte ich nun Sie etwas fragen, ich meine – sozusagen, vorsichtshalber, sozusagen« – der Kerl geht darum herum wie die Katze um den heißen Brei – »sozusagen vorsichtshalber, damit kein weiteres Mißverständnis aufkommt zwischen Ihnen und unserer Küche . . .«

»Selbstverständlich dürfen Sie fragen, Herr Braumüller, Demokratie besteht schließlich auch daraus, daß man den anderen ausreden läßt.«

»Wir haben auch Granatäpfel in der Küche, könnten wir, Herr Petučnik, wenigstens die weiterhin auf dem Speisezettel belassen? Unsere Gäste mögen sie gar so gern . . .«

»Granatäpfel? Haben Sie eben ›Granatäpfel‹

gesagt?«

»Granatäpfel, jawohl, Sie haben richtig gehört, Herr Petučnik.«

Bomben und Granaten, fährt es mir durch den Sinn, potztausend, lieber Marko! Ich gestehe, der Kerl hat mich aus der Fassung gebracht. Und in totale Verwirrung.

»Das überlege ich mir noch, Herr Braumüller. Rufen Sie mich etwa in einer halben Stunde noch einmal an! In Ordnung?«

»In Ordnung, Herr Petučnik.«

Der Chefkoch hat aufgelegt. Auch ich lege den Hörer auf und suche nun fieberhaft in meinen Gehirnwindungen unter den allgemeinbildenden Ablagerungen aus meiner Gymnasialzeit, leider ohne Erfolg, und blättere sodann in meinem treuen Begleiter, dem allwissenden Wahrig – und finde – o Schreck! – »Granatapfel« (lat. »malum granatum«), sozusagen »kernreicher« Apfel, scharlachrote und gelbe Blumenblätter, lederige, purpurrote oder grüne, später gelbe Schale, wohlschmekkende, apfelgroße Frucht und so weiter und so fort, weiß der Teufel, was noch alles.

Aber mir genügt, daß dieser gottverdammte Granatapfel in direkter etymologischer Verbindung steht mit der Granate, denn diese ist »ein mit einem Granatapfel verglichenes, mit einer Sprengladung gefülltes Hohlgeschoß« und so weiter und so fort, hol mich der Teufel, da hab ich den Schlamassel, was soll ich nun diesem Kriegsindustriellen da unten, diesem Herrn Braumüller in seine Bombenbrauerei melden? Wirst von einer Granate zerrissen oder von einer Bombe – hin ist hin.

Und doch ist er da – seit Hiroshima kaum zu übersehen –, ein beträchtlicher Unterschied, der sofort ins Auge fällt und in die Lunge und auch anderswohin – und auf Hunderte von Kilometern jedem Lebewesen den Atomtod verpaßt . . .

Nach dieser nüchternen militärstrategischen Überlegung warte ich antwortbereit auf den vereinbarten neuerlichen Anruf aus der nun offenbar ernst abrüstenden Hirschfängerküche. Plötzlich klingelt es. Ich hebe ab und sage unvermittelt:

»Die Granatäpfel wollen wir vorläufig noch auf dem Speisezettel belassen. Und den Grenadiermarsch auch und alles andere konventionelle Kriegsmaterial. Sie verstehen schon, Herr Braumüller, worum es mir geht: daß Sie nicht etwa morgen schon irgendso ein BRD-atomares Spezialsoufflé erfinden! Oder einen supergarnierten Reagan-Cocktail, irgendein Neutronengelee.«

»Ich verstehe Sie sehr wohl, Herr Petučnik. Die Küche dankt Ihnen für Ihr Entgegenkommen.«

»Auch ich danke für Ihr Verständnis, Herr Braumüller, aber da ist noch etwas: Sie sind doch Innungsmeister der Gastronomie im Gasteiner Tal, oder wurde ich falsch informiert?«

»Das bin ich wohl, Herr Petučnik.«

»Freut mich sehr für Sie, nur daß ich dann eben noch eine letzte Forderung an Sie habe ... Sie wissen jetzt, was das ist – eine Forderung? Das ist ein ausdrücklicher strenger Wunsch ...«

»Und der wäre, Herr Petučnik?«

»Daß Sie eine allgemeine gastronomische Abrüstung im Gasteiner Tal durchführen und mir dafür haften. Haben Sie mich verstanden?«

»Verstanden, Herr Petučnik, wird durchgeführt, schon morgen.«

»Harascho und okay, nach der Durchführung setze ich mich mit dem österreichischen Friedensrat in Verbindung, der soll Sie dann dem Bürgermeister von Badgastein zur Verleihung der goldenen Kochmütze vorschlagen, einverstanden, Herr Braumüller?«

Eine atemberaubende Kunstpause in der Küche. Eine deutlich hörbare angeregte Produktion der Speicheldrüse des Chefkochs. Sodann ein fröhliches:

»Einverstanden, natürlich einverstanden, vielen Dank, Herr Petučnik, wenn Sie nur wieder Vertrauen in unsere Küche haben ... Dürfen wir Ihnen nun Ihren Russentopf aufwärmen, Herr Petučnik?«

Ich muß gestehen, daß nun mir die Speicheldrüse Pavlovsche Schwierigkeiten bereitet hat. Es war ja schließlich schon bald siebzehn Uhr. Ich sagte:

»Sie dürfen, Herr Braumüller.«

»Und die Nougateis ... entschuldigen, das Nougateis auch zubereiten?«

»Auch, natürlich, ich mag ja Eis so gern.«

Und ich sperre mein Zimmer auf und gehe – vor Hunger fast schon taumelnd – den schalldichten Gang entlang in Richtung Lift und abwärts zum Speisesaal. Zu meinem eins-a-gedeckten Mittagstisch.

Soweit die Erzählung meines Freundes Marko

Petučnik. Ich habe keinen Grund, sie ihm nicht abzunehmen, im Gegenteil, er ist nun einmal so, linksextrem halt.

(Erschienen in: Kein schöner Land. 50 österreichische Autoren über Stadt und Land Salzburg, herausgegeben von Christoph W. Aigner, Salzburg 1981, S. 73–84.)

Sexbombe

Ljubomir ist jung, großgewachsen, breitschultrig, hat schwarzes Haar und lustige braune Augen. Diese anziehungskräftige Männlichkeit wird an ihm noch gesteigert durch einen energischen Zug um den Mund, kurzum – er ist das, was etwa »Frau im Bild« einen Fall für Frauenträume nennt, allerdings nicht nur in heißen Sommernächten, auch in anderen Jahreszeiten.

Jenen beherzten, Tatkraft bezeugenden Zug um den Mund hat er nach seinem Vater Marko Petučnik, einem pensionierten Ferlacher Metallarbeiter, landbekannten Antifaschisten und Pazifisten, mit dem ich weitläufig verwandt bin. Auch die Strähne, die ihm aus dem schwarzen Schopf widerborstig immer wieder in die Stirn fällt, ist vom Vater. Er kämmt sie fleißig, benetzt sie bald mit Wasser, bald mit Speichel, fettet sie ein bald mit Brillantine, bald mit Nußöl, glättet sie bei Tag mit Bürste, bei Nacht mit Haarnetz, alles vergebens, sie ringelt sich immer wieder hoch und rutscht in seine Stirn.

Nach der Reifeprüfung am Gymnasium für Slowenen in Klagenfurt wollte er keineswegs weiterstudieren, sondern suchte um Arbeit im Baugewerbe an und erhielt diese auch bei einem Bauunternehmen in seinem Geburtsort. Ebendort hat er es bereits bis zum Polier gebracht.

Wir sind innige Freunde seit den Tagen des Solidaritätskomitees für die Rechte der Kärntner Slowenen. Da haben wir uns so manche Nacht um die Ohren geschlagen, indem wir in gemeinsamer geistiger Anstrengung in den Kellerräumen des Komitees für Transparente, die bei Demonstrationen durch die Gassen Klagenfurts getragen werden sollten, überzeugungskräftige kämpferische Parolen ergrübelten. Waren das herrliche Stunden mit Ljubomir! Unsere Gesinnungsgenossen waren hinausgezogen in die Nacht des schönen Kärntner Landes – mit rotem Lack und roten Pinseln – auf unbezahlte Maler- und Anstreicherpfade, um auf Wegkreuzungen und an öden Stirnseiten deutschprotzender Amtsgebäude ihre Forderung nach gleichem Menschenrecht rot auf grau kundzutun, wir zwei aber blieben, sozusagen unabkömmlich, als engagierte Verseschmiede allein im Keller zurück.

In solchen Augenblicken sprühte und sprudelte Ljubomirs Phantasie nur so. Sein witziger, lebhafter Geist entzündete sich an reiner Kampfeslust für die Rechte seines verhöhnten Volkes und gegen eine Wiederbelebung faschistischen Gedankenguts im Lande. Er legte seine hohe Stirn für einige Augenblicke in Falten und schnippte schon: ich hab's! Es galt auch Parolen für Abrüstung zu ersinnen, für die Rechte der Völker Lateinamerikas und für einen gerechten Frieden in dieser gar nicht gottgefälligen, wohl aber gottsjämmerlichen Welt der wenigen Reichen und vielen Hungernden. Ljubomirs Schlagfertigkeit setzte mich in Staunen. Ich folgte kaum mit dem Notieren seiner Vorschläge:

ÖSTERREICH BLEIBT STETS NEUTRAL
DAS IST UNSRE STAATSMORAL

WEG MIT ALLEN UNSREN KÜRASSIEREN
WOLL'N NICHT ARME LEUTE MASSAKRIEREN

ÖSTERREICHER, SPITZ DIE OHREN, HALTE WACHE
OPFERE NIE WIEDER FÜR DIE FALSCHE SACHE

MILLIONÄRE PROFITIEREN MIT RAKETEN
GEGEN HUNGERTOD, DA FEHLT ES AN MONETEN

HIROSHIMA BEWEIST UNS, WAS DAS HEISST »ATOM«
DIENT UNS ZUM UNTERRICHT ALS MAHNENDES PHANTOM

ARTIKEL SIEBEN – UNSER RECHT
ERFÜLLT IHN ENDLICH – HÖRT IHR SCHLECHT

WIR SLOWENEN KÄMPFEN KEINESWEGS ALLEIN
SOLIDARITÄT IST UNS IM BRETT DER STEIN

CHRISTEN, PAZIFISTEN, KOMMUNISTEN
BRAUCHEN ARBEIT, FRIEDEN – NICHT FASCHISTEN

ANTIFASCHISMUS – NICHT KARRIERISMUS

WER HINEINKRIECHT IN DES HERRSCHAFT-

LICHEN GEGNERS ARSCH
DER BLEIBT DRIN, FÜR DEN GIBT'S NIMMERMEHR EIN KEHRT UM MARSCH

Schon im Gymnasium hatten sie ihre liebe Not mit Ljubomir, hat nicht der Kerl seinen Mitschülern glatt den folgenden Floh ins Ohr gesetzt: Brav sein ist nicht immer gut, weil sich sonst nichts ändern tut! Sein kämpferisches Aufbegehren gegen jede leiseste Zurücksetzung seiner Mitschüler machte ihnen bange, mußten sie doch ernst befürchten, er würde in ihre pädagogische Ordnung ein heilloses Durcheinander bringen und mit anarchistischen Ideen, wie sie seine Gerechtigkeitsbestrebungen zu nennen pflegten, allmählich die gesamte Schule infizieren. Wie schnell so etwa passiere, ehe man oder frau sich's versehe! Der Kerl las ja auf eigene Faust drauf los – alles, was nur irgendwie und irgendwo nach Marx roch oder nach Lenin oder Che Guevara!

So erwarb sich Ljubomir schon in frühen Jahren aus eigenem Antrieb einen beträchtlichen politischen Horizont und wußte, beispielsweise, im Gegensatz zu seinem Geschichtsprofessor sehr wohl eine Erklärung dafür, weshalb die Amis um jeden Preis Vietnam beherrschen wollten, sich aber dort trotz hundertfacher militärischer Übermacht die Hälse brachen, um es kurz zu machen, Ljubomir verstand es, sich mit den Waffen des Geistes so ernst und ausgiebig auszustatten, daß er für sein weiteres Leben gegen alle Tatsachenvernebelungen österreichischer fernseherischer Kurzsichtigkeit gefeit war.

Auch diese kritische Einstellung hatte er von seinem Vater Marko Petučnik, dem ehemaligen Dachauer Häftling. Er beachtete und verehrte diesen wie sein Idol, was man heutzutage aus begreiflichen Gründen nur mehr selten antrifft. Ja, Ljubomir war auf niemanden stolzer als auf seinen »Alten«, wie er den Vater hie und da im Scherz unter seinesgleichen nannte, vor allem dann, wenn dieser sich infolge seines konsequenten Pazifismus urplötzlich wieder einmal irgend so einen großartigen Skandal erlaubt hatte, den kopflose Schreiberlinge auflagenstarker Tageszeitungen zwar sofort letternstark verurteilten, von dem sie aber – sensationslüstern – nicht nur tage-, sondern wochenlang ihr Dasein fristeten. Ihre Schlagzeilen über Marko Petučnik waren demnach mit allen hundert Wassern gewaschen, die antimilitaristische Idee seiner Aktionen aber und die Motive, aus welchen heraus er sie vollbracht hatte, wurden sorgfältig verschwiegen oder verschleiert. Daher gilt es, sie in dieser Geschichte vorerst zu entschleiern.

Ich erachte es als meine Aufgabe, nichts als ihre Echtheit festzuhalten, daher lasse ich zwei von ihnen Ljubomir selbst erzählen, so wie ich sie aus seinem Munde in jenem Keller in bester Erinnerung habe:

»Weißt Du, Onkel Luka, wie das damals wirklich war, als mein Vater mit dem Verband der Kärntner Partisanen einen Ausflug in die Steiermark gemacht hat?«

»Ich weiß nur das, was die Zeitungen darüber zusammengeschmiert haben. Erzähl es mir, hat er wirklich zwei Polizisten den Arsch aufgerissen? So ungefähr stand's doch in der ›Kleinen‹.«

»Im Gegenteil, hör zu. Da gingen in später Abendstunde einige von ihnen mit ihm durch die beleuchteten Gassen von Graz spazieren. Und wie es der Teufel will, bemerkt da nicht plötzlich mein Alter mit seinen Falkenaugen schon von weitem am Gehsteig gegenüber – vor dem Eingang in irgend so ein Nachtlokal – ein grellrot schreiendes Reklameplakat mit der Aufschrift:

JIMMY MAKABERONE
DIE TOLLSTE
UNTERHALTUNGSKANONE
Eine Bombenstimmung für
Jung und Alt

Er liest es leise vor sich hin und glaubt, seinen Augen nicht trauen zu können. Er reibt sie vorsichtig und liest die Einladung ein zweites Mal, nun laut, damit es die Kameraden hören und um zu sehen, welchen Eindruck der Reklamespuk auf sie wohl mache: gar keinen! Das stell dir vor, lauter müde Veteranen des einst so glorreichen Widerstandes! Als er sieht, wie unbeholfen sie vor sich hinlächeln, läuft es ihm kalt über den Rücken. Er spuckt, was er sonst nicht bald tut, geradewegs aufs Trottoir, springt wie in seinen jungen Jahren mit einem großen Satz über die Straße hin zum Eingang ins Lokal, stürmt die Kellerstiege hinunter und hinein in den vollgestopften Saal, bleibt dort für einen Atemzug stehen, lauscht hin zur Bühne, schafft sich mit den Ellbogen den Weg dahin frei, schwingt sich hinauf auf die Bretter, die die Welt bedeuten, erwischt den ahnungslosen Schwadroneur am Smokingkragen, hebt ihn mit einer Hand über seinen Kopf, stell du dir das vor, Onkel Luka, was für unheimliche Kräftereserven so ein heiliger Zorn im Menschen freisetzen kann. Er stemmt ihn wie ein Gewichtheber und läßt ihn in der Luft zappeln wie einen lächerlichen Frosch und schreit auf ihn los wie von Sinnen:

›Du bist wohl die Kanone, was?! Ich zeig dir gleich was!‹

›Laß mich aus, zum Teufel, was soll das! Laß mich sofort aus! Was willst du eigentlich von mir?! Bist du wahnsinnig?‹

Darauf eine Lachsalve des Publikums wie noch nie, schallend und dröhnend. Einige klopfen vor Begeisterung mit flachen Händen auf ihre Knie, andere umspannen fürsorglich ihre vor Freude hüpfenden Schmerbäuche, denn alle meinen, der Auftritt meines Alten gehöre ins Programm, bis dann schließlich von irgendwoher drei von der Polente auftauchten, ihn mit vereinten Kräften zu Boden werfen – mitsamt der Unterhaltungskanone, versteht sich, ihm diese mit viel Mühe und einigen Spezialkobragriffen aus den Fäusten winden, ihn in Ketten legen und abführen, drei gegen einen, stell dir diese Scheißer vor, drei gegen meinen Alten!

Die Zeitungen schrieben, er habe furchterregend ausgesehen, mit rot unterlaufenen Augen und Schaum vor dem Mund und so . . . Sie steckten ihn dann über Nacht in den Keller der Polizeidirektion. Ohne mit ihm über seine Aktion gesprochen zu haben! So sind die!

Auch der Bezirksrichter, dem er am nächsten Morgen vorgeführt worden war, hatte keine zwei gleiche Ohren, er hörte gar nicht erst hin, als sich mein Alter auf die Verfassung berief, auf die fortwährende Neutralität und das Verbot von Kriegshetze und so, der Herr Rat, ein Arschloch aus lauter Paragraphen, zog irgend so eine miese Bestimmung von wegen Geschäftsstörung an den Tag und verdonnerte ihn mir nichts dir nichts zu zwei Tagen Arrest oder her damit mit einem ganzen Blauen, stell dir diese Schweinerei von einer Rechtspflege vor, anstatt sich jene kriegsdampfplaudernde Unterhaltungshaubitze vorzuknöpfen.

Die ›Volksstimme‹ mutterseelenallein prangerte das Urteil an unter einer großen Schlagzeile: MARKO PETUČNIK – EIN DON QUICHOTTE IM PARAMILITÄRISCHEN DSCHUNGEL DER SELIGEN INSEL.

Prompt mußte sie dafür eine Entgegnung abdrucken.

Der Vater hat dieses Unrecht bis heute noch nicht verkraften können. Unterhaltungskanone, so etwas Hirnverbranntes! bleibt er plötzlich stehen auf seinem Spaziergang, ärgert sich bald leise, bald laut vor sich hin, Unterhaltungskanone und tolle Bombenstimmung, so ein schief gewickelter Flegel, so ein miserabler Hundsfott, hat nicht die leiseste Ahnung, will Junge und Alte unterhalten und kann sich nicht einmal eine Kanone vorstellen, wie sie einem unschuldigen Soldaten den Kopf wegreißt, verdammt noch einmal . . . Unser Arzt meint, laßt ihn nur, er muß seinem berechtigten Ärger Luft machen.

Und dann, Onkel Luka, der Skandal unterwegs im Zug, als er nach Freilassung aus dem Kerker allein zurück nach Kärnten fuhr, im Speisewagen. Du kennst doch die Geschichte?«

»Erzähl nur, Ljubomir.«

»Mein Alter will seinen Durst stillen und bestellt halt ›irgendein alkoholfreies Getränk zur Erfrischung‹. Bringt ihm da nicht der Kellner ausgerechnet eine gottverdammte sogenannte BOMBENERFRISCHUNG, ja, so stand es schwarz auf weiß auf dem Flaschenetikett, und stellt ihm das selbstmörderische Zeug vor die Nase hin! Was Wunder, daß er da völlig durchdreht, jene Teufelsflasche packt, das Fenster herunterreißt und sie im weiten Bogen ins Feld schleudert, das am Zug vorbeiflitzt.

Da er aber richtig folgert, der elende Servierschurke muß im Kühlschrank seiner Arsenalküche bestimmt noch weitere Exemplare solcher hochexplosiver Erfrischungen auf Lager haben, bricht er dort einfach ein, reißt den Kühlschrank auf, die gefürchteten grünen Todesflaschen an sich und schmeißt eine nach der anderen durchs Fenster des dahinrasenden Zuges.

Der Kellner, total perplex, vergißt vor Verwunderung den Mund zu schließen, ist aber gerade noch soweit bei Sinnen, diese zu zählen, es waren nicht weniger als 24, und mein guter Vater zahlt sodann 400 Schilling dafür und einen Hunderter extra Strafe dem Schaffner, weil halt Flaschen aus dem fahrenden Zug zu werfen in Österreich bei Strafe untersagt ist, bittet dann den Kellner in aller Höflichkeit um ein Glas normales Trinkwasser und schaut nun beruhigt durchs Fenster, als ob gar nichts geschehen wäre.«

Soweit Ljubomirs Erzählung.

Nun frage ich mich, ist es verwunderlich, wenn sich ein solcher Fanatismus des Vaters tief in der Seele seines Sohnes verankert? Die Psychologie kennt ja das berühmte Vaterbild, wonach Söhne ihre Väter vor allem in Fanatismus und Phantasie zu übertreffen versuchen. Hier ein Beweis in einem konkreten Fall: Ljubomir malte mir im Keller des erwähnten Komitees voll skurril-obskurer Phantasie die Qualen der körperlichen Verletzung aus, die durch eine solche Bombenerfrischung entstehen würden, indem er sie wie etwa Edgar Allan Poe mit haarsträubenden Details ausschmückte, so daß ich ihn schließlich bitten mußte, mich damit zu verschonen, da ich keine ruhige Nacht mehr hätte.

»Stell dir vor, Onkel Luka«, erzählte er so beiläufig vor sich hin, »stell dir nun vor, daß du tatsächlich eine solche Bombenerfrischung durch deine Kehle schickst und sie dir die Speiseröhre zerfetzt und den Magen und dir dann deine gesamten Innereien herausspritzen, so daß nur noch deine Wirbelsäule zurückbleibt mit dem Kopf darauf . . .«

Ich erschauderte. Gleichzeitig aber bewunderte ich den Ernst, mit dem Ljubomir und sein sympathischer Alter sich mit der drohenden Gefahr eines neuerlichen Weltkrieges auseinandersetzten.

Gerade in jenen Tagen des Demonstrationskomitees erlaubte sich Ljubomirs Vater, nachdem er kurz vorher im berühmten Gasteiner Tal einen antiteutonischen Abrüstungsfuror absolviert hatte, einen neuen fußfesten Skandal: mitten in Klagenfurt haut er mit seinen Goiserern am hellichten Tag die Auslagenscheibe einer piekfeinen Konditorei in Scherben, zieht von der Stellage ein Tablett, voll aufgetürmt mit richtigen Schwedenbomben, schleudert diese auf den Gehsteig und zertrampelt sie dort.

Die Vorübergehenden bleiben vorerst geschockt stehen, machen sich aber darauf verängstigt aus dem Bombenstaub und rufen die Polizei zur Hilfe. Die kommt dann auch natürlich mit ihrem wichtigtuerischen Tatüüü, Tatüüü und dem idiotischen Blaulicht, wo sowieso kein Auto auf der Straße fuhr, war ja Sonntag, und da ist Klagenfurt toter als tot, und legt Marko Petučnik schnell in Ketten – wie einen Schwerverbrecher. Und fährt wieder einmal ab mit ihm – hinter staatsschützende Gitter.

Die Landeszeitungen gerieten nach diesem Vorfall einander richtig in die Haare, genauer gesagt in die Spalten. Die eine – total rechts außen – verlangte in einer bissigen Glosse, man sollte Petučnik doch endlich und endgültig Herrn Doktor Scrinzi auf die geschlossene Abteilung schicken zwecks Psychotest und Sachverständigengutachten sowie Inbetrachtziehen einer eventuellen Sterilisation oder Euthanasie und so, die andere – landesfürstliche Mitte, kein bißchen links – in einem Leitartikel, man (oder frau) sollte doch noch einen Versuch unternehmen, mit dem Mann zu diskutieren, und die dritte – natürlich die von den Kommunisten –, man sollte Marko Petučnik dem Herrn Kirchschläger in Wien zur längst fälligen Verleihung einer goldenen Medaille für die Verdienste um die Zweite Republik vorschlagen.

Nun, der KaHaDe, die eigentliche maßgebliche Instanz zur Erhaltung von »law and order« im Lande, forderte in weiser Voraussicht das Parlament in Wien auf, nun endlich schon, und wenn's geht ein bißchen rascher gefälligst, ein anständiges Staatsschutzgesetz zu verabschieden, aus dem klar hervorzugehen habe, daß alle Kärntner mit der Endung -nik in ihrem Familiennamen binnen achtundvierzig Stunden des Landes zu verweisen seien, ausgenommen ehemalige Gauleiter und andere Globočnike, die aber ohnehin das landesschändende »nik« bereits in »nig« oder »nigg« oder »niggh« abgeändert haben, um es kurz zu machen – Marko Petučnik war *der* Name des Tages und der Woche und des Monats, an dem sich die politischen Geister im Lande schieden.

Um seinetwillen bekreuzten nun auch liberale Bürger Klagenfurts ihre Kinder dreimal vor dem Schlafengehen, um seinetwillen sperrten sie nun ihre Villen mit zweifachen und mehrfachen Schlössern ab, um seinetwillen mußte die Handels- und Gewerbekammer die Patrouillen der Wach- und Schließgesellschaft verdoppeln, um seinetwillen stehen nun in der Sponheimerstraße 13 vor der Gerd-Bacher-Festung Tag und Nacht zwei Polizisten Wache, denn dort werden von einfallsreichen mutigen Modera-*toren* fidele Musikbomben geworfen – hinunter auf Österreich-Regional –, immer schön frisch und fromm, frei und fröhlich, der Schlag treffe sie endlich, die feinsinnigen Recken!

Aber nun zurück zu Markos Sohn Ljubomir.

Im vergangenen Jahr lernte er zur Faschingszeit auf dem slowenischen Ball in der Arbeiterkammer Melita kennen, eine Pediküre. Liebe auf den ersten Blick, könnte man sagen, und Bund fürs Leben auf den zweiten. Das Mädchen stammt zwar von deutschtümlerischen Eltern, Hochkömmlinge der österreichischen Nachkriegskonjunktur – Landtourismus, Ferkelring und Gurkenzucht. In der Doppelgarage ein schwarzer Mercedes und ein gelber Volkswagen, aber Ljubomir ist fest überzeugt, ihr den schönen Kopf allmählich doch in jene Richtung drehen zu können, wo jeder normale Mensch sein Herz hat – nach links.

Ich muß gestehen, daß ich das Mädchen diese Mühe wert finde: taufrische rosige Wangen, schwedenblaue Augen und wohlgeformte ausgewogene Rundungen, an denen – wie »Praline« zu schreiben pflegt – hungrige Männeraugen Weide genug finden können, kurz, Melita und Ljubomir sind fürs Auge fast ein sogenanntes »ideales Paar«.

Der Vater Marko Petučnik war mit der Auswahl, die sein Sohn getroffen hatte, allerdings nicht ganz zufrieden, da ihm zu Ohren gekommen war, Melita sei vorher mit irgend so einem »Schläger« gegangen, mit Schmiß im Gesicht und so. Offenbar roch er als alter Antifaschist das Unglück schon voraus.

Die beiden baten mich schließlich als Trauzeugen ins Standesamt. Seither nimmt dieses ideale Paar Zuflucht bei mir, wenn sich ihre Ehebande gelegentlich unlösbar verwickeln. Ljubomir liebe ich wie einen Sohn, Melita weiß das zu schätzen und hat zu mir Vertrauen. Sie beichtet mir Privates und Delikates, wie sie es keinem geweihten Ohr im Beichtstuhl täte.

Ihre letzte derartige Beichte, gleichzeitig auch schon die allerletzte, ist die da:

»Ich häng mich auf, Onkel Luka, auwehwehweh, ich will ohne ihn nicht weiterleben«, stürzt sie ohne zu klopfen in mein Kabinett und an meine Brust mit der unverkennbaren Absicht, darauf ihre heißen Tränen zu entleeren.

»Um Gottes willen, meine schöne Melita, was ist dir denn zugestoßen?«

»Auwehwehweh, ich geh in die Drau, Onkel Luka.«

»Nun aber genug davon, schönes Kind, sag schon, was los ist!«

»Ljubo hat mich verstoßen.«

»Mach keinen Witz! Das versteh ich nicht. Er ist doch ganz Feuer und Flamme für dich!«

»War einmal.«

Ich drücke sie sanft in den Lehnsessel. In meinem Leben habe ich noch kein so zauberhaft aquarelliertes Gesichtchen gesehen, alles darauf schwimmt und fließt ineinander. Das Schwedenblau ihrer Augen ist durchsichtig wie ein Gebirgsquell.

Im Lehnsessel beruhigt sie sich einigermaßen.

»Weswegen hat dich der Kerl denn verlassen?«

»Ich hätt' ihm eine schmieren sollen.«

»Wem? Ljubomir?«

»Aber nicht doch! Einem Mauler im Geschäft. Ich hab ihm die Krallen geputzt auf seinen Haxen, da schaut mir das Aas immerfort hinter die Bluse hinein ...«

»Na und? Das ist doch kein Malheur! Heutzutage, wo Mädchen taxfrei noch sonst was herzeigen! War Ljubomir noch nie im FKK-Camp am Keutschacher See?«

»Darum geht's ja nicht, Onkel Luka.«

»Und worum geht's dann wirklich?«

»Der Kerl hat ›Sexbombe‹ zu mir gesagt!«

»›Sexbombe‹? – Und du hast das Ljubomir ausgetschentscht?«

»Ja.«

Meine arme schöne Melitta, dachte ich für mich und wußte nicht, womit ich sie besänftigen könnte, denn im selben Augenblick regte sich plötzlich in mir ein leises Mitgefühl für Ljubomir, ja das Zünglein an der Waage meiner Zuneigung schlug schließlich auf seine Seite aus: ich konnte mir sofort jenes apokalyptische Bild des Grauens ausmalen, das meinen empfindsamen Freund Ljubomir vor einer weiteren Umarmung mit Melita auf deren Liebeslager erschaudern ließ.

Seine rege Phantasie war schuld daran, daß er sich davongemacht hat. Und Melitas mangelnde Phantasie. Ihr Versäumnis einer Entrüstung. Jawohl, einer eindeutigen Entrüstung. Nur so wäre sie nicht hineingeschlittert in diese prekäre Situation.

So ist eben das Leben, grausam, aber logisch. Für Ljubomir gibt es darin keine Qual der Wahl.

Entweder Liebe oder Bombe.

So ist er eben.

Seinem Vater wie aus dem Gesicht geschnitten.

Epilog

Die »Neue Österreich Bildpost«, die »größte christliche Wochenzeitung Europas«, hat am Sonntag, dem 30. August 1981, auf der ersten Seite links unten im roten Rahmen folgende aufmunternde Nachricht:

»FRIEDEN DURCH EINBRUCH?

Der Jesuitenpater Daniel Berrigan und sein Bruder, ein früherer Pater, wurden wegen einer Anti-Kriegs-Aktion in den USA zu zehn Jahren Haft verurteilt.

Die Berrigans waren mit sechs weiteren Personen in einem Herstellungsbetrieb für Cruise-Missile-Fernsteuerungssysteme der Firma General Electric eingebrochen und hatten die Spitzen von zwei Raketen mit Hammerschlägen zerstört. Der Schaden wurde auf 10.000 bis 30.000 Dollar geschätzt.

Auch eine Ordensfrau und eine Mutter von sechs Kindern wurden verurteilt.

Die Berrigan-Brüder haben bereits mehrere Haftstrafen verbüßt wegen ihrer Teilnahme an Anti-Kriegs-Demonstrationen während des Vietnamkriegs.«

Frage an den Leser: Welcher schlimme Rechtschreibfehler hat sich in dieser Nachricht breitgemacht?

Hilfe zur Beantwortung der Frage: Denke an die Feststellung des Außenministers der USA, Haig, wonach es wichtigere Dinge auf dieser Welt gebe als den Frieden.

Noch nicht geschaltet? Das *Fragezeichen* hinter dem Titel der Nachricht doch!! Macht es dich nicht stutzig?

Offene Briefe

Offener Brief an Werner Berg

Klagenfurt/Celovec, 15. November 1973

Sehr geehrter Professor,
daß Sie am 25. Oktober 1973, am Vorabend unseres Staatsfeiertags, dem Aufruf des Solidaritätskomitees für die Rechte der Kärntner Slowenen Folge geleistet und sich in den Demonstrationszug durch unsere Hauptstadt eingereiht haben, bedeutet für die mühseligen Bestrebungen um den Fortschritt der demokratischen Idee in Kärnten einen großen Fortschritt.

Die Intart-Funktionäre Kärntens haben bei dieser Demonstration gefehlt. Der Schriftstellerverband Kärntens war auch nicht dabei.

W. Rudnigger, der »seit Rilke auflagenstärkste Lyriker Österreichs«, auch nicht (er hatte erst *nach* der Demonstration etwas gegen den Gwandl-Patriotismus!).

Die »Schnittpunktler« hat man auch nirgends gesehen. Oder die Perkonig-Gesellschaft. Und alle anderen, die siebzehn Jahre lang an den Phrasen von den gutnachbarlichen Beziehungen gekaut und sich bereits beim Ortstafelsturm im Herbst 1972 verkrochen haben.

Sie alle wollen ihre gutnachbarlichen Beziehungen, in denen der nationalistische Druck und Dreck, die unbewältigte Vergangenheit (Denkart des Dritten Reiches) zugedeckt bleibt. Damit sie nicht stinkt, meinen sie. Sie alle verurteilen wohlweislich den sogenannten »Extremismus auf beiden Seiten«, denn nur so können sie weiterhin »demokratisch« die feinen Maxis spielen – auf dieser suspekten Drehscheibe Südost, das heißt ausstellen, Gedichte vortragen (womöglich in drei Sprachen), Honorare und fesche Kritiken hamstern, bei Banketten die Gläser heben, kurz, gutnachbarlich sein. Die Politik, dieses garstige Lied, sollen die anderen singen . . .

Mit ihr sollen es die Politiker haben, dafür sind sie ja da. Die Kunst, die soll man ihr gefälligst fernhalten. Die ist ja neutral. Überhaupt dann, wenn sie von einer SPÖ im Lande gefördert wird, die sich ebenfalls nicht getraut, auf den gesetzlichen Boden der Verfassung zu treten und die Verpflichtungen des Artikels 7 ernst zu nehmen.

Sie, Herr Professor, haben das getan wie Luther King für die Seinen. Und Mahatma Gandhi auf dem Weg zum Meer, wo er ihnen das Zeichen gab.

Ich bin Ihnen sehr dankbar für Ihre Schritte durch die 10.-Oktober-Straße.

Hochachtungsvoll

Ihr ergebener

Janko Messner

Adresse:
Heinrich-Heine-Gasse 50
9020 Klagenfurt/Celovec

Erschienen in: Neues Forum, Dezember 1973

Offener Brief an Landeshauptmann Leopold Wagner

Sehr geehrter Herr Leopold Wagner,
Landesvater *aller* Kärntner,
vor etwa drei Jahren haben Sie 50.000 Kärntner aufgefordert, die Zukunft ihres Landes mitzugestalten.

Zu diesem Zweck haben Sie ihnen 99 Themen in alphabetischer Reihenfolge ins Haus schicken lassen mit dem höflichen Ersuchen, Ihnen dazu Ideen zu liefern, falls sie welche hätten.

Auch ich war damals unter jenen 50.000 Auserwählten, von denen Sie meinten, sie seien Ideenträger. Als ich den Zettel mit den Themen in der Hand hielt, dachte ich zuerst an einen Scherz. Das kann doch nicht wahr sein! Ein so brillant bezahlter Politiker und keine Ideen!

Aber bald darauf dämmerte es mir: Das ist ja eben die Idee! Passiert es einmal einer so hohen politischen Persönlichkeit wie Ihnen, daß sich keine Ideen mehr einstellen, sollte sie genau wie Sie handeln – Netze auswerfen unters Fuß- und Stimmvolk und seine Ideen einsammeln.

Das ist dann eine beispielhafte Direktdemokratie, wenn diese Ideen – vorausgesetzt, sie könnten dem Lande nützlich sein – nicht ad acta gelegt und somit vergessen werden.

Eine solche Idee kam mir nun heute um die siebente Morgenstunde. Ein glücklicher Zufall fügte es, daß ich den regionalen Radiosender Burgenland aus Eisenstadt zu hören bekam. Ich wollte meinen Ohren nicht trauen, als eine zarte Frauenstimme ihren Hörerinnen und Hörern im Land an der Leitha in drei Sprachen ihre Morgenwünsche mitteilte: Guten Morgen – Dobro jutro – Jo regelt usf.

Sie werden mich vielleicht einer Übertreibung zeihen, aber ich sag es Ihnen trotzdem: es wurde mir richtig warm ums Herz. Ich spürte deutlich, wie es mir höher schlug vor innerer Gefühlswallung. Zum erstenmal in meinem österreichischen Dasein fühlte ich mich wie in einer Demokratie, und dabei sind die Burgenländer Kroaten nur unsere sprachlichen Brüder! So schnell und so einfach ist unsereiner in dieser Zweiten Österreichischen Republik zu beglücken!

Und so kam mir dann eben die Idee, Ihnen, sehr geehrter Herr Landeshauptmann, wenigstens eine konstruktive Idee beziehungsweise einen konstruktiven Vorschlag zu unterbreiten: Fassen Sie sich ein Herz und ahmen Sie nach – diese demokratische Manier der Burgenländer in Ihren sonntäglichen Radioansprachen an die Kärntner beider Zungen: Guten Morgen – Dobro jutro! Beide Male ein hartes, vorne gebildetes Zungen-R, kein rollendes Gaumen-R! Dr. Paul Apounig in Ihrem Amt kann Ihnen beim Einüben behilflich sein. Er wird es bestimmt gerne tun.

Sollten Sie jedoch Ihre Ansprache zur Mittagszeit halten, dann: Guten Tag – Dober dan! – Und zum Schluß Auf Wiedersehen – Srečno!

Zu überlegen wäre hiebei, ob Sie infolge der geographischen Lage unseres Bundeslandes – obgleich dieses keine angestammten Italiener aufweist – nicht auch Buon giorno beifügen sollten. Ich würde es ohne Meckern ertragen, Hauptsache, ich könnte meine geliebte slowenische Kärntner Muttersprache aus dem Kärntner Äther höchstamtlich von Ihren Lippen vernehmen.

Das »Buon giorno« hätte – so meine ich – gleich drei Vorteile: zum ersten würde es das »Dobro jutro« für die Slowenenfeinde (KHD und FPÖ) etwas kaschieren, denn eingebettet zwischen die beiden anderen Sprachen täte es ihren windogermanisch zugespitzten Ohren nicht so weh, wie wenn es gleichberechtigt neben dem deutschen »Guten Morgen« stünde. (So hat das auch der slowenische SPÖ-Bürgermeister und ehemalige Landtagsabgeordnete Hansi Ogris bewerkstelligt, nachdem er x-mal von mir den Vorwurf der Feigheit in der slowenischen Öffentlichkeit hat einstecken müssen. Er hat über dem Eingang in sein Wirtshaus ein Aushängeschild Gasthaus – Gostilna – Trattoria angebracht und hiemit dem slowenischen Sprichwort entsprochen, wonach der Wolf – in diesem Fall meine radikale Person – gesättigt wird und die Ziege – in diesem Fall Herr Ogris als Slowene – ganz bleibt.)

Zum zweiten würde früher oder später diese Dreisprachenpraxis im Dreiländereck auch nach Friuli-Friaul-Furlanija übergreifen und derart die in dieser Region lebenden Deutschen und Slowenen beglücken.

Zum dritten – und das erscheint mir in diesem Zusammenhang äußerst wichtig, also unaufschiebbar – wäre das ein erster Schritt in Richtung Winterolympiade 1992 im Dreiländereck Villach-Tarvisio-Kranjska Gora. Sie selbst haben diesen konstruktiven Vorschlag gemacht, der Sie noch lange nach ihrem Tode ehren wird, so es zu seiner Realisierung kommt.

Das kann jedoch nur geschehen, wenn Sie so rasch wie möglich eine neuro- und psychopolitische Entkrampfung aller Abwehrkämpfer unseres slowenenfeindlichen Fremdenverkehrslandes in die – internationalen – Wege leiten. Das heißt mit anderen Worten, daß Sie keinerlei Scheindemokratie mehr Vorschub leisten sollten (»Bei uns kann jeder sagen und tun, was er will«) und nationalistische Hetzer in KHD und FPÖ zur Rede stellen sollten, wenn die sich als »Volk« aufplustern und gegen eine konstruktive Zusammenarbeit beider Völker im Lande »aufbegehren«.

Das wäre für Kärnten eine demokratische Politik auf mittlere (1992) und lange (2000) Sicht.

So könnte dem Frieden im Lande und mit den Nachbarn gedient werden, wie Sie es im Programm Ihrer Partei in diesen Tagen auf großen Plakaten in den Kärntner Landesfarben Gelb-Rot-Weiß verkünden.

Das wäre:

○ Konstruktive Nachbarschaftspolitik mit besseren Kontakten zu den angrenzenden Regionen.
○ Eine Volksgruppenpolitik, die ein harmonisches Zusammenleben der Volksgruppen sichert.
○ Förderung des innerkärntner Dialogs.

Ich bin von diesen Ihren Programmpunkten sehr begeistert, bedauere jedoch, keinerlei Befugnisse zu besitzen, um für deren Realisierung mehr beizutragen, als es dieser offene Brief an Sie tun kann.

Ich ersuche Sie höflich, dessen Inhalt für gewichtig genug zu erachten und mir darauf nicht – wie auf meinen ersten offenen Brief vom 26. Juni des vergangenen Jahres – mit Schweigen zu antworten. Hochachtungsvoll

Janko Messner
Klagenfurt/Celovec
24. August 1984

Erschienen in: Volkswille, Nr. 199, 28. August 1984

Offener Brief an Dr. Egon Kapellari, Diözesanbischof von Kärnten

Sehr geehrter Herr Diözesanbischof,
vorerst darf ich mich Ihnen vorstellen: Ich bin eines jener Mitglieder der katholischen Kirche Österreichs, die in der Umgangssprache aufrichtigerweise Taufscheinkatholiken genannt werden, was jedoch hinsichtlich ihrer christlichen Substanz nicht unbedingt abwertend verstanden werden muß.

In Ermangelung einer – für meine »provokanten« Gedanken offenstehenden – Tageszeitung innerhalb Ihrer Diözese (außer dem kommunistischen »Volkswillen«), sehe ich mich gezwungen, diesen Brief vom fernen Wien aus an Sie zu adressieren, denn ich gehe wohl nicht fehl in der Annahme, daß auch Sie als höchster Würdenträger der katholischen Kirche dieses Landes – nicht anders als unser Allmächtiger, der Landesvater Leopold Wagner – es unter ihrer Würde fänden, mir auf einen Brief, der in einem Organ der KPÖ veröffentlicht wurde, zu antworten.

Sollte ich mich aber darin getäuscht haben, ersuche ich Sie bereits hier und jetzt aufrichtig um Entschuldigung.

Worum geht es mir nun?

Es geht mir um Ihr Schweigen, um Ihr Ignorieren von christlichen Grundsätzen und Geboten.

Konkret: um meine bittere Enttäuschung darüber, daß der Auszug aus dem Vortrag des koreanischen Kardinalerzbischofs Stephen Kim, abgedruckt in Ihrer Kleinen Zeitung am 1. Dezember 1983, unter dem Titel »Aus der festgefügten Lebensweise ausbrechen«, auf Sie keinerlei Eindruck gemacht hat. Denn hätte er einen auf Sie gemacht, wären Sie sicherlich bereits ausgebrochen – in eine Richtung halt, in der Ihnen ihre Rolle eines Oberhirten zuwider erscheinen müßte, und Ihnen nicht einmal im Schlaf mehr einfallen könnte, unsereinen als Ihr Schaf zu betrachten.

Sollten Sie aber den erwähnten Vortrag in der Kleinen doch übersehen haben, darf ich Ihnen nun mitteilen, was Stephen Kim aus Seoul – den wohl nicht nur Meere, sondern Welten vom »heiligen« polnischen Vater in Rom trennen – darin unter anderem sagt:

»Obwohl Jesus Gott war, entäußerte er sich ganz und wurde ein armer Mensch. Er hing am Kreuz, ein ganz verachteter und zurückgestoßener Mensch. Ecce homo. Das ist der Jesus, den wir verkünden, und folgt daraus nicht, daß wir uns, unsere Lebensweise, unsere Werte gründlich prüfen müssen? Nehmen wir ein Beispiel: die Frage der Macht. Als Kardinalerzbischof von Seoul bekleide ich eine einflußreiche Position. Ich bin regelmäßig gehalten, Entscheidungen zu fällen, bei denen es um Tausende von Dollar geht. Und so habe ich wirtschaftliche Macht. Ich kann die Gläubigen zu beliebig vielen gemeinsamen Aktionen auffordern, und so habe ich gesellschaftliche Macht. Ich werde als Sprecher der katholischen Kirche angesehen, einer internationalen Organisation, mit der Macht des Vatikans hinter mir. Und so verfüge ich über das, was man politische Macht nennt.

Und doch, waren es nicht genau diese Arten der Macht, die Jesus in der Wüste vollständig ablehnte? Die einzige Macht, die Jesus akzeptierte, war die Macht seines Vaters – spirituelle Macht – die Macht der Liebe . . .

Jesus lehnte alle Macht dieser Welt ab, und wir als Bischöfe müssen das nicht minder tun . . .«

Ich erlaube mir nun, Ihnen als Leser Ihrer Kleinen Zeitung aufgrund dieser »revolutionären« Ideen eines einsamen unterentwickelten Bischofs aus dem Osten, den sein christliches Gewissen nicht ruhen läßt, drei Vorschläge zu unterbreiten – wohlwissend, daß für eine Ablehnung der Macht – Gott sei's geklagt! – derzeit weder in Ihrem Kopf noch in dem Ihres Kardinal-Vorgesetzten Dr. König in Wien Platz vorhanden ist, aber ebenso wohlwissend, daß Verderbenbringendes, Unheilvolles – immanent einer jeden Macht – sich in dem Augenblick selbst aufhebt, als der jeweilige Machthaber sein gerechtes Machtwort spricht für Verachtete, für Zurückgestoßene, das heißt, sich gegen offene und verdeckte Entmenschlichung einsetzt.

Ich hoffe, Sie verstehen mich: wenn schon keine Ablehnung Ihrer geistlichen (= kirchlichen) Macht, dann zumindest ihre positive Anwendung im wirtschaftlichen, gesellschaftlichen und politischen Machtbereich des jeweiligen Diözesanbischofs.

Zum ersten: In Suha/Neuhaus bei Lavamünd, also in Ihrer Diözese, steht ein Schloß. Und dieses Schloß hat

300 ha Wald. Und dieser Wald wurde unlängst von einer kirchlichen Institution um 50 Millionen Schilling erstanden. Und diese Institution heißt das Benediktinerstift Admont in der Steiermark, gegründet 1074 aus dem Vermächtnis der hl. Hemma von Gurk, Gräfin von Friesach-Zeltschach, der Patronin für Augenkrankheiten und eine glückliche Entbindung. (Ja, für Augenkrankheiten. Und für Entbindung, Entäußerung, Weggabe . . .)

Und dasselbe Admont hat gleich zu Beginn des Jahres 1984 in derselben Pfarre Suha/Neuhaus den Waldbesitz des abgewirtschafteten slowenischen Bauern vlg. Škof im Lizitationswege zu ergattern versucht. Gott sei Dank ist ihm wenigstens dieser Versuch mißlungen! – Was soll das auch, so einfach hinter Ihrem Rücken, in Ihrer eigenen Diözese, deren angesehene 18.000 ha Waldbesitz Sie in Ihrer – gewissermaßen angestammten – wirtschaftlichen Machtbefugnis verwalten.

Nun, den Škof konnte trotz des ungeheuerlichen Admonter Lizitationseifers glücklicherweise rechtzeitig ein slowenischer Bauer kaufen, indem er dafür einen Millionenkredit aufgenommen hatte, sowie gestützt auf einen – bei slowenischen Bauern heute noch üblichen – gültigen Handschlag, mit dem der Beschluß durch den Erben schon viel früher bekräftigt worden war.

Admont allerdings hätte gerne 50 Blaue mehr auf den Tisch geblättert, ohne hierfür einen Kredit aufnehmen zu müssen.

Und nun zu einem anderen Benediktinerstift, das in Ihrer Diözese liegt, St. Paul im Lavanttal heißt und etwa 800 ha Waldbesitz aufweist. Vor etwa einem halben Jahr konnte ich in einer der Kärntner Tageszeitungen lesen, daß der politische Machthaber unseres Landes, Herr Leopold Wagner, eben diesem Benediktinerstift in St. Paul runde zehn Millionen Schilling aus den Steuergeldern seiner schweigsamen, christlich geduldigen Hörigen in Aussicht gestellt und inzwischen vielleicht sogar schon überweisen hat lassen, denn die Patres möchten ihr altes Kloster renovieren. – Und wer's hat, der hat's. Die Kärntner Wirtschaft floriert ja wie eh und je. So hört man und frau es immer wieder in den sonntäglichen Radioansprachen desselben Herrn Wagner.

Ich schlage vor, Sie veranlassen, daß jene hart erarbeiteten zehn Millionen Schilling Steuergelder keineswegs nach St. Paul ins Lavanttal überwiesen werden. Ich schlage vor, Sie schreiben den Patres einen diözesanbischöflichen Brief, sie mögen sich zwecks Renovierung ihres Stiftes – sollten sie selbst dafür keinen schlägerungsreifen Wald mehr haben – an das geldschwangere Admont wenden. Damit würden Sie, Herr Diözesanbischof, im Sinne Ihres koreanischen Standesbruders Kim zum Mahner, denn – so Kim – wahre Liebe zum Nächsten hat ein Leben in evangelischer Armut miteinzubeziehen.

Zum zweiten: Ebenfalls vor etwa einem halben Jahr hatte Ihr slowenischer Standesbruder aus Maribor an der Drau – Titularbischof Dr. Vekoslav Grmič – im Klagenfurter »Slomškov dom« am Viktringer Ring einen »provokanten« Vortrag über dringende gemeinsame Anliegen der Christen und Marxisten, beispielsweise über Gewaltfrieden und Befreiungsfrieden, Hungertod und Aufrüstung, das heißt, über das gottlose amerikanische Rockwell International, das für die angsterfüllte Menschheit den »Erstschlag« vorbereitet, denn es hält den Atomkrieg für gewinnbar, und Reagan sieht im Kommunismus das auszurottende Übel schlechthin. Im erwähnten Vortrag war aber auch die Rede vom eindeutigen Protest der amerikanischen Bischöfe, die das atomare Aufrüsten als Sünde verurteilen.

Christen wie Kommunisten, so Grmič, haben schon von ihrer Grundidee her gemeinsam das Gebot der Stunde wahrzunehmen, also haben sie gegen Aufrüstung und gegen Hungerödem zu kämpfen.

Grmič' Vortrag war vielfach angekündigt worden, also dürfte er Ihnen nicht entgangen sein.

Und der Bischof von Maribor hat ihn für Klagenfurt extra in deutscher Sprache verfaßt.

Als Diskussionsleiter habe ich es äußerst bedauert, daß Sie an jenem Abend ihre Dienstpflicht vernachlässigt haben.

Und die Zuhörer an jenem Abend hätten die Meinung von zwei Bischöfen aus verschiedenen gesellschaftlichen Systemen hören und beurteilen können.

Ich schlage vor, Sie schreiben dem Titularbischof Dr. Grmič einen Brief und ersuchen ihn, er möge doch ein zweites Mal den erwähnten Vortrag in Celovec/Klagenfurt halten und mit Ihnen und anderen Theologen und Marxisten diskutieren. Am besten im großen Konzerthaussaal unserer Landeshauptstadt. Ich schlage vor, Sie laden dazu das Österreichische Fernsehen ein, damit endlich einmal auch etwas Geistiges auf unserem Bildschirm zum Vorschein kommt.

Ich schlage vor, fordern Sie Ihre Gläubigen auf, in Scharen dorthin zu eilen.

Denn – so Kim – materieller Reichtum ist auf Kosten und durch das Opfer der Menschlichkeit erreicht worden, durch Entmenschlichung, durch Verletzung der Menschenrechte, durch Korruption und soziale Ungerechtigkeit.

Und schließlich zum dritten: zu Ihrer politischen Machtbefugnis, Herr Diözesanbischof. Sie haben Ohren, demnach hören Sie es, Sie haben Augen, demnach lesen Sie es: eine böse Lust geht um in Ihrer Diözese: nationalistische Hetze heißt sie und will das bisherige Miteinander in der Erziehung deutsch- und slowenischsprachiger Schulkinder in Südkärnten abschaffen und dafür das Gegeneinander aufrichten, also die Apartheid nach dem südafrikanischen rassistischen Muster auch in Kärnten erzwingen: dort unten Schwarz gegen Weiß, hier in Ihrer Diözese Deutsch gegen Slowenisch, wie ehedem schon gehabt: Deutsch gegen Jüdisch, eine Endlösung eben, einen Schlußstrich der Kärntner Geschichte. Man und frau braucht nur nachzublättern in einem Amtsblatt von anno nazimal (1937) über die »Richtlinien für die Schulerziehung jüdischer Kinder«, um die Strategie wiederzuerkennen: »FÜR JÜDISCHE KINDER SIND BESONDERE SCHULEN ODER SAMMELKLASSEN EINZURICHTEN . . . JUDEN KÖNNEN NICHT LEHRER ODER ERZIEHER DEUTSCHER KINDER SEIN.«

Sie sehen ein, Herr Diözesanbischof: setzen Sie für jüdisch das Wort slowenisch ein, wird aus der Naziforderung unser RUF DER HEIMAT, lautstark aus 200.000 Kehlen – von der Gletscherwand bis zu den Karawanken . . . Eine unheimliche, unheimatliche Maulaufreißerei, der Sie sich als oberster Verwalter des Christentums in diesem Lande ebenfalls lautstark und eindeutig entgegenzustellen haben.

Warum tun Sie es nicht?

Wollen auch Sie Gettoschulen für slowenische Kinder in Ihrer Diözese zulassen?

Hic Rhodus, hic salta!

Wie lange wollen Sie sich noch in Schweigen hüllen, Herr Diözesanbischof?

Sie haben Tonnen geduldigen Papiers für Skupna Koroška/Gemeinsames Kärnten mit kirchlichen Toleranzphrasen bedrucken und sodann ihre »verdienstvollen«

Funktionäre zu päpstlichen Rittern schlagen lassen. Diese sind keine Ritter ohne Furcht und Tadel, keine Streiter gegen Unrecht, keine Verteidiger der heimtückisch verfolgten und öffentlich verhöhnten Slowenen Ihrer Diözese. Auch von ihrem spanischen Vorbild haben sie nur dessen traurige Gestalt abgeschaut, denn sie stecken – also zur »Befriedung« des Landes beitragend – den Kopf am liebsten in den Sand.

Sie verstehen, Herr Diözesanbischof: alles Schall und Rauch, wenn Sie hier und jetzt kein Gefühl für die Unterdrückten aufbringen und hier und jetzt den Unterdrückern nicht ins Gewissen reden.

Ich schlage vor, Sie lassen eine gewisse höchst aktuelle, leider zusehends immer aktuellere slowenische Predigt aus dem Jahre 1838 ins Deutsche übersetzen. Es ist jene über die Wertschätzung der slowenischen Muttersprache und über die Unkultur jener Kärntner, die sie verwerfen. Sie sind im Bilde, welche Predigt ich meine: ganz richtig, jene, die der spätere Lavanttaler Bischof Anton Martin Slomšek am Pfingstmontag des genannten Jahres in Moosburg, nordwestlich von Celovec/Klagenfurt, gehalten hat.

Ich schlage vor, Sie bauen diese Predigt in Ihren »Hirtenbrief« ein und klären damit die Hetzer und die Verhetzten auf, indem Sie Ihnen deutlich darlegen, weshalb sowohl die Verfolgung einer Sprache als auch ihr Verleugnen unmoralisch, also sündig ist.

Und machen es Ihrem römischen Vorgesetzten nicht nach, der beim Katholikenkongreß in Wien – wider besseres Wissen – die menschliche Erniedrigung und gesellschaftliche Verstoßung der vom Hitlerfaschismus schwerstens geprüften slowenischen Volksgruppe in Kärnten mit keinem Wort verurteilt hat.

Ihr Mensch-ärgere-dich-nicht-Spiel mit den slowenischen Kindern in Tinje/Tainach fürs Österreichische Fernsehen in Ehren, Herr Diözesanbischof, aber tun Sie endlich mehr: Ärgern Sie sich endlich schon laut und deutlich wie Christus im Tempel, als er die geldgierigen Händler zum Teufel gejagt hat!

In sehnlicher Erwartung Ihres gerechten und mutigen »Hirtenbriefs« zur Abwehr aller den Frieden in Ihrer Diözese gefährdenden Bestrebungen des KHD und der Kärntner FPÖ darf ich Ihnen versichern, daß ich nach dessen Verlesen in allen Kärntner Pfarrkirchen einen zweiten offenen Brief an Sie richten will, ein Dankschrei-

ben, unterzeichnet mit hochachtungsvoll, Janko Messner.
In Celovec/Klagenfurt, am 25. Februar 1984.

PS: Und noch eine Frage, betreffend meine Kirchenbeitragszahlung, eine der ärgsten christenfeindlichen Erfindungen Adolf Hitlers: Ich »schulde« Ihrer Finanzkammer für das Jahr 1982 4180 Schilling, für das Jahr 1983 4488 Schilling, zusammen also 8668 Schilling. Darf ich diesen Betrag in zehn Monatsraten an das neulich gegründete Solidaritätskomitee für Nicaragua bei der Banka Zveze slovenskih zadrug, BLZ 39100, K. Nr. 33688, in Celovec/Klagenfurt überweisen? Die Zahlungsabschnitte würde ich Ihnen jeweils per Post zuschicken.

Erschienen in: Das Magazin, Wien, April-Nr. 4/1984

Offener Brief des Kärntner Diözesanbischofs Dr. Egon Kapellari an Janko Messner, Klagenfurt

Sehr geehrter Herr Doktor Messner,
Sie haben mir im »Magazin« 4/1984 einen umfangreichen Brief geschrieben, dessen zahlreiche Themen zunächst als disparat erscheinen. Es geht da um eine Betrachtung des koreanischen Kardinals Kim über seinen bischöflichen Lebensstil, weiters um Thesen von Titularbischof Grmič aus Maribor über gemeinsame Anliegen von Marxisten und Christen. Es geht auch um den Reichtum des Stiftes Admont und um den – gemessen an seinen Aufgaben – keineswegs erheblichen Reichtum des Kärntner Stiftes St. Paul. Und schließlich kommen Sie auf die Ihnen wohl wichtigste Frage zu sprechen: Die Lage der Kärntner Slowenen angesichts jüngster Auseinandersetzungen um das Schulwesen im zweisprachigen Gebiet Kärntens.

Meinen, wie Sie wissen, nicht leichten Versuch, Ihren Brief zu beantworten, beginne ich mit einem Einbekenntnis: ich habe eine Zeitlang beabsichtigt, Ihren offenen Brief nicht zu beantworten. Gespräche mit Menschen gegensätzlicher weltanschaulicher Positionen sind mir zwar sehr vertraut und willkommen. In den achtzehn Jahren meiner Tätigkeit als Hochschulseelsorger in Graz gehörte solches zu den täglichen und selbstverständlichen Aufgaben, und seit meiner Bestellung zum Bischof hat sich daran kaum etwas geändert. Einladungen zum Gespräch, woher sie auch kommen mögen, nehme ich daher gerne an. Vorladungen zu Gesprächen sind mir dagegen nicht willkommen. Als eine solche »Vorladung« habe ich Ihren offenen Brief empfunden, und Sie werden mir in Erinnerung an den von Ihnen bevorzugten freien Ton eine solche Wertung wahrscheinlich nicht übelnehmen. Ich antworte Ihnen nicht aus Wertschätzung für die literarische Gattung Ihres Briefes, sondern aus Respekt vor Ihrer langen Lebenserfahrung.

Doch nun zu Ihren Themen: Spiritualität und Lebensstil eines Bischofs betrachte ich als etwas immer Unabgeschlossenes. Ich halte mich offen, für weitere Inspirationen durch Zuspruch und Widerspruch. Ihr Hinweis auf autobiographische und mir schon bekannt gewesene Aussagen des Kardinals Kim sind mir willkommen. Der Kardinal, der in Korea eben den Besuch des Papstes empfangen hat, würde sich allerdings sehr gegen Ihre Behauptung zur Wehr setzen, daß ihn »nicht nur Meere, sondern Welten vom ›Heiligen‹ polnischen Vater in Rom trennen«.

Sie verweisen ferner auf die Thesen des in Maribor als Professor wirkenden Bischofs Vekoslav Grmič über gemeinsame Anliegen von Christen und Marxisten und halten es für eine Vernachlässigung meiner »Dienstpflicht«, an seinem diesbezüglichen Vortrag in Klagenfurt nicht teilgenommen zu haben. Dazu merke ich mein grundsätzliches Bedauern an, aus Zeitmangel manche Bücher nicht lesen und Vorträge nicht hören zu können. Ungern lasse ich mir jedoch einen Bildungsplan vorschreiben und darf diesbezüglich auf Ihr Verständnis hoffen, obwohl Sie durch lange Zeit als Lehrer tätig waren.

Die nach Erledigung meiner Dienstpflichten verbleibende Zeit nütze ich gerne für Menschen, die an Leib und Seele arm sind, auch auf Kosten von politischen und kulturellen Themen. Seit langem hoffte ich übrigens, Herrn Bischof Grmič im Kreis der slowenischen Bischöfe zu treffen, in welchem ich öfters verweilt habe. Diese Hoffnung wurde nicht erfüllt. Die Thesen des Bischofs sind mir allerdings gut bekannt.

Ärger haben Sie auch mit einem Waldkauf durch das Stift Admont im Südkärntner Grenzgebiet und mit dem Versuch, einen weiteren Zukauf aus slowenischem Besitz zu tätigen. Grunderwerb durch dieses oder ein anderes Stift in meiner Diözese fällt nicht in meinen Kompetenzbereich und wurde mir erst durch Ihren Brief bekannt. Ich freue mich jedenfalls zu hören, daß ein weiteres Stück Bauernland in Bauernhand verblieben ist. In derselben Perspektive sehen Sie die Tatsache, daß dem Kärntner Benediktinerstift St. Paul aus Mitteln des Landes Kärnten für die kommenden zehn Jahre je eine Million Schilling zur Restaurierung des großen Stiftsgebäudes zugesagt wurde. Ich verstehe Ihren diesbezüglichen Ärger nicht, da ich nicht glauben kann, Sie würden das Stift St. Paul gerne als Ruine erblicken und den Verfall der zirka 1000 Kärntner Kirchen begrüßen. Dementsprechend sollten Sie daher nicht dagegen polemisieren, daß die öffentliche Hand in Kärnten einen Bruchteil jener Kosten für die Denkmalpflege übernimmt, die der Kirche und auch dem keineswegs reichen Stift St. Paul große Lasten im Dienst der Allgemeinheit auferlegt.

Schließlich urgieren Sie bei mir einen Hirtenbrief zur jüngsten Auseinandersetzung um das Schulwesen im zweisprachigen Gebiet Kärntens. Dieses Verlangen steht im Kontext dessen, was die katholische Kirche für die Kärntner Slowenen getan hat beziehungsweise nach Ihrer Auffassung noch tun sollte. Ich verzichte hier auf die Aufzählung dessen, was die Kirche diesbezüglich an ideellem, personellem und materiellem Einsatz etwa seit der Kärntner Diözesansynode geleistet hat beziehungsweise leistet. Menschen verschiedener weltanschaulicher Positionen haben diese Aktivitäten wiederholt als beispielhaft gewürdigt. Sie aber, Herr Doktor, bekunden ein widersprüchliches Verhalten: einerseits wollen Sie den Bischof zugunsten eines Detailproblems der Slowenenfrage in die politische Arena zwingen. Anderseits gießen Sie einen Eimer von Spott über jene beiden angesehenen katholischen Männer aus, die sich als Mitglieder des Diözesanen Koordinationsausschusses für Fragen des Zusammenlebens von Deutschen und Slowenen in Kärnten gerade in der Schulfrage politisch stärkstens für die Slowenen engagiert haben. Ich erspare mir hier die Zitierung Ihrer inkriminierenden Aussagen.

Vor Monaten habe ich unwidersprochen erklärt, die slowenische Volksgruppe in Kärnten habe längst schon Sprecher gefunden, die ihre politischen Interessen vertreten. Der Klerus sei daher für seine eigentlichen pastoralen Aufgaben freigesetzt. Ich beziehe diese Aussage auch auf mich selbst, da ich die demokratischen Strukturen in Österreich für ausreichend tragfähig halte, auch das jetzt anstehende Problem auf demokratische Weise zu lösen.

Sie möchten einen zornigen Bischof hören – che bella voce –. Die meisten Menschen in Kärnten, auch die Slowenen, wollen die Kirche nicht parteilich, sondern integrativ am Werk sehen. Das Kleingeld für diese zuweilen von allen Seiten unbedankte Haltung zahlen wir täglich und werden uns durch Anfeindungen gleich welcher Herkunft und welchen Stils auch immer nicht beirren lassen.

Dr. Egon Kapellari
Diözesanbischof

Erschienen in: Das Magazin, Wien, Juli/August-Nr. 7/8/1984

Offener Brief an Landeshauptmann Leopold Wagner

(gekürzt)

Sehr geehrter Herr Leopold Wagner, Landesvater *aller* Kärntner,
es war kein Fauxpas, was Sie sich – von mir betreffs Mladje-Anthologie angesprochen – nach der Eröffnung der Oman-Ausstellung durch den Bundespräsidenten am 26. Juni 1983 im Ossiacher Stift geleistet haben, wohl aber war es eine Ihrer in der letzten Zeit sich häufenden präpotenten undemokratischen politischen Demonstrationen gegen die natürlichen und in der Verfassung verankerten Rechte der Kärntner Slowenen, die einem gewissen miserablen Ruf der Kärntner Heimat kaum abträglich sein können, im Gegenteil, dieser darf sich auf Grund Ihrer – dortselbst coram publico angewendeten – außergewöhnlich ausfälligen politischen Ausdrucksform einer bemerkenswerten Bereicherung erfreuen.

Ich rekapituliere unser Gespräch, das infolge Ihrer selbstverschuldeten Psychoneurose keines war, um der Wahrheit der Dinge auf den Grund zu kommen:

Ich ersuchte Sie im Auftrag des DSPA (Verband slowenischer Schriftsteller in Österreich) um eine Subvention aus dem Landeskulturfonds für die geplante deutschsprachige Jubiläumsanthologie des Mladje, die einige der besten Beiträge aus 50 (!) Nummern der letzten zwei Jahrzehnte für Österreichs Leser herausbringen soll, also für eine völkerverbindende Kulturaktion. Ich teilte Ihnen mit, daß das Bundesministerium für Unterricht und Kunst dafür einen Sonderbetrag von 25.000 Schilling in Aussicht gestellt hat. Darauf meinten Sie, da könnte sich ja jeder etwas ausdenken und sodann um Geld betteln kommen. Ich konnte meinen Ohren nicht glauben.

Erstens: nicht »ein jeder« hat in Kärnten 50 Nummern Kulturgut vorzuzeigen; zweitens: es geht nicht um einen Bettel, sondern um eine gesetzliche Zuwendung aus dem Kulturfonds, in den nicht unbeträchtliche slowenische Steuergelder fließen. Indem Sie – gestützt auf ein unzulässiges Faustrecht (»Mehrheitsbeschlüsse«) – das Ansuchen slowenisch schreibender Autoren zurückweisen, machen Sie sich einer nationalen Entfremdung dieser Steuergelder schuldig. Das allein ist schon schlimm genug. Sie aber gingen in Ossiach noch weiter und stellten zwischen Ihrer Subventionsabsage und Ihrem Unmut über meine Kritik Ihrer ungerechten Volksgruppenpolitik einen im Sinne unserer Demokratie unzulässigen kausalen Zusammenhang her. Sie behaupteten, mir vor Jahren die österreichische Staatsbürgerschaft und die Anstellung im Schuldienst beschafft zu haben und nun dafür von mir nur Undankbarkeit zu ernten, denn ich hätte Sie als erster bei der Gedenkfeier für die slowenischen Naziopfer im Konzerthaus ausgepfiffen.

Ja, ich habe es getan, weil Ihre Rede die Toten des Widerstandes entwürdigte und die Hinterbliebenen dieser Kriegsopfer, die im Saal Anwesenden, beleidigte.

Also nicht ich habe mit dem Pfeifen angefangen, sondern Sie, Herr Landesvater. Und ich, Ihr rebellierender Landessohn, habe Ihnen in Ossiach versprochen, Sie immer wieder verläßlich auszupfeifen, sobald Sie meine slowenischen Toten verdächtigen, nicht im Kampf gegen die Nazibarbarei ihr Kostbarstes auch für die Wiederauferstehung der Republik Österreich geopfert zu haben, denn sie haben es nicht dazu getan, daß Sie und Ihresgleichen heute auf den natürlichen und in unserer Verfassung verankerten Rechten der Slowenen des Landes herumtrampeln. – Sie erwiderten mir darauf, eben dies sei typisch für mich und meine Slowenen, die ein falsches Volk seien – mit einem miserablen Charakter.

Mir stockte vorerst der Atem, dann fragte ich Sie, ob das Ihrer Weisheit letzter Schluß sei.

Nun gebe ich Ihnen schriftlich zu bedenken, ob dieser Ihrer unheimlichen Beschuldigung einer ganzen Nation nicht etwa jenes psychologische Kampfmittel zugrunde liegt, das man oder frau gerne dann anwendet, wenn man oder frau sich einer schweren Schuld bewußt ist und sich ihretwegen in seelischer Bedrängnis (Ohnmacht und ähnliches) befindet. In der Wissenschaft pflegt man es *Projektion* zu nennen. Sie waren doch im Konzerthaus der *Täter* im Dienste der Slowenenfeinde. *Sie* sind doch der gewiegte Einschüchterer und seelische Attentäter, der skrupellos politische Anerkennung jener Teile der Kärntner Öffentlichkeit sucht, durch deren unmoralische Beihilfeleistung zum Beispiel vor zehn Jahren Ihr Genosse H. Sima mitsamt seinen 36 Ortstafeln gestürzt wurde, und Sie – ohne dabei vor Scham zu erröten – als der geeignetere Ordnungshüter auf den Herrscherthron gesetzt worden sind. Ich bin nicht geneigt, Ihnen vor die

Füße zu fallen und Sie in Ihrem irrigen Wohltätigkeitswohlgefühl zu bestärken, Sie würden Subventionen als Gnadenbrot an folgsame, also würdige Untertanen aus Ihrer eigener Tasche bestreiten, im Gegenteil: Ich frage Sie – aus Mitleid mit jener halben Million armer und ärmster Österreicher, die *unter* dem Existenzminimum zu darben haben –, wann endlich sich Ihr sozialdemokratisches Gewissen im Sinne des Status Ihrer Partei, im Geiste der republikanischen Gleichheit vor dem Gesetz regen wird und wann endlich Sie Ihren enormen Vorrechten (Privilegien), sprich Monatsbezügen, entsagen wollen?

Nun will ich den Begriff »Falschheit«, mit dem Sie mein Volk allgemein und mich ganz besonders zu erniedrigen versuchen, untersuchen.

Ich gebe Ihnen vollkommen recht, daß meine politisch geweckten und aufrechten Slowenen in einem fort falsch handeln, denn sie zeigen angesichts ihrer »minderheitlichen« Kleinheit infolge des »demokratischen« weltberühmten Sprachenwegzählungskunststücks Ihrer Regierungspartei unentwegt eine falsche Bescheidenheit, eine falsche Scham, eine falsche Angst (schließlich war ja kein einziger von ihnen jemals ein Nazi!), eben weil sie nicht nur eine Geschichte lang in untertänigstem Gehorsam gedrillt worden sind, sondern sich auch heute noch von einem hochgradigen stillen, halblauten und auch lauten Faschismus in Kärnten (ich beziehe mich dabei nicht zuletzt auf die Aussage Dr. Kreiskys zum Palaver um den Film »Dorf an der Grenze«) derart beeindrucken lassen müssen, daß sie trotz ihrer zahlreichen Opfer im Kampf gegen die größte Barbarei aller Zeiten nur noch verkrampft dastehen und mit aufgerissenem, erstarrtem Mund bald nur noch wortlos schreien. [. . .] Ja, wie sie es auch machen, meine Slowenen, machen sie es falsch. Als ich damals im Konzerthaus mitten in Ihr unlauteres Loblied auf die Kärntner Demokratie, wie Sie sie verstehen und der auch die Slowenen des Landes zu unterliegen haben, mein verzweifeltes »Žitara vas« gerufen hatte, sind sie leider auf ihren Plätzen geblieben, anstatt allesamt demonstrativ den Saal zu verlassen, denn wie konnten sie nur ihre eigene traurige Gedenkfeier für ihre Opfer durch Ihren verantwortungslosen, machttrunkenen und gleichzeitig um Macht bangenden Mund im Interesse Ihrer landesherrlichen Machtpolitik mißbrauchen lassen? Ich frage Sie, Herr Leopold Wagner, kann man noch falscher handeln, als es meine Slowenen an jenem traurigen Tag im Konzerthaus getan haben? Leider haben sie sich, um Ihre »Würde« zu schonen, mit einem einfachen Pfeifkonzert begnügt. [. . .]

(Ich weiß es) und spüre es auf meiner Haut: Wäre ich zur Zeit jenes tausendjährigen Reiches der Übermenschen kein Volksfeind gewesen, wäre ich in jene zackige Jugendorganisation eingetreten, in der Sie, Herr Landesvater aller Kärntner, als hochgradiger Funktionär freudestrahlend die Trommel geschlagen haben, hätte ich weder damals noch heute Schwierigkeiten mit Subventionsansuchen. Genau vor 43 Jahren und drei Monaten (am 12. März 1940) erhielt ich vom Finanzamt Wolfsberg – nachdem ich ein Dutzend slowenischer Mitschüler zum Verlassen des nazistischen Schülerheims Franz Kopp bewogen und sie von . . . der HJ ferngehalten hatte (Aufzeichnungen darüber gibt es in meinem Tagebuch aus jener Zeit) – als Schüler der 6. Klasse der Oberschule in Spanheim (Sankt Paul) ebenfalls eine Ablehnungsbescheid: ». . . keine Ausbildungsbeihilfe, weil nicht alle Voraussetzungen gegeben sind . . .« [. . .]

Wie sich die Dinge dieser Welt in Kärnten wiederholen!

Schauerlich.

Mir bangt nicht vor dem kommenden Jahr 1984. In Celovec/Klagenfurt bangt mir auf dem Arnulfplatz bereits 1983. Herr Landesvater, ich habe Angst vor Ihnen, Angst vor der Gesellschaft, die den Typ Politiker, den Sie verkörpern, ermöglicht und duldet.

Aber damit kein Mißverständnis aufkommt und Sie nun nicht annehmen, ich würde mich mit typisch slowenischer Falschheit wegen dieser Angst wohl endgültig verkriechen und aufpassen, daß sich unsere Wege in Hinkunft so wenig wie möglich kreuzen, darf ich Ihnen abschließend versichern, daß ich alles, was in meinen miserablen minderheitlich minderwertigen Kräften steht, darauf verwenden will, sowohl meine persönliche Angst als auch die meines Volkes in wachsenden Widerstand gegen jedes Herrenmenschendenken und Herrenmenschenhandeln in meinem heimatlichen Kärnten umzuwandeln, damit Sie und Ihresgleichen NO PARASAN.

Janko Messner

Celovec/Klagenfurt, 26. Juni 1983, in schlafloser Nacht.

Erschienen in: Volkswille/Volksstimme, Wien, 9. September 1983

Offener Brief an Frau Dr. Doris Trieb, Medienrichterin im Straflandesgericht in Wien

Sehr geehrte Frau Dr. Trieb,
vor kurzer Zeit haben Sie sich einen ungeheuerlichen Justizirrtum geleistet, indem Sie einen Vergleich gebastelt haben, wo eine klare Verurteilung hätte stattfinden müssen.

Sie erinnern sich bestimmt noch daran: vor Ihnen standen zwei typische Kärntner Kontrahenten, ein Slowene in Defensive und ein »Teutscher« in Offensive. Der Slowene war Dr. Reginald Vospernik, seines Zeichens Direktor des Gymnasiums für Slowenen in Celovec/Klagenfurt, und der »Teutsche« war Dr. Josef Feldner, seines Zeichens Obmann des so genannten Kärntner Heimatdienstes (KHD) in Klagenfurt.

Vospernik hatte am 25. Feber 1984 in seinem Leserbrief »Gemeinsame Geschichte – getrennte Schulen« aus dem »Ruf der Heimat« vom Oktober 1970 den berüchtigten Satz zitiert, daß die Geschichte ihren Schlußstrich erst ziehe, wenn von zwei Völkern eines nicht mehr bestehe. Feldner hatte darin den Vorwurf des Völkermordes erblickt und hatte geklagt. Schließlich wurde das Gerichtsverfahren in Ihre Hände gelegt und Ihrem Kopf anvertraut, da Sie als Medienrichterin in Wien weit genug vom Kärntner Schuß amtieren.

In der »Volkszeitung« des folgenden Tages lese ich unter dem Titel VORWURF DES »VÖLKERMORDES« HALTLOS, Vospernik habe den Satz, daß die Geschichte einen Schlußstrich unter zwei Völkern nur ziehe, wenn eines nicht mehr bestehe, aus dem Zusammenhang gerissen und behauptet, daß der KHD mit seinem Volksbegehren, betreffend das Minderheitenschulgesetz, dieses Ziel verfolge. Sie, Frau Medienrichterin, hätten sodann auf den vorliegenden Sachverhalt verwiesen und vorgeschlagen, Dr. Vospernik solle erklären, er habe den Vorwurf des Völkermordes nicht erheben wollen.

Nun, Vospernik hat unerklärlicherweise tatsächlich Ihrer Aufforderung Folge geleistet und erklärt, er habe nicht den Vorwurf des Völkermordes erheben wollen, vielmehr habe er damit seine Befürchtung über den Untergang seines Volkes zum Ausdruck bringen wollen. Womit sich wieder einmal das Sprichwort bewahrheitet: Wer den Schaden hat, braucht für Spott nicht zu sorgen.

Und die Gerichtssaalreporterin der »Kleinen Zeitung« testiert Ihnen am selben Tag mit sichtlicher Zufriedenheit, das Verfahren verdienstvoll, ruck, zuck – nach nur knapp einer Stunde – mit einem Vergleich beendet zu haben, wobei Sie sehr sensibel zwischendurch aufflammende Emotionen zu bremsen verstanden hätten.

Nun, Frau Medienrichterin, lassen Sie mich zuerst den Rest jenes schändlichen Zitats anführen: ». . . So ist der Abwehrkampf von 1920 im Jahre 1970 immer noch Abwehrkampf mit den Waffen des Herzens und des Geistes, und wird es bleiben, so lange es ein deutsches Volk hier, ein slowenisches dort gibt . . .«

Die Slowenen Kärntens können recht gut Deutsch, Frau Medienrichterin, und kennen recht gut ihre Geschichte. Ich frage Sie, als was sollten sie denn dieses Zitat des KHD verstehen, wenn nicht als offen gegen sie ausgesprochene Drohung, als einen an ihnen angestrebten »legalen« Völkermord? Sehen Sie sich bitte die folgenden Angaben über die Umgangssprache bei den Volkszählungen in Kärnten an:[1]

	1880	*1939*	*1981*
Gesamtbevölkerung	324.857	416.268	528.023
Slowenisch	85.051	21.701	14.078
Windisch	0	21.478	2.343

Nun frage ich Sie, Verehrteste, wo sind die Slowenen hin? Wo sind sie geblieben? Kein massenweiser Selbstmord ist bekannt, keine Epidemie hat sie hinweggerafft, also hat sie dann doch die österreichische Demokratie – ich wage es in Anbetracht Ihrer außergewöhnlichen richterlichen Sensibilität kaum auszusprechen – *umgebracht?* Sie werden doch nicht auch mich unter dem Hundertelfer . . .? Ich würde meinen, lassen Sie die Finger davon und lesen Sie lieber den Punkt 5 des Artikels 7 in unserem Staatsvertrag von 1955, der da verlangt: »Die Tätigkeit von Organisationen, die darauf abzielen, der kroatischen oder slowenischen Bevölkerung ihre Eigenschaft und ihre Rechte als Minderheit zu nehmen, ist zu verbieten.«

1 »Zur Lage der Slowenen in Kärnten«, Kärntner Landesarchiv in Klagenfurt, 1984, Seite 276.

Ich frage mich, ob Sie denn nicht zum Sachverhalt gehörendes Material vor der Verhandlung gesichtet haben. Möglicherweise haben Sie die zahlreichen Ausgaben des »Ruf der Heimat«, das in 200.000 Exemplaren kostenlos allen Kärntner Haushalten zugeschickt wird, gar nicht gelesen? In diesem Fall können Sie allerdings gar nicht wissen, was bereits die Spatzen von den Dächern pfeifen, daß gerade die slowenische Sprache in Kärnten jene slowenische Eigenschaft par excellence ist, deren Untergang sich dieser Ver-Ruf der Heimat zum Ziel gesetzt hat. Und mit ihr klarerweise den Untergang der Kärntner Slowenen als solcher.

Was meinen Sie, Frau Medienrichterin, woran wir Kärntner Slowenen denken, wenn wir KHD hören? An eine böse Zeit im Zeichen Himmlers, des Reichsführers SS und des Reichskommissars für die Festigung des deutschen Volkstums und an seine »Gedanken über die Behandlung der Fremdvölkischen im Osten«: ». . . vier Klassen Volksschule, bis 500 zählen, Namen schreiben, göttliches Gebot, daß den Deutschen gehorcht werden muß. Lesen halte ich nicht für erforderlich . . .«[1]

Oder daran, was der Reichskommissar für die Kinder der nichteindeutschungsfähigen Slowenen angeordnet hat: ». . . schulische Betreuung nach dem Grundsatz Lesen, Rechnen, Zähne putzen«.[2]

Doch lassen Sie mich zurückkehren zum beschämenden Schauspiel unter Ihrer richterlichen Regie.

Sie wissen so gut wie ich, daß dem jähen Untergang eines Volkes ein Mord vorausgegangen sein muß. Da der Begriff »legaler Mord« eine Contradictio in adjecto ist, etwa wie die »kleinere Hälfte«, muß es ein meuchlerischer Mord gewesen sein. Und das war er auch und ist er immer noch. Ich will für meine Behauptung sogleich den Beweis antreten.

Erstens: Was meinen Sie, woher die Windischen im Jahre 1939 nach Kärnten gekommen sind? Ich sag's Ihnen: aus den Gehirnen der nationalsozialistischen Übermenschen, aus ihrer perfiden Rechnung »divide et impera«, die leider aufgegangen ist. Das können Sie in der oben angeführten Statistik ablesen.

Zweitens: Vinzenz Rizzi, ein großartiger Sohn des

1 Josef Ackermann, Himmler als Ideologe, Göttingen 1970 (Nürnberger Dokumente).

2 Rundschreiben Nr. 329, Augsburg, 26. Mai 1942.

Kärntner Landes, hat schon im Jahre 1850[1] gewußt, was Sie, verehrte Medienrichterin, noch heute nicht zu wissen scheinen, jedoch in Anbetracht des unheimlichen »Volksbegehrens« des KHD und des unredlichen Aufbegehrens seines Obmannes Feldner gegen den Vorwurf des Völkermordes hätten unbedingt berücksichtigen müssen: es geht nämlich um Feinheiten der Durchführung eines Völkermordes, genannt auch Dissimilation und Assimilation eines Volkes. Achten Sie, bitte, beim folgenden Zitat besonders auf die unter Anführungszeichen stehenden »Windischen«:

»Aus der Hütte seines Vaters kam der slowenische Knabe, nachdem er in einer Dorfschule deutsch radebrechen gelernt, nach Klagenfurt, um zu ›studieren‹. In der Schule war das ›Windische‹ verhöhnt, und die deutschen Kameraden ließen es an Spott über das ›Windische‹ nicht fehlen, nur wenn ein paar ›Windische‹ allein waren, sprachen sie in ihrer verachteten Muttersprache. Das ist bitter, sehr bitter. Wer ein edles Herz hat, dem bleibt dadurch für sein ganzes Leben eine tiefe Mißstimmung zurück . . .«

Rizzi war vieles – Priester, Dichter und Journalist –, nur kein Assimilierer und kein Assimilant; also kein Slowenenumbringer, wohl aber einer, der seine nationalistischen Pappenheimer in Kärnten kannte, durch und durch, denn sie unterschieden sich schon damals, vor bald 150 Jahren, von den normalen Kärntnern durch eine übergroße maulartige Öffnung unter der Nase, wo Menschen sonst einen Mund haben.

Hören wir also weiter, was der Mann noch zu berichten weiß: »Nicht durch Unterdrückung, sondern durch Erlernung einer Sprache hebt ihr die Folge der Sünde auf. Wißt ihr, was das heißt, der Ausbildung einer Sprache hindernd in den Weg zu treten? Es ist eine Sünde, ein Verbrechen an der Menschheit, ihr *mordet* die Bildung eines Stammes, wenn ihr die Bildung seiner Sprache vereitelt, und ihr tut dies, wie ihr der Masse des Volkes den Unterricht nicht in seiner Sprache erteilen läßt. Es kann jedes Volk nur an seiner eigenen Sprache herangebildet werden . . .«

Und noch ein weiteres Zitat, weil es unter anderem auch die österreichischen Gerichte angeht: »Selbst wenn der Staatsbürger zum Beispiel die deutsche Sprache ver-

1 »Die Nationalitäten in Kärnten«, Deutsche Monatsschrift, 1850, Heft 5.

steht, hat er an Orten, wo seine Muttersprache die herrschende ist, nicht das Recht, zu verlangen, daß der Beamte, der Diener des Volkes, in seiner Muttersprache mit ihm verkehre? . . . Jede Sprache, die von einer bestimmten Sphäre der geistigen Tätigkeit ausgeschlossen ist, bleibt in dieser Sphäre zurück. Sie ist aber von der politischen und richterlichen Sphäre ausgeschlossen, so wie sie nicht Amtssprache ist . . . Alles Predigen vom Frieden hilft nichts, wenn ihr keine Befriedigung gebt . . .«

Ich frage Sie nun, hätte nicht gerade dieser Herr Vinzenz Rizzi, der »wie kein zweiter zu seiner Zeit die Bedeutung des Nationalismus und der nationalen Zweiheit für Kärnten erfaßt hat«[1], in Ihrem leider verfahrenen Verfahren zugleich als Generalstaatsanwalt und Anwalt der schwachen Slowenen Kärntens seines Amtes walten müssen?

Ein Mordprozeß von dieser Schwere ist ja schließlich kein Mordsprozeß für eine sensationsgeile deutschnationale Provinzjournaille. Rizzi sagt es Ihnen, Frau Medienrichterin: den Mord an einem Menschen – sowie an einer Volksgruppe – kann man auf zweierlei Weise begehen, man tötet vorsätzlich seinen Körper oder seine Seele. Die Nazischergen haben in ihren Gestapogefängnissen und Konzentrationslagern beides besorgt, zuerst die slowenischen Seelen (ab)getötet, sodann die slowenischen Körper enthauptet.

Ich frage Sie nun, was macht heute der KHD in Kärnten? Er mordet die slowenischen Kinderseelen massenweise, indem er diesen Kindern die slowenische Muttersprache miesmacht. Diese werden auf Schritt und Tritt von großen Plakatwänden »in demokratischer Weise« darauf hingewiesen, welch unerwünschte, ja sogar gefährliche Beschmutzer des heimatlichen Nestes sie seien, Kärnten sollte sich gegen sie verwahren!

Was passiert mit so einem Kind? Es wird in frühe Schizophrenie getrieben, in einen lebenslänglichen Zwiespalt der Gefühle: seine zarte Seele bejaht bewußt die slowenischen Eltern und lehnt diese gleichzeitig unbewußt ab, da sie infolge ihrer Treue zur Muttersprache in ihrem Lebensraum bekleckst, belächelt und belästigt werden, kurzum keinerlei Ansehen genießen.

Rizzi weiß, wovon er redet, wenn er vom MORDEN der Bildung eines Stammes spricht: Ist der Mensch das

1 Dr. Erich Nußbaumer, Geistiges Kärnten, 1956, Seite 355.

höchstentwickelte Lebewesen, und ist seine Sprache Ausdruck seiner Gedanken, Gefühle und Willensregungen, mit anderen Worten: ist Sprache aus Seele gemacht, und wird diese Seele besudelt, stirbt sie allmählich ab, und der Mensch wird – seelenlos – gleichgültig gegen andere, teilnahmslos, apathisch, unehrlich, verlogen, boshaft und aggressiv.

Und so sind einmal im schönen Kärntner Land viele, zu viele Menschen, leider konnte Rizzi mit seinem Alarmschlagen diese unheilvolle Entwicklung nicht abwenden, denn sie haben infolge der sprachlichen Unterdrückung auf das Wesentlichste verzichtet oder es aufgegeben: ihre Identität – ihre seelische Substanz, die einen Menschen schlechthin ausmacht.

Ich will Ihnen, verehrte Frau Medienrichterin, eine erschütternde wahre Geschichte aus dem Slovensko Primorje, dem slowenischen Küstenland in der faschistischen Ära, nicht vorenthalten: Dort gab es noch vor dem zweiten Krieg einen Lehrer, der während des Unterrichts jeden slowenisch sprechenden Volksschüler damit bestrafte, daß er ihm vor der ganzen Klasse in den Mund spuckte.

Ende der Geschichte.

Die Faschisten wußten, was sie taten. Und der Kärntner Heimatdienst weiß, was er tut.

Nur Sie, verehrte Frau Medienrichterin, scheinen nicht zu wissen, was da so alles passiert in diesem schönen Kärntner Land. Ich darf Ihnen Nachhilfeunterricht geben: Hier werden geplante Getto-Schulen für Slowenisch lernende Kinder »Mittelpunktschulen« genannt, Verdrängung nazistischer Vergangenheit heißt hier »Befriedung«, Psychoterror wird »Volksbegehren« genannt, Neurotisierung der Bevölkerung eines ganzen Landes – »Heimatdienst«, SS-Karriere nennt man »Verdienst um die Republik Österreich«, SS-Kameradschaftstreffen – »Glockenweihe«, Ortstafelsturm heißt »gesundes Volksempfinden«, und so weiter und so fort.

Unlängst hat sogar unsere Staatspolizei neonazistische Umtriebe festgestellt, aber siehe da, diese wurden von unseren fleißigen Lohnschreibern prompt auf »ein unangenehmes Mißverständnis und G'stanzln von Handgranaten in trauter Bergkameradschaft« umgetauft. Sehen Sie, Frau Medienrichterin, was für erstaunliche Schwierigkeiten einer Kärntner Semantik! Selbstverständlich abgeschaut beim Herrn von Braunau, der ebenfalls Todeslager und Gaskammern – »Arbeitslager« nennen ließ.

Ich bitte Sie nun um Entschuldigung, sehr sensible Medienrichterin, daß ich Ihren Ruckzuckvergleich mit keinem Epitheton ornans versehen kann, ja nicht einmal eine Justizgroteske nennen will, sondern ihn als einen recht gewöhnlichen faulen Kompromiß bezeichne, als Vorschubleistung für den beschriebenen Kärntner Heimatdienst aufgrund eines schludrig und kopflos durchgeführten Verfahrens, denn der beklagenswerte angeklagte Dr. Vospernik weiß so gut wie ich: der Tod geht um in unseren slowenischen Dörfern in Kärnten, großspurig und grauenvoll, ein unerbittlicher, gewalttätiger Tod, als einer, der sich was traut.

Erst unlängst, einige Wochen vor den Kärntner Landtagswahlen, haben wir beide ihn zufällig in Šentjakob/St. Jakob im Rosental gesehen und gehört. Er war in dezentem Anzug mit Krawatte, jung, dynamisch, leicht lächelnd, anpassungsfähig, ein Kenner der deutschen Turnerszene, mit verläßlichem Gespür für Protestfelder in der Kärntner Politik, kurzum wie einer, der die jugendliche Erfolgs- und Aufsteigergeneration verkörpert, reckte und streckte sich wie ein Landesrat, trat zum Rednerpult und schrie: »Meine lieben, meine treuen Kärntner Landsleute! Harret aus, begehret auf, wehret ab! *Dieses Land wird erst frei sein, wenn es ein deutsches Land ist!*«[1]

Und wir beide sahen einander an. Mir wurde angst wegen seines aggressiven Spruchs. Ich fühlte mich um vier Jahrzehnte zurückversetzt, und dann geschah es, ich weiß selbst nicht wie, am Rednerpult stand chamäleongerecht ein anderer: er hatte sich im Nu in eine schicke braune Uniform aus der heimatlichen Schneiderwerkstätte des Reichs-SS-Oberscharführers und republikanischen Hofrats Dr. Franz Koschier und Co. geworfen, zog einen kleinen runden Spiegel aus der Tasche, benetzte mit Speichel sein Haar, kämmte seinen Scheitel nach rechts zurecht und wackelte entschlossen mit dem schwarzen Stutzbart.

Und ich sah mich vorsichtig um, ob Feind hört mit, und fragte sodann Herrn Vospernik, ja was soll denn das, ist denn der Mauler immer noch nicht abgekratzt! Das kann doch nicht wahr sein!

Und Herr Vospernik sah mich verdutzt an und meinte, dazu sei er ja wohl noch zu jung.

1 Jörg Haider (FPÖ), 1. 7. 1984, Kladivo 6/7-84.

Aber darin waren wir beide uns einig, daß der Schreiende der Tod unseres slowenischen Volkes in Person war. Und daß er das Lineal und die Feder für den Schlußstrich bereits in seinem schwarzen Diplomatenköfferchen mit sich trug, das er behutsam neben das Mikrophon gelegt hatte.

Ich hoffe, verehrte Frau Rechtspflegerin, Sie wenden jetzt nicht ein, wie sollten Sie wohl den Tod in Person gerichtlich belangen, das sei ja noch nie dagewesen, er sei ja im österreichischen bürgerlichen Strafgesetzbuch nicht vorgesehen, und da sei möglicherweise noch das Immunitätshindernis und dergleichen mehr ...

Alles Ausreden, sag ich Ihnen, verehrte Juristin, Sie müssen nicht erst darauf warten, daß unsere Regierung mit Fred Sinowatz initiativ wird und eine entsprechende Gesetzesvorlage im Parlament einbringt. Eines wissen Sie bestimmt von Ihrem Eid her: daß österreichische Gerichte Demokraten zu erziehen haben. »Die beste Form, Demokraten zu erziehen, heißt, sie über den Ungeist des Faschismus zu informieren und Demokratie vorzuleben.«[1]

In diesem Sinne darf ich Sie, Frau Dr. Doris Trieb, zu Ihrer weiteren Sensibilisierung in Causa Völkermord noch einmal auf den Punkt 5 des Artikels 7 unseres Staatsvertrages hinweisen sowie auf den § 283/1, Bundesgesetzblatt 60/29. 1. 1978,[2] denn die beiden geben Ihnen eine ausreichende Handhabe, einzugreifen und ihm, der inzwischen unerbittlich weiter ausholt mit seiner Sense, das mörderische Handwerk zu legen.

Ich fordere Sie auf, den faulen Kompromiß zwischen Feldner und Vospernik infolge des Ihnen hiemit von mir bekanntgemachten *neuen* Tatbestandes für null und nichtig zu erklären und eine Wiederaufnahme des Verfahrens in die Wege zu leiten, jedoch mit der klaren, für das Gedeihen unserer Zweiten Republik Österreich unumgänglichen Zielsetzung, ein aufgrund unserer gel-

1 Erwin Lanc, Bundesminister für Inneres, »Zum Geleit«, Rechtsextremismus in Österreich nach 1945, Dokumentationsarchiv des Österreichischen Widerstandes, Wien 1979.

2 »Wer öffentlich auf eine Weise, die geeignet ist, die öffentliche Ordnung zu gefährden, zu einer feindseligen Handlung gegen (...) eine durch ihre Zugehörigkeit (...) zu einer Rasse, zu einem Volk, einem Volksstamm oder einem Staat bestimmte Gruppe auffordert oder aufreizt, ist mit Freiheitsstrafe bis zu einem Jahr zu bestrafen.«

tenden Gesetze staatspolitisch und juristisch einwandfrei begründetes *Verbot* des »Kärntner Heimatdienstes« (KHD) zu bewerkstelligen.

In Erwartung Ihrer geschätzten Antwort hochachtungsvoll

Janko Messner

Meine Adresse: Kanalstraße Nr. 15,
9020 Klagenfurt/Celovec

Erschienen in: Das Magazin, Wien, Jänner/Februar Nr. 1-2/1985.

Kärnten – das schönste Fremdenverkehrsland Österreichs

(Werbetext)

Im berühmten Fremdenverkehrsland Kärnten, in dem der Königmacher Humbert Fink in der kürzlich ins Rollen gebrachten »Kärntner Krone« Leopold Wagner (!) zum nächsten österreichischen Bundeskanzler erkoren hat, da nach seinem Dafürhalten Fred Sinowatz zu wenig abzukanzeln verstehe, in diesem Land an der Drau sterben Tannen und Fichten. Bald werden ihnen auch noch die Lärchen folgen in unseren dunklen Gebirgswäldern. So wie das bereits die Lerchen getan haben auf unseren herbizidreinen Äckern und der rote Mohn und die blauen Kornblumen. Ja, die Lerchen, die braunsandfarbenen Sonnenanbeterinnen, sie werden nie wieder hoch oben unterm Himmel der Lebensspenderin ihren Lobgesang heruntertrillern.

In diesem schönen Fremdenverkehrsland sterben nun auch schon die in den Gebirgsbächen ausgesetzten Fische, weil ihnen der frisch perlende Sauerquell aus dem geschmolzenen Gebirgsschnee nicht behagt.

Dieses bedauernswerte Dahinscheiden unserer schönen Natur währt etwa zehn Jahre, das Dahinscheiden der Slowenen Kärntens etwa hundert. Aber während die Sterbeursache für Kärntens Flora und Fauna wissenschaftlich erforscht ist und – beispielsweise – die Wulfenia carinthiaca, zu deutsch Kärntner Kuhtritt oder Blaue Blume, jene staudige Alpenpflanze aus der Familie der Rachenblütler, mit glänzenden Blättern und einem etwa 30 Zentimeter hohen haarigen Stengel mit einer Traube von blauen Blüten, die in Europa nur auf dem Gartnerkofel vorkommt, sonst noch im Kaukasus, schon lange unter strengem Naturschutz steht, unternehmen die verantwortlichen staatspolitischen und kirchlichen Würdenträger der II. Österreichischen Republik keinerlei echte Anstrengungen, die Slowenen Kärntens in ihrer angestammten Heimat vor dem vollkommenen Aussterben zu bewahren, konkret: der slowenischen Sprache durch ein im Sinne des Artikels 7 des Österreichischen Staatsvertrages von 1955 konsequent durchgesetztes und sodann ehrlich überwachtes Öffentlichkeitsrecht jenes Ansehen wiederzugeben, das eine weitere verhängnisvolle Abwendung von ihr, die bereits ein ganzes Jahrhundert lang mit den niederträchtigsten Attributen »unnütz«, »schiech«, »politisch verdächtig« versehen ist, fünf vor zwölf möglicherweise gerade noch aufhalten könnte.

Nach dem Volkszählungsergebnis von 1880 müßte es heute – vorausgesetzt, daß sie keiner Epidemie anheimgefallen sind – etwas über 140.000 Slowenen in Kärnten geben. In Wirklichkeit sind es etwas über 14.000 »Bekenntnis-Slowenen«.

Kain, wo ist dein Bruder Abel? Stimme von der Karawankenwand: Slowenisch heißt hier Tadel, Deutsch heißt Adel.

Die Idee von der besseren Rasse ist ein weltweiter Traum aller Kleinbürger. Eines Tages möchten sie alle in den Adelsstand erhoben werden; auch jene Slowenen in Kärnten, die sich ihrer kleinbäuerlichen Herkunft und ihrer entwürdigten Muttersprache schämen. Sie versprechen sich von ihrer radikalen (wirtschaftlichen und gesellschaftlichen Aufstiegsüberlegungen entsprungenen) Lossagung von ihrem Volk, zeitlebens in Kärnten nie wieder getadelt, sondern nur noch geadelt zu werden. Einmal oben aufgenommen, würden auch sie endlich auf was herabsehen können, und seien es jene sturschädeligen »Brüder«, die weiterhin als Slowenen Kärntens auf ihrem nationalen Stolz beharren. Denen würden sie es schon noch zeigen. Führer, befiehl, wir folgen dir und zertrampeln zuerst einmal ihre blöden zweisprachigen Ortsschilder. Dann sehen wir weiter.

So werden aus Kleinbürgern Faschisten und Imperialisten. Janitscharen hießen sie früher einmal und waren die Kerntruppe des türkischen Sultans mit gewissen Vorrechten.

Peter Weiss, geboren in Nowawes bei Berlin, Emigrant in Schweden, zeigt in seinem »Gesang vom Lusitanischen Popanz«, was eine solche hoffnungslose Verlogenheit in zwischenmenschlichen Beziehungen hervorzubringen vermag: Schizophrenie, Feindschaft gegen die eigene Person, Aggression gegen das eigene Blut. Selbstzerstörung also. Ob in Angola oder Kärnten, das ist einerlei.

Und die Wissenschaftsministerin Herta Firnberg wußte, was sie sagte, als sie dem Kärntner Land für die 1970er Jahre ein paar Psychiater aus Wien anbot. Nur schade, daß sie nicht gleichzeitig den Opportunismus der regierenden SPÖ-Politiker, dieser großartigen Verdrängungsmeister und Machtbewahrer, die bei Wahlen in Kärnten verläßlich immer wieder um die Stimmen der slowenenfeindlichen Heimatschreier buhlen, als seelische Krankheit mit gefährlichen gesellschaftspolitischen Folgewirkungen erkannt hat.

Und der österreichische Seelenarzt Erwin Ringel weiß ebenfalls, was er in seinem Buch »Die österreichische Seele« (1984) sagt, wenn er von einem typischen österreichischen Phänomen spricht – der Neurotisierung durch Verdrängung und Bewußtseinsverengung, durch Unterdrückung der Aufdecker und Wahrheitssucher.

So weit, so traurig.

Aber kann denn das nie anders werden?

Nie, solange man in unserer Republik behauptet, die Politik sei die Kunst des Möglichen, und sodann im Rahmen dieses Möglichen den Bomben-Burger für den Posten des österreichischen Staatspräsidenten kandidieren läßt. Und solange ein regierender Bundeskanzler in der Hauptstadt unseres reizenden Fremdenverkehrslandes eine öffentliche Morddrohung gegen seine Person (»Verschwind nach Wien, du Saujud, sonst schneiden wir dir die Gurgel durch!«) wortlos und tatenlos schluckt.

Was unterscheidet die slowenischen Weißen Südkärntens von den Schwarzen Südafrikas?

Die Hautfarbe.

Ja, something is rotten in the State of Denmark.

Rotten to the core.

Ja, damit ich's nicht vergesse, hier noch der Werbespruch:

ÖSTERREICH – DIE SOMMERFRISCHE EUROPAS! ÖSTERREICH IST SCHÖN, KOMM, BLEIB! SEINE PERLE IM SÜDEN HEISST KÄRNTEN!

Offener Brief an Dipl.-Ing. F. Smola

Sehr geehrter Herr Generalsekretär
des Österreichischen Verbandes für Elektrotechnik,
der Verband slowenischer Schriftsteller in Österreich ist tief bestürzt – und mit ihm das gesamte slowenische Volk diesseits und jenseits der Karawanken – über Ihre unverfroren germanisierende Abhandlung zur »Sonderpostmarke« für Professor *Josef Stefan* (24. März 1835 bis 7. Jänner 1893).

Sie erwähnen darin mit keinem Wort, daß *dieser große Physiker ein Kärntner Slowene* war, daß er seine Muttersprache hochschätzte und liebte, wie er seine armen Eltern liebte, die des Lesens und Schreibens unkundig waren, und daß er in seiner slowenischen Muttersprache beachtliche literarische Werke geschaffen und darin vielfach seine große Sorge um das Gedeihen der slowenischen Kultur und die Festigung des slowenischen nationalen Bewußtseins unter seinen Kollegen im Klagenfurter Gymnasium zum Ausdruck gebracht hat. Und all das bis hin zum Jahre 1858, als er – 23 Jahre alt – mit dem Thema »Theorie der Elastizität« als Privatdozent an der Wiener Universität habilitierte. (»Mladje« in Celovec/Klagenfurt wird in seiner Frühlingsnummer 57 über seine Beiträge im »Slovenski glasnik« von 1858, Celovec, berichten.)

Ich will nicht annehmen, daß Sie das alles nicht wissen, wie wären Sie sonst in die Würde eines Generalsekretärs eingesetzt worden?

Also haben Sie bewußt die Rolle eines Eintreibers der nazistischen Germanisierungsaußenstände übernommen: was nicht sein darf, gibt es nicht, wegzählen diese Slowenen in Österreich! Adolf Hitlers Henkersknechte brachten sie in ihren Konzentrationslagern und auf ihren Schafotten körperlich um, Sie, Herr federführender Baurat h. c., tun es nun an Ihrem Schreibtisch geisteswissenschaftlich nach einem wohlbedachten Plan, indem Sie einen schmählichen verschleierten Stil anwenden: »Es blieb ihm damals (im Gymnasium in Klagenfurt, Bem. J. M.) viel Zeit, sich auch noch mit anderen Dingen zu beschäftigen, die seinen vielfältigen Neigungen entsprachen . . . er verfaßte verschiedene Aufsätze in prosaischer und metrischer Form und bildete mit gleichgesinnten Kollegen gleichsam einen literarischen Verein . . .«

Ich empfinde es als eine der traurigsten, hoffnungslosen Pflichten meines Lebens, im Namen des Verbandes slowenischer Schriftsteller in Österreich zu Ihrer wahrheitsverschweigenden Abhandlung nun einen wahrheitsgetreuen Zusatz zu verfassen:

Jožef (Josef) Stefan war unehelicher Sohn der Kärntner Slowenin Marija Startinik, einer Tochter des Tischlers Gregor Startinik und dessen Frau Apolonija, geb. Olip in Glinje/Glainach bei Borovlje/Ferlach. Stefans Mutter diente als Magd im Hause von Josef Geiger (dortselbst ist auch die Gedenktafel für den großen Wissenschafter angebracht, heute Ebentaler Straße 88, Klagenfurt).

Stefans Vater Aleš war ebenfalls unehelich, und zwar bäuerlicher Herkunft aus Škocijan/St. Kanzian im Jauntal. Während im Taufbuch der Zuname des Vaters mit »Stephan« angegeben ist, unterschrieb der Sohn seine literarischen Beiträge in den Zeitschriften »Vedež« und »Slovenska Bčela konsequent mit »Štefan«. Dieselbe slowenische Schreibart finden wir auch in den Gymnasialkatalogen für die VI. und VII. Klasse. Bei der Matura taucht dann zum ersten Mal »Stefan« auf, und so unterschrieb er als Autor ab nun auch selbst seine Beiträge in »Novice« (Ljubljana) sowie im »Šolski prijatelj« und »Slovenski glasnik« in Celovec.

Sie verschweigen absichtlich den Namen des literarischen Vereines, den er mit gleichgesinnten *slowenischen* Kollegen im Klagenfurter Gymnasium gegründet hat: »Celovška Slavija«. Und das ist auch der Name der ältesten slowenischen Schülerzeitung überhaupt.

Anton Janežič, Slowenisch-Professor und Herausgeber mehrerer literarischer Zeitschriften in Celovec/Klagenfurt, übernahm aus der Jugendzeitschrift »Vedež« mehrere Gedichte von J. Stefan in die »Slovenska bčela (Slowenische Biene), die damals als Lehrbehelf für den Slowenischunterricht im Gymnasium zugelassen war. In derselben Zeitschrift erschienen zum Beispiel auch Stefans Übersetzungen tschechischer und russischer Gedichte, während Andrej Einspielers »Šolski prijatelj« (Schulfreund) seine Prosabeiträge veröffentlichte, unter anderen »Wälder«, »Tabak«, »Der Hai«, »Meeresschwämme«, das alles noch im Jahre 1854, als er bereits an der Wiener Uni studierte. Er unterschrieb diese Beiträge mit dem Pseudonym *J. A. Spleteni* oder kurz J. A. S. (Jožef Alešev Spleteni, zu deutsch: Jožef Aleš-Kranz, denn das griechische »Stephanos« heißt »Kranz«).

Zu Jožef Stefans »vielfältigen Neigungen« ist weiters zu sagen, daß er als bester Sänger Klagenfurts galt und zwei slowenische Gesangsvereine gegründet hat, einen in Celovec/Klagenfurt und einen in Wien, und daß er beide Chöre geleitet hat. Nicht wie etwas später sein slowenischer Landsmann Tomaž Košat aus Deščice/Dieschitz bei Šentilj/St. Egyden im Rosental, der – ebenfalls musikalisch begabt – seine Karriere um den Preis seiner Assimilierung erkauft hat, slowenische Melodien als deutschkärntnerische verbreitete und dafür heute ruhmreich weiterlebt im Bewußtsein der Kärntner Bevölkerung, denn es gibt ja in Klagenfurt ein »Thomas Koschat Museum«.

Wären sie, Herr Baurat h. c., ein würdiger Verwalter des geistigen und kulturellen Erbes von J. Stefan, dieses großen slowenischen Österreichers, hätten Sie zusammen mit der UBW in Klagenfurt dem hiesigen Magistrat den Vorschlag unterbreitet, ihm zu seinem 150. Geburtstag ebenfalls ein Museum zu widmen. Ich bin mir ganz sicher, daß es dreimal mehr Schaustücke aufzuweisen hätte als jenes von Koschat, vom kultur- und gesellschaftspolitischen Gewinn, den eine solche Gedenkstätte beiden Kärntner Völkern einbrächte, ganz zu schweigen.

Aber solcherlei könnte Ihnen ja wohl nicht einmal im Traum erscheinen.

Ich weiß nicht, was die viel größere polnische Nation empfindet, wenn sie in Büchern daran erinnert wird, daß die Deutschen Nikolaus Kopernikus als den ihren ausgeben, uns Slowenen (knappe zwei Millionen) dürfte niemand zu große Sensibilität vorhalten, wenn wir – wie ich in diesem offenen Brief an Sie – uns von Ihnen wie von einem Keulenschlag von Wien aus getroffen fühlen, denn der großdeutsche Drang nach Süden hat uns in unserer Geschichte ausreichend zugesetzt: wir wurden wie andere slawische Nationen innerhalb der k. k. Monarchie wirtschaftlich ausgenützt, unserer Sprache und Kultur Schritt für Schritt entfremdet und – als endlich der Anschluß da war und der großdeutsche Imperialismus militärische Aggressionen ermöglichte – zusammen mit den Juden und Zigeunern zu Untermenschen und Nichtmenschen abgestempelt. Ab ins Krematorium mit ihnen und mit uns!

Sie haben davon nie etwas gehört, Herr Smola? So ein Pech! Für das Ansehen der slowenischen Nation. Und für uns Kärntner Slowenen ein doppeltes.[1]

Ich hoffe, Sie lassen auch diesen »Zusatz« in der Österreichischen Staatsdruckerei vervielfältigen und an die österreichischen Postämter verschicken, schließlich zahlen auch wir Kärntner Slowenen Steuern, und die Sonderpostmarkensammler haben als Steuerzahler schließlich auch ein Anrecht darauf, die Wahrheit über Josef Stefan zu erfahren, während Sie kein Recht haben, die österreichische und internationale kulturelle Welt hinters Licht zu führen.

Klagenfurt, 14. März 1985

Hochachtungsvoll

Janko Messner

Präsident des DSPA

(Verband slowenischer Schriftsteller in Österreich),

Kanalstraße 15/II, 9020 Klagenfurt/Celovec

Erschienen in : Das Magazin, Mai, Nr. 5/1985.

1 Slowenisch »smola« = Pech.

Offener Brief an Maria Pink

Sehr verehrte Portraitzeichnerin,
Sie haben in der Kleinen Zeitung vom 16. September 1984 in der Rubrik »SONNTAGSPORTRAIT« von Dr. Franz Koschier, einem wirklichen Hofrat, anläßlich seines 75. Geburtstages ein Bildnis verfertigt, das sich mit Kärntner Kernseife gewaschen hat. Beim oberflächlichen Anblick wäre man fast geneigt, Ihr Portrait als lebensechte Darstellung dieses im amtlichen Kärnten höchst ehrenhaften Herrn anzuerkennen, aber beim genauen Hinsehen fällt einem/einer auf, daß Sie in seinem Gesicht viele Flecken leer gelassen haben, so daß man den Porträtierten gar nicht mehr erkennen kann. Sie schreiben unter dem Titel »IM DIENSTE DER VOLKSKUNDE«:

»In Hundsdorf im Rosental gibt es ein Gasthaus, das heißt ›Zur Heimattreue‹. Vor fünfundsiebzig Jahren, am 6. September 1909, kam in diesem Hause Franz Koschier zur Welt.

›Ich komm' immer zur falschen Zeit‹, sagt dazu der Jubilar Hofrat Dr. Franz Koschier, dem zu seinem Fünfundsiebziger zahllose Ehrungen widerfahren sind.

Seine Mutter hatte sich nämlich auf dem Wege zur Großmutter nach Feistritz im Rosental befunden, und da hat sie die Voreiligkeit des kleinen Franz gezwungen, unterwegs in Hundsdorf einzukehren, wo dieser dann das Licht der Welt erblickte . . .«

Sie berichten dann weiter, er habe in Wien Geschichte und Slawistik studiert, völkerkundliche Studien betrieben, als Lehrer an der LBA in Klagenfurt die Volkstumsarbeit für Kärnten in den Jahren 1935 bis 1939 auszubauen begonnen, und Sie sagen, es sei eine schöne Zeit gewesen – mit Anton Anderluh und Georg Graber – und eine fruchtbare dazu. Und nun kommt der Coup! Sie überspringen mir nichts dir nichts sechs Jahre seines Lebenslaufes und schreiben weiter: »Nach 1945 hat er mit dieser Arbeit neu begonnen. Franz Koschier wurde als Kustos für Volkskunde ans Landesmuseum berufen. Eigentlich wollte er nie etwas anderes sein als Lehrer. Er ist es auch als Volksbildner geblieben . . .« Nachdem Sie ihn für sechs Jahre haben verduften lassen, erzählen Sie schließlich, er sei seit 1934 im Vorstand der Kärntner Landsmannschaft, sowie, daß er in den siebziger Jahren zu deren Obmann gewählt wurde und daß er auch Obmann des Kärntner Kulturverbandes sei und mit dem Kärntner Heimatwerk 100 Arbeitsplätze geschaffen habe und so fort und so fort.

Lassen Sie mich also auf die leeren Flecken Ihres Portraits Farben auftragen.

Der Vater unseres Hofrats war in Tržič geboren, also jenseits des Loiblpasses, als Slowene im heutigen Slowenien, seine Mutter war eine Kärntner Slowenin. Doktor der Philosophie wurde Ihr beweihräucherter Jubilar mit der Dissertation über das Volkslied der Kärntner Slowenen, in der Klagenfurter LBA hat er neben Geschichte die slowenische Sprache unterrichtet. Von Dezember 1936 aber war Ihr Hofrat bereits Mitglied des Nationalsozialistischen Lehrerbundes (NSLB), ab Dezember 1937 Mitglied der SS mit der Mitgliedsnummer 299580, im Sommer 1944 SS-Oberscharführer. Sein Mitgliedsausweis in der NSDAP vom März 1938 hat die Nummer 6275171, ab 9. November 1943 hatte er den Rang Hauptgemeinschaftsleiter. Im Parteidienst ab Sommer 1944 war er Kreishauptamtsleiter der NSDAP sowie deren Gaureferent für Feierabende. Als solcher betreute er das Referat für Volkstumspädagogik und volkstumspädagogische Forschung beim NS-Gauamt für Erzieher in Kärnten. Sofort nach dem Einbruch der Hitlerschen Wehrmacht in Jugoslawien trat er den Dienst des Schulreferenten beim Chef der Zivilverwaltung in Bled, dem damaligen Veldes, an. Am 15. Juli 1941 hat ihm der Kriegsverbrecher Kutschera die Gründung der deutschen Lehrerbildungsanstalt in Kranj, dem damaligen Krainburg, als Sonderaufgabe anvertraut. Die Chronik dieser LBA berichtet, am 22. August 1941 habe eine Sonderkommission die rassische Reinheit und politische Zuverlässigkeit der zukünftigen Schüler überprüft. Ab 5. Februar 1943 war Ihr ehrenwerter Hofrat Obergefolgschaftsführer der Hitlerjugend. – Nun, ich kenne mich in dieser Organisation kaum aus, da ich ihr als Mittelschüler nicht beitreten wollte, möglicherweise war damals unser Landeshauptmann Leopold Wagner – trotz seiner Jugend – laut eigener Aussage als »hochgradiger Hitlerjunge« sogar über Ihrem jubilierenden Hofrat, aber das können die zwei schließlich selbst ausmachen.

Lassen Sie mich lieber aus dem Vorwort Ihres achtbaren Hofrats im Jahresbericht der LBA Krainburg 1942/43 zitieren: »In vorbildlicher Zusammenarbeit von

Schule und Hitlerjugend wurde hier jene selbstverständliche Einheit erlebt, die unserem Gau dereinst volksbewußte Erzieher, gute Lehrer und weltanschaulich gefestigte politische Kämpfer stellen soll. Möge dieser Bericht Kunde geben von einem kleinen Stück deutscher Aufbauarbeit in Oberkrain.«

Verehrte Portraitzeichnerin Maria Pink, wissen Sie nicht, daß sich hinter der sogenannten »Volkstumspädagogik« bereits vor 1938 die Fünfte Kolonne Hitlers befunden hat?

Ihr redlicher Hofrat hat auch seine Freunde aus der klerofaschistischen Systemzeit, »der schönen und fruchtbaren dazu«, zur Festigung des Deutschtums in seine LBA eingeladen, auch das steht in diesen Jahresberichten, so zum Beispiel den Direktor der Klagenfurter LBA, den HJ-Stammführer und Chorleiter der Gebietssingschar Anton Anderluh. Nun, nach dem Krieg setzten die beiden ihre »Volkstumspädagogischen Wochen« trotz des untergegangenen Großdeutschlands frisch, fromm, frei und fröhlich fort – dort an ihrem »Thurnersee« (früher einmal, wo es diese dumpfigen Volksdümmler noch nicht gegeben hat, Zablatniško jezero/Sablatniksee genannt) –, da halt Kärnten kaum denazifiziert worden war. Die Kontinuität einer segensreichen Germanisierungspolitik war damit gesichert, denn Ihr mangelhaft porträtierter Jubilar hatte ja an der streng vertraulichen Konferenz in Bled am 6. Oktober 1941 teilgenommen, wo von Kriegsverbrecher Maier-Kaibitsch, Dr. Starzacher, SS-Obersturmführer Dr. Sievers und dem Professor der SS-Anstalt »Das Ahnenerbe«, Dr. Schwalm, über das »Institut für Kärntner Landesforschung« beraten wurde, worauf Adolf Hitler höchstpersönlich dem Gauleiter Rainer die Erlaubnis erteilte, dieses Institut mit 1. April 1942 zu errichten. Es wird Sie bestimmt interessieren, welche Mitarbeiter in diesem »Wissenschaftlichen Institut« aufscheinen: unter anderen der Kärntner Ortsnamen-Kranzmayer, der Landesschulinspektor und Ethnograph Dr. Georg Graber, der heutige Musilbetreuer Dr. Karl Dinklage, der Kunstgeschichtler Dr. Grimschitz und nicht zuletzt der Gauleiter, Rainer-Preisträger Dr. Martin Wutte. Nun, um Graber kennenzulernen, müßte man sich die Dissertation »Die geistige Volkskultur der Kärntner Slowenen« von Dr. Pavel Zablatnik anschauen, um den Geschichtsforscher Wutte zu erfassen, seinen »Kärntner Freiheitskampf« lesen, um über Dinklages nationalsozialistische Sternstunden Auskunft zu erhalten, Michael Guttenbrunner befragen.

Ich hoffe, verehrte Portraitzeichnerin, Sie begreifen, warum mir angesichts einer solchen schwindelerregenden Karriere Ihres Hundsdorfer Hofrates und Ihres unvollständigen Bildes von ihm in der »Kleinen Zeitung« hundeelend ist.

Erinnerungen an manche Traumen kommen hoch aus meiner wunden Seele, ich höre plötzlich Hundegekläff von scharf abgerichteten SS-Bestien, ich sehe Hakenkreuze leuchten aus den Augen Ihres Hofrats, sie kleben auf seiner Stirn, seinem Kinn und seinen Wangen, sie hängen aus seinen Ohren. Sein freundliches Dahergrinsen auf Ihrem Portrait verwandelt sich wie auf einem Polaroidphoto in das Starren eines Totenkopfs, ich bekomme es wieder mit der Angst jener Jahre zu tun.

Dieser Totenkopf ist es wohl, ja, dieser Totenkopf, aufgesetzt auf stramme Schultern über einer geschwellten Brust, behangen von klimpernden Medaillen Österreichs und Großdeutschlands, der da geht durch die Klagenfurter Nacht im Fackelzug vorne weg, es ist der 10. Oktober 1970, sein klappernder Unterkiefer macht plötzlich laute Worte dort vor dem Lindwurm, es ist ein Rapport des Gaureferenten für Feierabende vor den höchsten Honoratioren und Repräsentanten unserer staatlichen Oberhoheit. O Österreich, o Heimat großer Söhne!

Warum wohl, frage ich mich, verehrte Frau Maria Pink, steht in Ihrem Hofrats-Portrait kein Sterbenswörtchen über diesen imposanten Festakt Ihres Jubilars? Warum verschweigen Sie diesen seinen nicht zu überbietenden Dienst an der Kärntner Heimat?

Wer dabei war damals auf dem ehemaligen Adolf-Hitler-Platz, weiß es: die vier apokalyptischen Reiter sind ein Schmarrn dagegen!

Wie konnten Sie nur diese wahre Größe Ihres hofrätlichen Schützlings übersehen, wenn ihr sogar unsere fürstbischöfliche Exzellenz mitsamt Generalvikar am 7. September 1984 im Klagenfurter Konzerthaus neben anderen heimatbewußten Prominenten des Landes ihre Reverenz erwiesen haben?

Nun, verehrte Portraitzeichnerin, abschließend hoffe ich, hiemit einerseits Ihr stümperhaftes Bildnis von Franz Koschier halbwegs vervollständigt und anderseits Ihnen – ich rechne zuversichtlich damit – mit diesem offenen

Brief . . . die (von Ihnen) angekündigte Franz-Koschier-Medaille verdient zu haben.

Bis zu ihrer Verleihung hochachtungsvoll

Janko Messner

In Klagenfurt/Celovec, am 10. Oktober 1984.

Erschienen in: Kladivo 5, 1985, Klagenfurt/Celovec

*

Franz Koschier an Janko Messner

Klagenfurt, am 28. Mai 1985

Sehr geehrter Herr Professor,
Ich habe nicht die Absicht, mich mit Ihnen in der Öffentlichkeit auseinanderzusetzen. Die perverse »Zeichenkunst« – bekannt von der Steinacher-Schmähung – und Ihre so »akademischen« Formulierungen sind weniger für den Richter als vielmehr für den Psychiater interessant.

Nachstehend meine Antort zu Ihren in Ihrem geistigen Kind »Klavido« (Hammer; wo bleibt die Sichel?) erschienenen Haßtiraden.

Mit Ihren *»Eröffnungen«* (Entdeckungen) kommen Sie reichlich zu spät. Diese Unterlagen waren den österreichischen und jugoslawischen Behörden schon 1945 zugängig und hatten meine Freisprüche zur Folge.

Daß ich 1954 (9! Jahre nach dem Krieg) den ersten *Kultur*austausch Kärnten–Slowenien in Laibach durchführte und freundschaftlich aufgenommen wurde, konnten Landeshauptmann F. Wedenig, die Hofräte Heinzel, Rudan, Moro und die Mitglieder des »Stahlklangs Ferlach« sowie der Tanzgruppe St. Jakob erleben. (Beiliegende Ablichtung bringt den Dank des Präsidenten im Zusammenhang mit seinem Gegenbesuch.)

Ich möchte aber heute feststellen, daß Ihre Studienorte, Ihre Prüfungsergebnisse und Ihre beruflichen (Be-)Förderungen in Wien bekannt sind. Bekannt sind auch die Urteile Ihrer Wohltäter Wedenig, Pabst, Perkonig und andere.

Die geistige Vaterschaft der Entwicklung am slowenischen Gymnasium, aber auch der Situation in Südkärnten ist landesbekannt. – Ich wage zu behaupten, daß ich mindestens so viel für Kärnten, als Sie gegen Kärnten, getan habe, weshalb ich das Urteil über mich beruhigt den Kärntner Stellen überlasse.

Nach 40jährigem Schweigen möchte ich Ihnen aber einige Hinweise für Ihre weiteren Recherchen überlassen!

Wer hat dem Landesarchiv (Dr. Gatterer) geholfen, über dreiviertel der in den verlassenen Pfarrhöfen Oberkrains befindlichen Matriken zu sichern, ein *Zentralmatrikenamt* in Krainburg aufzubauen, Gymnasiumdirektor Korbar mit allen Professoren eine neue Stellung zu geben? (Was täte heute Oberkrain ohne diese historischen Unterlagen!)

Wer hat 45.000 wissenschaftlich und literarisch wertvolle Bücher vor der Papierverwertung bewahrt, in Krainburg eine *Zentralbibliothek* geschaffen und die Volks- und Hauptschullehrer darin beschäftigt?

Wer hat freiwillig auf die Hälfte des *Schulgebäudes* zu Gunsten der slowenischen Volks- und Hauptschüler in Krainburg verzichtet und den Vor- und Nachmittagsunterricht in Kauf genommen?

Wer hat Direktor Korbar und Gattin nach dem Partisanentod ihrer Tochter (und nicht nur diese beiden) vor Vigaun bewahrt und Museumsdirektor Kastelic herausgebracht?

Wer hat den slowenischen Lehrern und Professoren der Provinz Laibach die sieben jugoslawischen und italienischen *Hemmungsjahre* nachgesehen und ihnen beträchtliche Differenzen ausbezahlen lassen?

Wer hat auf eigene Verantwortung die widerrechtliche *Besetzung* der Laibacher *Universität* binnen acht Stunden rückgängig gemacht und dafür die Einberufung zur Strafkompanie erhalten?

Wer hat die *Freiwilligen-Meldung* der Fünfzehnjährigen zur Hitlerjugend-Division von sich aus rückgängig gemacht und dafür eine Rüge seiner Vorgesetzten erhalten?

Wer hat vier Jahre hindurch das Geburtshaus des Dichters *Prešern* in Vrba betreut, die Wetschen-Gerichte in Vrba und Smokuč wiederhergestellt, das Grabmal und die Prešern-Tafel in Krainburg behütet?

Diese und viele weitere »Verbrechen« hatten 1947 in Laibach meinen Freispruch als Kriegsverbrecher bewirkt.

Dafür muß ich mich heute von Ihnen – 40 Jahre hernach – beflegeln lassen, nachdem ich zwei Jahre in Wolfsberg zugebracht habe, sieben Jahre Berufsverbot und die Pensionsverminderung bis zum Tode als Sühne hinnehmen mußte (und Sie?).

Schämen Sie sich für diese Einstellung und Taten! So kommen wir in Kärnten nicht zu dem von Ihnen propagierten, aber nie gewollten, noch gehaltenen Frieden!

Koschier

NS.: Was die Redakteurin anbelangt, so entspricht ihr Beitrag dem Titel. In der Kriegs- und Nachkriegszeit war ich volkskundlich nicht tätig, weshalb sie darüber nicht schreiben konnte.

Ihre Angriffe gegen die Redakteurin sind daher völlig unberechtigt.

Janko Messner, geboren 1921 in Dob/Aich bei Bleiburg/Pliberk in Kärnten, Deutsche Wehrmacht, Süd- und Ostfront, Strafbataillon, Slawistik in Ljubljana, Gastprofessor am Gymnasium in Ravne na Koroškem, arbeitslos in Klagenfurt/Celovec, Übersetzer slowenischer Poesie und Prosa ins Deutsche und umgekehrt, Lehrer für Slowenisch, Deutsch und Französisch am Gymnasium für Slowenen in Klagenfurt/Celovec, frühpensioniert ab 1980.

WERKE

Dokumentationsprosa

Morišče Dravograd, 1946, Ljubljana (Hinrichtungsstätte Unterdrauburg/Dravograd). Zweite (erweiterte) Auflage 1985, Dravograd. In deutscher Übersetzung von K. Močilnik 1986, Klagenfurt/Celovec

Prosa

Ansichtskarten von Kärnten, 1970, Maribor

Skurne storije, 1971, Maribor (Schiache Geschichten)

Iz dnevnika Pokržnikovega Lukana, 1974, Wien (Aus dem Tagebuch des P. L., satirische Prosa im Jauntaler (slowenischen) Dialekt mit Zeichnungen von Marjan Manček)

Buteljni pa tabu, 1975, Slovenj Gradec (Die Schildbürger und das Tabu, zwei satirische Erzählungen)

Skurne storije, 1975, Ljubljana, erweiterte Ausgabe. Serbokroatische Übersetzung »Rugobne priče«, 1976, Novi Sad, von Gojko Janjuševič, mit literarhistorischer Studie von Josip Vidmar

Kärntner Heimatbuch, 1980, Trieste/Trst/Triest, mit einem Essay von Peter Turrini

Vprašanja koroškega otroka, 1985, Klagenfurt/Celovec (Fragen eines Kärntner Kindes)

Essays

Zasramovanci . . . združite se! 1974, Ljubljana (Erniedrigte . . . vereinigt euch!)

Kritike in polemike 1974–1981, Klagenfurt/Celovec, 1981 (Kritik und Polemik)

Naša lepa beseda, Jezikovni pogovori, 1984, Klagenfurt/Celovec (Unser schönes Wort, Essays über den Umgang mit der slowenischen Sprache in Kärnten)

Dramatik

Ekstremist Matija Gubec, 1973, Klagenfurt/Celovec (Lehrstück, Collage). In Zusammenarbeit mit Florjan Lipuš, aufgeführt vom Klub slowenischer Studenten in Wien

Pogovor v maternici koroške Slovenke, 1974, Mladje (Gespräch in der Gebärmutter einer Kärntner Slowenin), aufgeführt vom Experimentaltheater GLEJ, Dušan Jovanovič, Ljubljana

Vrnitev, 1976, Fernsehdrama, Realisation von RTV Ljubljana (Rückkehr), Preis »Das goldene Prag«, 1977 beim XIV. Internationalen Fernsehfestival in Prag und Preis des Prešeren-Fonds in Ljubljana, 1978. Der Film »Rückkehr« (Reg. Tomašič), 16 mm, Farbe, 60 Minuten, ist im Verleih FILMLADEN, 1070 Wien, Mariahilfer Straße 58/7.

Kärntner Heimatfilm (Reg. Rudi Palla), 16 mm, Farbe, 80 Minuten. Mit Janko Messner und Peter Turrini. Verleih: FILMLADEN, 1070 Wien, Mariahilfer Straße 58/7.

Poesie

Fičafajke grejo v hajke, 1980, Klagenfurt/Celovec (Satirische Pfeilschüsse)

Nikaragua moja ljubljena, 1986, Ljubljana. Zusammen mit Ernesto Cardenals »Psalmi«.

LITERATUR

Vida Obid, Die slowenische Literatur in Kärnten seit 1945, Klagenfurt, 1979

Dr. Matjaž Kmecl, Sodobna slovenska književnost na avstrijskem Koroškem, Koroški Slovenci v Avstriji včeraj in danes (Die Kärntner Slowenen in Österreich gestern und heute), Ljubljana, 1984

Dr. Pavle Zablatnik, Literatur der Kärntner Slowenen vom Jahre 1918 bis zur Gegenwart, Das slowenische Wort in Kärnten/Slovenska beseda na Koroškem, Österreichischer Bundesverlag, Wien 1985

Dr. Jože Koruza, Sodobna slov. dramatika, Letno poročilo Gim. za Slov., 1976/1977, Klagenfurt/Celovec